제주
신화의 숲

문화소로 걷다

평생 오 남매를 위해 헌신하며
우리를 글숲으로 인도해 주신 어머니,
이임자 여사님께 이 책을 바칩니다.

강순희

제주에서 태어나고 자랐습니다.

숲길과 책을 좋아하고 아이들을 사랑하며, 제주중학교에서 국어를 가르칩니다.

제주대학교 국어교육과 박사과정을 수료하고, 제주신화의 새로운 해석연구를 계속하고 있습니다. 《조근조근 제주신화》를 함께 썼습니다.

신지민

제주에서 태어났습니다.

문헌정보학과 일본어를 공부하며 틈틈이 그림을 그립니다.

제주신화의 숲

문화소로 걷다

2022년 12월 23일 초판 1쇄 발행

2023년 4월 18일 초판 2쇄 발행

지은이 강순희 **그림** 신지민

펴낸이 김영훈 **편집인** 김지희 **디자인** 김영훈 **편집부** 이은아, 부건영, 강은미

펴낸곳 한그루 **출판등록** 제651-2008-000003호 **주소** 제주특별자치도 제주시 복지로1길 21

전화 064 723 7580 **전송** 064 753 7580 **전자우편** onetreebook@daum.net **누리방** onetreebook.com

ISBN 979-11-6867-071-6 (03380)

값 22,000원

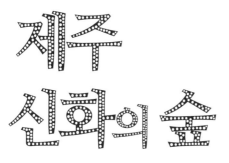

글 강순희 **그림** 신지민

제주
신화의 숲

●●●
문화소로 걷다

한그루

여는 글

가을 잎이 물들고 있습니다. 징검다리를 건너 하나둘 내게로 오는 중입니다.

〈세경본풀이〉를 읽었던 봄에는 자청비의 행동이 이해되지 않았습니다. 그래도 무작정 걷기만 했습니다. 숲은 흥미롭고 아름다웠지만 낯선 단어와 문장으로 가득했습니다. 몇 번이고 걷다 보니 〈지장본풀이〉에서 지장아기씨를 만나고, 〈삼달리본향당본풀이〉에서 황서국서어모장군도 만났습니다.

초록의 여름, 무성한 잎들이 나무를 에워싸 하늘을 가리는 계절이었습니다. 숲이 창을 닫았습니다. 온전히 숲의 시간, 제주신화에 빠져 자청비의 행동을 이해하고, 지장아기씨의 슬픔을 알게 되었습니다. 야자수매트는 편히 걸으라고 길을 안내해 주었습니다만, 돌부리가 솟아난 부분을 일부러 골라 걸었습니다. 돌부리에 차여 앞으로 나가지 못하는 날도 많았지만, 내가 밟은 돌부리가 다음 문맥의 징검돌이 되어 주었습니다.

하지만 듬성듬성, 띄엄띄엄 놓았던 때문일까요? 나의 징검다리는 완성되지 못했습니다. 비판인지 비난인지 모를 힐책으로 논문 심사장은 채워졌습니다. 꼭 두 해 전 오늘, 박사학위 청구 불합격의 날이었습니다. 그 겨울은 참 길었습니다.

어김없이 때죽나무는 하얀 종을 떼로 매달아 놓았습니다. 아기의 돌잔치, 아버지의 첫 제사를 치르듯 친구들 앞에서 일 년 치 눈물을 흘리기도 하였습니다. 여름이 가고 겨울이 가는 동안 많은 손길이 상처를 어루만져 주었습니다. 감사합니다. 고맙습니다.

종낭의 종소리가 숲으로 나를 불렀습니다. 먼지 쌓인 논문을 꺼내어 보니 모자란 것투성이지만, 징검돌 하나하나를 쓰다듬어 보았습니다. 울퉁불퉁 튀어나온 돌부리들은 이해할 수 없는 환상의 세계 이전에 사람의 길로 이어져 있음이 분명하였습니다. 〈세경본풀이〉의 자청비는 제주의 거친 밭이었습니다. 왜 자청비가 그토록 문도령을 위해 고군분투했는지 알게 되었습니다. 문도령은 밭에 뿌려질 귀한 씨앗이었으니까요. 자청비를 괴롭히는 종놈, 정수남이는 밭을 일구도록 도와주는 마소였습니다. 이 셋은 없어서는 안 될 삶의 그릇, 문도령과 자청비와 정수남이가 하나로 어깨동무할 때 밥상은 풍요로워졌습니다. 그래서 〈세경본풀이〉는 상세경, 중세경, 하세경을 농경의 신으로 모셨던 겁니다.

문화소, 돌부리를 다듬어 만든 징검돌을 이 글에서 부르는 이름입니다. 맨 처음 박사학위청구논문의 제목도 '문화소 중심 해석을 통한 신화교육 연구'였습니다. 신화는 인간의 문화 질서를 신의 서사로 드러낸 이야기라 생각합니다. 마땅히 신의 서사 안에 숨어 있는 인간의 문화를 찾아보는 일이 필요했습니다. 숲에 놓여 있던 삐죽삐죽한 비문법적인 문맥, 아무 생각 없이 걸을 땐 몰랐지만 문화소임을 인식하고 바라보니 현실의 문화행위를 암시함을 알았습니다.

2022년의 여름, 뜨거웠지만 제주신화의 숲을 친구와 거니는 행복을 누렸습니다. 야자수매트 길을 걸으며, 숲의 돌멩이를 느끼며, 한 마디 두 마디 새롭게 쓸 수 있었습니다. 동행한 친구의 딸이 그림도 그려 주었습니다. 제주를 떠났던 이들은 고향으로 돌아오고, 고향에 살던 이들도 심연의 고향을 찾고 싶어지는 가을, 오십 대의 시간이 흘러가는 중입니다. 그들에게 이 책을 바칩니다.

함께 징검다리를 만들어준 김미영과 신지민 님께 감사드립니다. 아름다운 표지로 책의 품격을 높여주신 부순영 님께 감사드립니다. 더불어 문화소의 길로 이끌어주신 스승 송문석 박사님께 큰 감사를 드립니다. 인생의 숲을 사랑으로 채워주시는 이현미, 고성효 님께 깊은 감사를 드립니다. 사랑하는 나의 가족, 모든 처음과 끝을 함께해주어 고맙습니다. 따뜻한 마음으로 책을 만들어주신 한그루의 모든 분께 진심으로 감사드립니다.

그 사이 숲에도 겨울이 왔습니다.

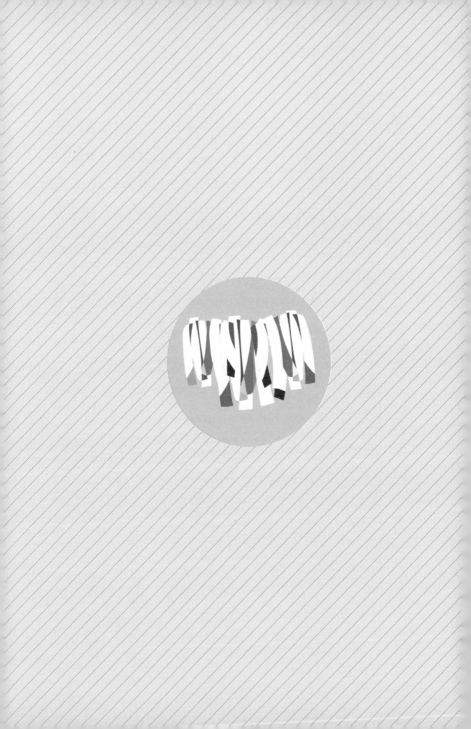

차례

문화소로 걷다

제주신화의 숲 탐방로

문화소로 걷다

죽어서 돌아가는 길

태어나 처음 오는 길

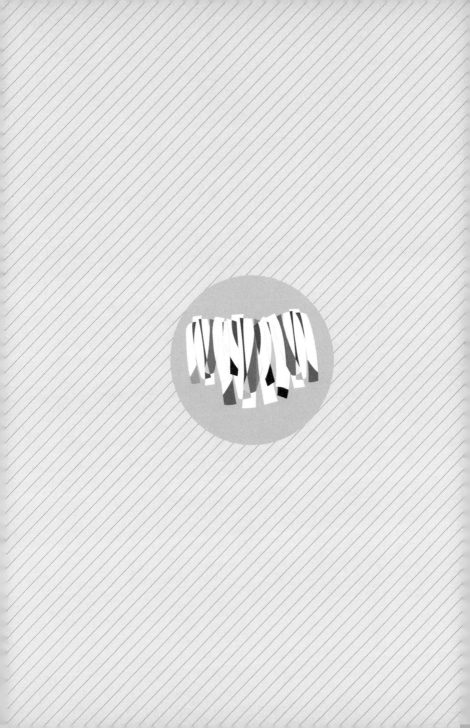

죽어서 돌아가는 길

<원천강본풀이>
오늘, 혼자서 갑니다

"같이 걷고 싶다." 친구의 첫 말입니다. 자주 가는 곳인데도 마치 처음인 것처럼 느껴지는 데가 있지요? 제게는 '작은 한라산', 한라생태숲이 그러니까요. 언제 가느냐, 누구와 가느냐에 따라 색다릅니다. 오늘은 친구와 함께 걷기로 했어요.

친구는 결혼하고 육지로 나가 살면서 왕래가 뜸했어요. 며칠 전 가족들과 제주로 여행을 와서 만났으니까요. 대뜸 네가 자주 걷는 그 숲에 가고 싶다고 합니다. 이런 부탁 정도야 얼마든지 들어줄 수 있지요. 걸으면서 친구와 무슨 이야기를 나눌까요? 친구는 여전히 수다쟁이일까요?

제일 먼저 '숯모르숲길'로 들어갔어요. 생태숲을 가장 잘 느낄 수 있는 길이니까요. '숯모르'는 숯을 구웠던 등성이를 말합니다. 예전에는 한라산 중턱 곳곳에 돌로 만든 숯가마가 있었지요. 해발 600미터에서 잘 자라는 참나무로 참숯을 구웠다고 합니다.

　오랜만에 제주에 오니까 너무 습해서 힘들어.

　아, 그게 피부로 느껴질 정도야?

　응. 나도 여기 살 때는 몰랐는데….

친구가 신혼 초에 있었던 일을 떠올렸어요. 육지에서 온 남편이 서귀포 집이 너무 습하다면서 매일시장에서 숯을 한 포대 사더래요. 집안 곳곳에 놓았더니 보송보송해져서 신기했대요. 그리고 보니 숯은 무덤을 만들 때도 사용했답니다. 천연 습기 제거제였으니까요. 숯이 나무뿌리를 막고 물과 개미를 피하게 한다고 어르신들이 말하는 걸 들은 적이 있어요.

둘이서 이렇게 긴 대화를 해 본 지가 얼마 만인가요. 삼십

년이 흘렀는데도 이곳은 시간의 마법이 통하는 걸까요. 어느새 이십 대로 돌아가 숲속 여행에 푹 빠집니다.

🖐 신화에는 죽음에 관한 얘기가 제일 많지?

🙏 그렇지. 우리 모두 죽음이 가장 두렵고 궁금한 게 아닐까?

🖐 작년에 아버님이 돌아가셨을 때 죽음이 현실로 느껴지더라.

🙏 갑자기 돌아가셔서 많이 놀랐겠다. 그래도 교회에 의지해서 덜 힘들었지?

🖐 우왕좌왕해지더라. 다행히 장례 일을 잘 아는 분이 계셔서 많이 의지했어.

구불구불 이어진 숲모르를 오르며 장례 절차가 담겨있는 신화 〈원천강본풀이〉 이야기를 나누었어요.

옥 같은 계집애가 적막한 들에 외로이 나타났다. 그를 발견한 이 세상 사람들이 너는 어떠한 아이냐 물었다. 나는 강님들에서 솟아났습니다. 성이 무어며 이름이 무어냐 물었지만 성도 이름도 몰랐다. 그러면 어찌 오늘까지 살았느냐. 내가 강림들에서 솟아날 때부터 학이 날아와 한 날개를 깔아주고 한 날개를 덮어주며 야광주를 물려주며 그러저러 살려주니 오늘까지 무사히 살았습니다. 연령은 얼마냐. 나이도 모릅니다. 이러하니 사람들이 너는 낳은 날을 모르니 오늘을 낳은 날로 하여 이름을 오늘이라고 하라.

여러 백성들에게 이름을 얻어 이리저리 다니다가 박이왕의 어머니 백씨 부인한테 갔다. 너는 오늘이가 아니냐. 네. 오늘이올시다. 너의 부모국을 아느냐. 모릅니다. 너의 부모국은 원천강이라. 원천강은 어찌해야 갑니까.

네가 원천강을 가려거든 백사가의 별층당 위에 앉아 글 읽는 도령을 찾아가라. 그 도령에게 문의하면 소망을 달성할 수 있을 것이다. 오늘이는 서천강가의 백사가에 별층당을 찾아갔다. 문밖에서 종일토록 서 있다가 날이 저물어 여기 과객이 다닙니다 아뢰었다. 청의동자 하나가 누구십니까 묻거늘 나는 오늘이라는 사람입니다. 도령님은 누구십니까? 나는 장상이라고 하는 사람인데 옥황의 분부가 여기 앉아 언제든지 글만 읽어야 한답니다. 그런데 당신은 무슨 일로 이곳에 오셨습니까? 나의 부모국은 원천강이라 하니 그곳으로 가는 길입니다. 청의동자는 날이 다 저물었으니 하룻밤 지내고 떠나길 권하였다. 오늘이는 고마운 인사를 하고 백씨 부인 만난 일을 말하며 길을 인도해 주길 청하였다.

가다 보면 연화못이 있는데 그 못가에 연꽃나무가 있습니다. 그 연꽃나무에게 물으면 알 길이 있을 것입니다. 그런데 원천강에 가거든 왜 내가 밤낮을 글만 읽어야 하고 이 성 밖으로 외출하지 못하는지 그 이유를 물어다가 전하여 주십시오.

날이 새어 오늘이가 가다 보니 과연 연화못가에 연꽃나무가 있었다. 연꽃나무야! 말 좀 물어보자. 어디로 가면 원천강을 가느냐? 웬일로 원천강을 가는고? 오늘이가 부모국 원천강을 찾아간다고 하자 연꽃나무는 반가워하며 말했다. 그러면 나의 팔자를 알아다 주시오. 나는 겨울에는 움이 뿌리에 들고 정월이 나면 몸중에 들었다가 이월이 되면 가지에 가고 삼월이 나면 꽃이 되는데 윗가지에만 피고 다른 가지에는 아니 피니 이 팔자를 물어다 주오. 원천강은 가다 보면 청수와당가에 천하대사가

누워서 구르고 있을 터이니 그 대사에게 물으면 좋은 도리가
있을 것이요.

연꽃나무와 헤어져 길을 재촉한 오늘이는 청수와당가에 이르
렀다. 이리저리 구르고 있는 대사^(大蛇)를 발견하고 원천강 가
는 길을 물었다. 그러자 대사는 길 인도하기는 어렵지 않으나
나의 부탁 하나 들어주시오. 다른 뱀들은 야광주를 하나만 물
어도 용이 되어 승천하는데 나는 야광주를 셋이나 물어도 용이
못 되고 있으니 어쩌면 좋겠는가? 대사는 오늘이를 등에 태워
청수와당을 넘겨준 후 가다 보면 매일이라는 사람을 만날 터이
니 그 사람에게 물어보라 하였다.

오늘이가 가다 보니 매일이는 지난번 만난 청의동자 모양으로
별층당 위에 앉아 글을 읽고 있었다. 원천강 가는 길을 물었더
니 흔쾌히 대답하며 자신이 항상 글만 읽고 있는 팔자를 물어
다 달라 하였다. 가다 보면 옥황의 궁녀들이 울고 있을 것이니
그들에게 물으면 알 도리가 있으리라 하였다.

오늘이가 앞으로앞으로 가다 보니 아닌 게 아니라 시녀궁녀가
흐느껴 울고 있었다. 어찌하여 울고 있습니까? 우리는 하늘옥

황 시녀인데 우연히 죄를 지어 여기 물을 퍼내야 합니다. 이 물을 다 푸기 전에는 옥황으로 갈 수가 없지요. 하지만 아무리 퍼내려 해도 바가지에 큰 구멍이 뚫려 있어 조금도 물을 퍼낼 수가 없어요. 오늘이는 고민 끝에 정당풀을 베어다가 베개를 만들어 바가지 구멍을 막았다. 거기다가 송진을 녹여서 그 막은 곳에 칠하여 튼튼히 다듬었다. 그리고는 정성으로 옥황상제에게 축도한 후 물을 퍼내니 순간에 그 물이 말라붙었다. 옥황의 시녀궁녀는 사지에서 벗어난 듯 기뻐하며 오늘이를 원천강으로 안내하였다.

얼마쯤 가니 어떤 별당이 보였다. 시녀궁녀는 오늘이가 가는 곳을 행복하게 해 달라 빌고는 제 갈 길로 가 버렸다. 별당을 향하여 그 주위에는 만리장성을 쌓았고 원문에는 문지기가 파수를 보고 있었다. 문을 열어 달라 하였으나 문지기는 문을 열어 줄 수 없노라 냉정하게 거절하였다. 문지기의 거절이 너무도 냉정하여 오늘이는 마지막 순간에 하늘이 무너지는 것 같았다. 오늘이는 문지기에게 간청간청하다가 부모국 문전에 엎드려 울부짖었다.

이 문 안에 내 부모 있으련만. 처녀 홀로 산을 넘고 물을 건너 부모국 찾아왔건만. 원천강 신인들은 어찌 이리도 무정한가. 빈 들에 홀로 이울던 이 처녀, 내 부모는 내 모습 보고 있나. 외로운 이 처녀 입은 은혜 어찌할까. 여기서 죽자 하나 팔자 부탁 어찌하리. 매일이는 소원성취한다더니 어찌하여 이 문은 굳게 닫혔는가. 무정하고 박정한 문지기야 그립던 어머니 그립던 아버지 한 번만 보게 해주오.

오늘이가 흐느끼니 돌 같은 문지기의 눈에서도 눈물이 흘렀다. 문지기는 하릴없이 부모궁에 올라가 이 소식을 전하였다. 부모궁도 이미 오늘이 소식을 알고 있었다. 오늘이의 울부짖음이 부모에게까지 흘러갔던 것이다. 문지기도 반기며 문을 열어주었다.

꿈인가 생시인가 오늘이는 부모 앞에 마주했다. 학 날개에 살던 시절에서 지금의 일까지 모조리 아뢰었다. 내 자식이 분명하다. 기특하고 기특하다. 너를 낳은 날에 옥황상제 우리를 불러 원천강을 지키라고 하니 어느 영이라 거역할 수 없더구나. 항상 너를 보고 있었다. 항상 보호하고 있었다. 부모국은 오늘이를 데리고 이곳저곳 구경을 시키었다. 만리장성 둘러쌓은 곳에 곳곳마다 문을 열어보니 춘하추동 사시절이 모두 모여 있었다.

구경을 마치니 오늘이는 또다시 온 길을 돌아갈 때가 되었다. 오늘이는 오는 길에 얻은 부탁을 부모에게 말하였다. 장상이와 매일이는 부부가 되면 만년영화를 누릴 것이요. 연화동은 웃가지 꽃을 따서 처음 만나는 사람에게 주어버리면 다른 가지에도 만발할 것이다. 대사는 야광주를 한 개만 물었으면 할 터인데 너무 욕심을 가져 세 개를 무니 용이 못 된 것이다. 그러니 처음 보는 이에게 두 개를 뱉어서 주어버리면 곧 용이 되리라. 그리고 너도 그 야광주들과 연화를 가지면 신녀가 되리라.

돌아오는 길에 매일이를 만났다. 장상도령 있는 곳을 모른다 하니 데려다주기로 하였다. 오늘이와 매일이는 같이 길을 가다 대사를 만났다. 대사에게 부모국의 말을 전하니 대사도 즉시 야광주 둘을 뱉어서 오늘이에게 주었다. 그 순간 대사는 뇌성벽력과 아울러 용이 되어 승천하였다. 다음엔 연꽃나무를 만났다. 연꽃나무도 얼른 윗가지를 꺾어서 즉시 오늘이에게 주었다. 그러니 가지가지마다 고운 꽃이 피며 아름다운 향내가 났다. 다음에 장상을 만나니 매일과 장상은 부부가 되어 만년영화를 누리게 되었다. 오늘이는 백씨부인을 만나서 야광주 하나를 선사하며 감사의 뜻을 표한 후 옥황의 신녀로 화하였다. 이러한 오늘이는 인간에 강림하여 절마다 다니며 원천강을 등사하게 하였다.

🖐 오늘이가 부모를 만나러 가는 신화구나.
🙏 응. 부모는 원천강에 있었어. 원천강이 어디일까?
🖐 나는 〈오늘이〉를 애니메이션으로 맨 처음 보았어.

계절의 향기와 바람이 시작되는 곳을 사람들은 원천강이라 불렀습니다. 원천성에는 힌 여자아이가 삭고 있었는데 그 아이가 어디서 태어났는지 알지 못했습니다. 아이는 '야아'라고 부르는 '학' 그리고 '보라색 여의주'와 함께 행복하게 살았답니다. 그러던 어느날….

이성강 감독의 애니메이션 〈오늘이〉가 시작되는 첫 화면이네요. 원천강에서 행복하던 오늘이가 여의주를 탐낸 무리 때문에 이계(異界)로 떨어져요. 다행히 '보라색 여의주'를 다시 만나지만, 오늘이는 원천강 가는 길을 잃고 말았어요. 오늘이는 길 위에서 여럿의 도움을 받으며 원천강을 찾아가지요. 행복했던 원천강에 가면 행복을 만날 수 있어서 흔히 이런 이야기를 '구복여행담'이라 합니다.

〈원천강본풀이〉에서 원천강은 부모가 있는 공간이지만, 점술가 원천강(袁天綱)과 발음이 같지요. 조선 시대 이래 원천강은 점쟁이의 대명사처럼 쓰였으니까요. 그래서 오늘이가 사주팔자와 관련된 원천강(袁天綱)을 찾으러 간다고 흔히 해석되곤 하지요. 그것이 〈원천강본풀이〉가 '운명담'으로 분류되는 이유입니다.

《한국민속대백과사전》에도 〈원천강본풀이〉는 '원천강이라는 점술서의 기원을 서술한 무속 신화'라고 기술되어 있지요. 물론 표면에 드러난 스토리만 보면 그래요. 하지만 원천강을 물이 흘러나온 근원으로서 원천(源泉), 강(江)으로 해석할 수 있답니다. 그래요. 원천강(袁天綱)이 아니라 원천강(源泉江) 말이에요.

🌿 생명의 근원 원천강이 부모와 연결된 거구나.

🐟 부모는 생명의 근원이지. 그런데 오늘이의 부모는 멀리 있어.

🌿 오늘이 부모는 죽은 거 아니었나?

오늘이는 부모가 사는 원천강을 찾아가려 했지만 길을 몰랐지요. 다만 백씨부인이 첫 번째 문을 열어주어요. 그 후 오늘이는 'A→B→C→D→E→……'를 차례로 거쳐서 부모가 있는 원천강에 도착합니다. 자식이 부모에게 가는 길은 두 가지라고 생각합니다. 하나는 탄생이고, 하나는 죽음. 이승에 있는 부모에게 갈 때는 탄생이고, 저승에 있는 부모에게 갈 때는 죽음이 아닐까요?

🌿 오늘이가 걸어간 길이 무덤으로 가는 길이구나?

🐟 상여를 타고 발인행렬을 따라… 먼저 간 부모를 만나러 간 거지.

29

우선 '오늘이'란 이름의 뜻은 무얼까요. 오늘이는 이름도 성도 태어난 날도 모른다고 하여 정해진 이름입니다. '오늘이'는 태어난 날 생일(生日)이거나, 죽은 날 기일(忌日)에 해당할 거예요. 이야기의 흐름은 열림보다는 닫힘에 주목하고 있어서 '오늘이'는 기일로 연결될 가능성이 높지요.

백씨부인은 원천강 가는 길을 알고 있는 존재이지요. 강림 들판에서 꽃이 솟아나듯 저승에서 이승으로 오는 날이 생일이라면, 꽃이 이울어 이승에서 저승으로 가는 날은 기일입니다. 저승과 이승이 순환적으로 연결되었다 해도 이 길은 누구나 처음 가는 길이지요. 그래서 길 안내자가 필요했어요. 백씨부인 같은 심방 말입니다.

오늘이는 처음에 장상도령을 만났어요. 왜 장상도령은 글만 읽어야 하고 성 밖으로 외출하지 못할까요. 우선 성 밖으로 외출하지 못함은 망자가 관(棺) 속에 갇혔음을 의미합니다. 그리고 망자는 조문객이 올린 만서(輓書)를 읽어야 해요. 만서는 고인의 생전 업적과 명복을 비는 추모글이니까요. 별층당 높은 곳에 앉아 글만 읽어야 하는 장상도령의 모습은 관 앞에

쌓여가는 만서의 풍경과 겹쳐집니다.

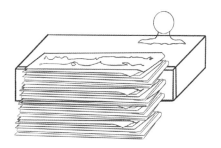

관 속에 갇혀 만서를 읽는 장상도령

그다음 오늘이는 연화못에서 연꽃나무를 만납니다. 연꽃
나무 상가지에만 꽃이 피고 다른 가지에는 아니 피는 이유를
찾아야 하니까요. 연화못은 연꽃이 피어있는 연못이에요. 연
꽃은 보통 상여를 상식하는 지회(紙花)로 사용되지요. 이렇게
연화못은 상엿집, 연꽃은 상여(喪輿)로 연결됩니다. 상여가 하
나의 연꽃으로 상징된 것이지요. 망자(亡者)는 이제 연꽃 같은
상여를 타야 합니다. 하나의 연꽃을 꺾어버리듯 상여에서 한
명의 망자(亡者)가 내려집니다. 그러면 마을 사람들은 빈 상여

를 메고 돌아가지요. 상가지 꽃을 꺾어버려야 다른 가지에 연꽃이 피어나듯 다음 망자도 다시 상여를 사용할 수 있게 되니까요.

연꽃나무 상가지 꽃과 망자

오늘이는 그다음에 청수와당가에 이르러 이리저리 구르고 있는 큰뱀(大蛇)을 만납니다. 상여를 메고 앞서가는 상두꾼과 그 뒤를 따르는 친족과 마을 사람들의 행렬은 큰뱀의 이미지와 연결되네요. 이때 큰뱀은 야광주를 셋이나 물고 있어요. 큰뱀이 산자락을 따라 느릿느릿 움직이는 모양을 한 발인(發靷)행렬은 세 개의 줄을 잡고 갑니다. 하나는 관을 묶고 있는 줄이며, 두 개는 마을 아낙네들이 잡고 가는 설배이지요. 하관할 때 관을 묶은 줄은 묘 안으로 들어가고 설배는 먼저 거두어 돌아갑니다. 이렇게 해서 완성된 무덤을 '용묘(龍墓)'라 했지요. 큰뱀이 물고 있던 세 개의 야광주, 하나는 묻고 두 개는 버림으로써 용이 되어 승천하게 된 것이지요.

세 개의 야광주와 관줄과 설배가 잘 연결이 안 되는데?

야광주는 처음엔 '양+관줄'이었다가 용(龍)과 결합되며 야광주로 변한 것으로 보여.

아니면 일부러 야광주라고 했을 수도 있지 않을까?

맞아. 신의 서사라는 걸 드러내려면 야광주를 물고 있는 용이 잘 어울리잖아.

요즘도 이런 상여 행렬을 볼 수 있는 거야?

거의 볼 수 없는 것 같아. 시아버지 장례 때 모습은 어땠어?

병원 장례식장에서 발인예식을 마치고 운구차에 아버님 관을 모시더라. 손녀가 영정사진을 꼭 끌어안고 리무진에 탔어. 반짝일 정도로 윤이 나는 대형리무진을 그날 처음으로

어허넝차 어허넝차 나는가요 나는가요
북망산천 나는가요 가자가자 어서가자
저싱길이 멀다해도 오늘낮에 당허오니
어느친구가 등장가며 오늘하룬 혼자로다
— 상여소리

큰뱀처럼 걸어가는 발인행렬

탔겠지? 나중에 어떻더냐고 물어보니 하나도 생각이 안 난
대. 장례식장을 빠져나와 다니시던 교회 앞에서 잠시 정차
했어. 마지막 작별 인사를 하려고. 그리고는 바로 화장장으
로 가셨지.

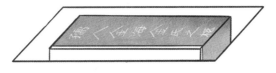 화장장으로 가는 차량 행렬이 현대판 대사(大蛇)네?

깜빡깜빡 점멸하는 전조등은 야광주이고?

오늘이는 큰뱀 덕분에 드디어 청수와당을 건너지요. 가다
보니 장상도령처럼 별층당 위에 앉아 글만 읽고 있는 매일이
를 만납니다. 장상도령과 매일이는 결혼해야 할 운명이니까
요. 장상도령이 관(棺)이라면 매일이는 관이 묻힐 땅, 즉 광중
(壙中)을 말하는 것입니다. 이들의 결혼은 장례 절차로 말하면
하관(下棺)을 의미합니다.

장상도령과 매일이의 결혼, 하관

길을 가던 오늘이는 구멍 뚫린 바가지를 막고 있는 시녀궁녀를 만납니다. 이는 봉분(封墳)을 만들 차례가 되었다는 말이네요. 저승과 이승은 거꾸로 되어 있으니, 봉분은 저승에서 보면 바가지 모양을 하고 있으니까요. 봉분을 만드는 일은 바가지의 구멍을 하나하나 막고 다지며 완성되지요. 이승에서 저승으로 이제 곧 넘어온 오늘이가 이 구멍 다지는 법을 잘 알고 있답니다. 봉분을 완성하고 하늘에 절을 올리니 순식간에 물이 말라 버리는 것은 이제 바가지에 구멍이 하나도 없다는 뜻이지요. 무덤이 완성되었으니까요.

바가지 모양을 한 봉분

시녀궁녀와 헤어진 오늘이는 어떤 별당에 다다랐어요. 별당을 향하여 그 주위에는 만리장성을 쌓았고 문지기가 파수를 보고 있었지요. 문지기는 오늘이에게 함부로 문을 열어 줄 수 없다고 합니다. 이승의 집에 문전신이 있듯이, 저승의 집에도 문지기가 있지요. 묘$^{(墓)}$가 완성된 후 세워지는 동자석을 말합니다. 이제 동자석이 지키는 무덤의 문은 함부로 열리지 않습니다.

부모궁은 오늘이가 울부짖는 소리를 다 듣고 있었어요. 봉분이 완성되고 후손들은 마지막 제를 지냅니다. 눈물로 망자와 이별하는 시간이지요. 드디어 오늘이는 원천강에 있는 먼저 간 부모를 만나게 됩니다. 원천강의 만리장성 둘러쌓은 곳곳마다 문을 열어보았더니 춘하추동 사시절이 모두 있었지요.

아, 이 대목 때문에 오늘이를 사계절의 신, 시간의 신이라고 하는 거구나?

그러면 앞의 내용과 뒤의 결론이 자연스럽게 연결되지 않아.

이 부분을 해석하기 위해 '성묘$^{(省墓)}$'란 제목의 고동수 기자의

37

글을 읽어보려 합니다.

조선 시대부터 가장 널리 조성된 일반 서민 묘지(민묘·民墓) 형
태는 용묘(龍墓)다. 용묘는 크게 봉분과 산담으로 구성된다. 봉
분에는 앞에 '계절(階節)'과 뒤에 '용미(龍尾)'가 있다. 계절은 '지
절', '제절'이라고도 하며, 봉분의 영역을 구분한다. 봉분이 앞
으로 밀려나지 않도록 하면서 계단 역할을 한다. 현무암을 사
각으로 다듬어 받치거나 모양 좋은 자연석으로 해 계단 형식을
취하였다. 계절에는 조상을 높이 모시고자 하는 마음도 담겨있
다. 계절 위에는 비석을 세우거나 상석 등을 놓아 사람들이 함
부로 오르지 못하게 했다.

용미는 무덤 뒤편으로 용의 꼬리처럼 길게 늘어진 부분을 말한
다. 용미를 만든 이유에도 효심이 담겨있다. 용미는 망자의 얼
굴 바로 윗부분에 있다. 비가 올 때 빗물을 좌우로 나누어 흙이
쓸려 내리는 것을 막기 위함이다.

'용미 제절'이란 말을 들어보았는지요? 위 글을 보면 봉분의

앞은 제절, 봉분의 뒤는 용미를 만들어 봉분의 유실을 막았던 것을 알 수 있습니다. 그러면 부모궁을 둘러싸고 있는 만리장성은 산담의 이미지로 연결되지요. 곳곳마다 문을 열어보니 춘하추동 사시절이 모두 모여 있었다고 하네요. 이는 '용미 제절'에서 연상된 단어가 확장되고 결합되어 하나의 스토리를 만들어 낸 것이지요.

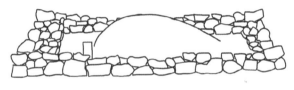

용묘-봉분과 산담

이제 오늘이는 왔던 길을 되돌아갑니나. 오는 길에 자신에게 부탁했던 일을 해결해 주면서요. 그 후 옥황의 신녀가 된 오늘이는 인간에 강림하여 절마다 다니며 원천강을 등사하게 하였답니다. 이때 절(節)은 부처님을 모시는 사찰이 아니라 풍수지리에서 용맥(龍脈)을 이루고 있는 여러 산등성이를 의미하지요. 그곳은 무덤을 쓸 좋은 자리입니다. 이제 오늘이는 장례 절차를 잘 아는 자로서 제 역할을 다 하게 되지요.

절마다 등사하여 만든 무덤

🖐 육지는 장례풍습이 제주와 다르지?

✌ 충청도 작은 시골에 있을 때 장례식 모습이 떠오르네. 주민
　들이 거의 다 교회를 다녔어. 누가 돌아가시면 기독교 예식
　으로 장례를 치렀지. 발인예식을 마치면 마을에서 1km 정도
　떨어진 장지까지 상여를 메고 가. 특이한 것은 한 사람이 요
　령을 흔들면서 찬송가를 선창하면 뒤따르는 일행들이 같이
　부르는데, 몇 소절 하다 보면 꼭 무슨 돌림노래처럼 앞뒤 사
　람들이 서로 다르게 부르고 있는 거야. 안 그래도 늘어지는

느린 곡조의 노래를 각각 다르게 부르면서 걸어가는 모습이 장례가 아니라면 얼마나 우스운 상황이냐고. 노인들이 많고 작은 마을이라 옛 풍습을 지키면서 나름 변형한 걸 텐데 지금도 그렇게 하는지 모르겠다.

전통적인 상여소리가 찬송가로 바뀐 거구나?

그렇게 걸어가는데 어렸을 때 들었던 상여소리가 떠오르더라. 그런 건 나도 모르게 기억장치에 깊이 박히나 봐.

오늘 하루 혼자라고, 친구도 가족도 함께 가지 못하는 길이라는 게 제일 슬프더라.

지금까지와는 다른 관점으로 신화를 해석하는 거지?

응, '문화소'라는 원리를 바탕으로 하고 있어.

문화소가 뭐야?

문화질서가 남겨 있는 소삭들이야. 신화의 심층에 숨어 있어서 잘 안 보이는 요소야.

그럼 어떻게 찾을 수 있어?

전체는 숨어 있지만 드러나는 부분이 있어.

그 부분 문화소는 왜 드러나는 거야?

신화에서 꼭 강조하려는 말일 때 겉으로 드러나는 거지.

드러난 것을 한 조각 두 조각 퍼즐처럼 맞추는 거구나?

응. 퍼즐 조각이 하나의 스토리로 완성되는 것과 같은 원리야.

문화소가 무언지 아직은 감이 잘 안 잡히지만, 서서히 알게 될 테지?

당연하지. 그럼 〈원천강본풀이〉를 해석하며 본 문화소를 하나씩 정리해 볼까 해.

〈원천강본풀이〉에 나타난 문화소를 정리해 보도록 하겠습니다.

〈원천강본풀이〉에 나타난
문화소

① 죽음의 발생, 기일(忌日) → ② 심방의 안내를 받음 → ③ 입관(入棺) →

④ 상여(喪輿) → ⑤ 발인 행렬 → ⑥ 하관(下棺) → ⑦ 봉분(封墳)과

달구질 → ⑧ 동자석 → ⑨ 죽은 영혼을 위무하는 제(祭) →

⑩ 용미 제절과 산담의 조성 → ⑪ 장례 질서의 확립

장례의 문화질서

어느덧 '숯모르숲길'이 끝나고 있습니다. 우리는 멀리 가지 않고 다시 한라생태숲 안내소 표지판을 따라 돌아 나오기로 합니다. 지난 봄철부터 한창 다시 조성하고 있는 '단풍나무숲 광장' 부근에서 산담 하나를 만났지요. 아마도 자손 많은 부잣집의 음택인가 봅니다. 커다란 산담 안에 몇 개의 봉분이 자리하고 있더군요. 주변 지형보다 비교적 높은 곳에 자리 잡은 망자의 집. 죽어서도 가족은 함께 가까이서 지내나 봅니다.

《제주도신화의 수수께끼》에서 현용준은 '저승은 어디인가'라고 물었지요.

> 강림의 저승 노정기(路程記)를 보면 저승은 한라산 쪽의 매우 험하고 먼 곳에 있는데, 그 험한 길을 거처 못물 속으로 들어가야 있는 것으로 되어 있다. 그 못의 이름은 '헹기못'이다. 어째서 못물 속으로 풍덩 빠져들어 가니 저승이 있다는 말인가?

'헹기'는 제주어로 놋그릇이지요. 놋그릇을 뒤집어 놓은 모양, 그것은 무덤의 이미지를 닮았습니다. 〈원천강본풀이〉에서 오늘이는 정당풀을 베어다가 베개를 만들고 바가지 구멍을 막고 송진을 녹여 단단하게 칠하지요. 정성으로 옥황상제에게 축도하며 물을 퍼냅니다. 그리고는 궁녀시녀를 따라 비로소 원천강으로 갈 수 있었지요. 그렇습니다. 헹기못은 무덤이에요. 무덤에 풍덩 빠져들어 가는 순간 저승으로 가게 되는 것이지요.

　지금은 너무 당연한 무덤이 맨 처음 생겨날 때는 이렇게 표현되었던 거구나?

　기록을 할 수 없던 이들은 대신 이야기를 전승했던 게 아닐까?

　체험, 삶의 현장 같다.

　추상적인 시간이나, 아름다운 사계절을 노래한 게 아니었어.

　오늘이 죽어서 떠나가는 날이었네.

　앞으로는 제삿날 놋그릇을 더 정성껏 닦을 거야.

　아버님 기일에 '오늘은 혼자가 아닙니다.' 말씀드리고 싶어.

고향으로 돌아오고 싶어 하루하루 제주가 그리웠다고 친구

는 말합니다. 어쩌면 생명의 근원인 원천강(源泉江)은 살아서
나 죽어서나 어떻게든 연결되나 봅니다.

<삼두구미본>

땅귀의 이사

이 정도 숲길 산책에도 힘이 드는지 친구가 쉬어가자고 하네요. '천이과정전시림'이란 낡은 팻말이 보입니다. 의자에 앉아 잠시 숨을 고르기로 했지요. 조용히 있으니 숲 안에서 끙끙거리는 소리가 나는 것 같아요. 아무렇게나 자란 억새가 자귀나무 둥치 사이로 삐죽삐죽 고개를 내밀고 있는 걸까요?

🌿 계획보다 귀향을 좀 더 서두를까 해.

🍃 현실적으로 가능한 거야?

🌿 여건이 다 갖춰진 건 아닌데 부족한 대로 부딪쳐보려고.

그럼 살 집부터 알아봐야겠네.

응. 그런데 제주도는 아직도 신구간에만 이사해?

꼭 그렇진 않아. 이주민들이 많아지면서 점점 사라져 가는 것 같아.

다행이다. 예전에 이사할 때 꼭 눈발 날리고 바람 불었잖아.

너 자취방 이사 도와주러 갔다가 눈길에 넘어졌던 거 생각난다.

내가 한 달 용돈 다 털었다고 투덜대며 짜장면 사준 것도 기억해?

아 기억난다. 까마득한 추억 소환이네.

그런데 신구간은 정확히 뭘 말하는 거야? 2월이었던 것 같은데 날짜가 정해져 있나?

신구간(新舊間)은 대한(大寒) 후 5일째부터 입춘(立春) 전 3일까지 대략 7일이야. 아직 겨울이지만 봄의 문턱이지. 이때 지상의 신들이 한 해 임무를 마치고 옥황상제에게 새 임무를 받으러 하늘로 올라간대. 신이 모두 출장 갔으니 동티 날 걱정이 없었대. 평소에 하기 어려운 일을 얼른 이때 하는 거지. 이사나 집수리, 묘 이장 같은 일 말이야.

하필 그렇게 추울 때 묘 이장을 해?

제주는 입춘 경에 평균 기온이 5℃ 이상 올라간대.

나름 과학적이네. 바람 때문에 체감온도가 낮긴 하지만.

특히 고온다습한 날씨를 피하려면 겨울 끝 무렵이 제일 나았던 것 같아.

신구간 풍습을 미신으로만 보면 안 되겠네?

그렇지. 요즘은 보통 한식이나 청명 즈음에 이장을 해. 우리 친정집은 3월 말에 토요일로 택일해서 했어.

갑자기 이장은 왜 하게 된 거야?

산 주변에도 하나둘 전원주택이 생기더니 민원이 많아졌대. 요즘 큰 이슈 중 하나야. 어머니는 당신 손으로 하시려고 작은아버지들이랑 조용히 일을 진행하시더라. 자식늘 석싱하지 않게.

부모 마음은 참 한결같아.

묘지를 한데 모아서 평장을 하고 비석을 하나하나 심었어. 주변은 모두 잔디를 입혔고. 천연운동장 같아지니까 어린

조카들이 신나게 뛰더라. 할아버지와 손자가 함께 있는 느낌이랄까.

🌿 이사하신 조상님들이 잘 지내시면 좋겠다.

'천이과정전시림' 옆 '산열매나무숲'을 걸으며 우리는 〈삼두구미본〉에 관한 얘기를 했습니다.

터주나라 터주꼴에 삼두구미라고 하는, 사람도 아니고 귀신도 아닌 백발노인이 살았습니다. 삼두구미는 각시가 죽어 후처를 장만할 궁리가 들었습니다. 하루는 삼두구미가 산으로 올라보니 삭정이를 하는 나무꾼을 만났습니다. 이 나무꾼은 딸만 셋을 데리고 사는데 살림이 아주 보잘것없었습니다. 삼두구미는 나무꾼에게 어찌해서 허락도 없이 나무를 하느냐고 물었습니다. 나무꾼은 딸 셋이랑 사는데 살림살이가 어려워 나무라도 하여 입에 풀칠하려 한다고 하였습니다.

삼두구미 하는 말이 그러면 내 중매를 하여 줄 테니 딸을 부잣집에 파는 게 어떤가? 물었습니다. 나무꾼은 좋다고 대답하였습니다. 나무꾼은 삼두구미를 모시고 집으로 내려와 금전을 많이 받고 큰딸을 팔았습니다. 삼두구미는 그 나무꾼의 큰딸을 부인으로 데리고 자기 사는 산중으로 갔습니다.

삼두구미 부인이 가보니 산중은 산중이라도 고대광실 높은 집에 잘사는 집 같았습니다. 삼두구미는 부인을 사랑으로 데리고 들어가서 자기 양쪽 다리를 뽑아주면서 마실 갔다 오는 사이에 그걸 다 먹어야 한다고 하였습니다. 부인은 깜짝 놀라 그때야 후회되어도 어찌할 수 없었습니다. 부인은 그 다릴 먹을 수도 없고 그럭저럭 시간만 보내는데 마실 갔던 삼두구미가 돌아올 때가 되었습니다.

부인은 마루 널판을 들고서 그 속에 다리를 숨겼습니다. 그 후 남편이 들어오며 내 다릴 어찌하였느냐? 물었습니다. 네, 모두 먹었습니다. 그러면 내가 시험 삼아 보겠다. 삼두구미는 큰 소리로 내 다리야 하니, 마룻널 아래서 예 소리가 났습니다. 그리하니 삼두구미는 삽시에 변색이 되어 머리는 셋에 꼬리는 아홉인 짐승이 되었습니다. 그리고 하는 말이 이 망할 년 누굴 속이려고 하느냐 삼두구미는 인정사정없이 부인을 때려죽였습니다.

삼두구미는 다시 백발노인으로 변하여 처갓집으로 갔습니다. 둘째 딸에게 형한테 데려다주겠다고 하여 데리고 왔습니다. 삼두구미는 둘째 딸을 데리고 와 먼젓번처럼 하여 말을 듣지 않으니 둘째 딸도 다시 죽어버렸습니다.

삼두구민 또 처갓집에 갔습니다. 이번엔 셋째 딸을 다시 데리고 오게 되었습니다. 삼두구민 셋째 딸에게 너의 형들은 부잣집으로 시집가 잘 산다. 모레 친정에 인사 문안 오려고 하니 가지고 올 물품이 많다. 그걸 같이 가서 도와달라 하였습니다. 셋째 딸은 그 말을 믿고 삼두구미와 함께 길을 나섰습니다. 한참을 걸어 들어가 어떤 대궐 같은 집 안으로 인도하는데 속으로는 무섭기도 하였지만 참으며 안으로 들어갔습니다.

집 안으로 들어갔으나 사람이 하나도 안 보여 그러니까 형님들은 어디 있습니까? 하니 그제서야 삼두구미가 어지럽다. 잔소리 말라 큰소리를 하였습니다. 셋째 딸은 그제야 속은 줄 알고 이젠 이놈을 달래야겠구나 생각하였습니다. 셋째 딸은 그러니까 어떠한 일입니까? 말을 하세요. 시키는 말이야 안 듣겠습니까? 하여가니 그제야 삼두구미는 양쪽 다리를 뽑아주면서 아흐레 동안 마실 갔다 올 터이니 그 사이에 이걸 모두 먹어라 하였습니다.

셋째 딸은 말을 잘 듣겠다고 하며 그러면 영감님이 제일 좋은 일이 이겁니까? 물었습니다. 그러자 난 이 다릴 먹는 사람이 제일 좋다 하였습니다. 그다음 다시 그러면 제일 궂어하는 건 무업니까? 하니 궂어하는 건 날달걀과 동으로 뻗은 버드나무 가지와 무쇠 덩어리가 제일 궂다 하였습니다. 왜 그걸 궂어합니까? 그건 차차 알게 된다. 그리고는 삼두구미가 마실 가버렸습니다. 셋째 딸은 혼자 남아 울며 밤샌 끝에 장작불을 사르고 그 다리를 모두 불태웠습니다. 나중에 태우다 남은 뼈는 손바닥만큼 있으니 그걸 저대에 똘똘 말아서 배에 대어 감아두고 달걀과 버드나무 가지와 무쇠 덩어리를 하여다가 숨겨두었습니다. 그 후 열흘째 날은 묘시가 가까워가니 삼두구미가 돌아왔습니다. 셋째 딸은 나서서 반기며 영감님 오시길 기다렸습니다 하니 내 다리는 어찌하였느냐? 물었습니다. 예, 그것은 모두 먹었습니다. 내 다리야! 큰 소리로 확인해 가니 셋째 딸 배에서 예하는 소리가 났습니다. 삼두구미는 그제서야 자기 다리를 먹은 줄 알고 안심하게 되었습니다. 삼두구미는 말을 하되 내 부인이 틀림없다 칭찬하였습니다.

셋째 딸은 삼두구미보고 그러면 영감님 이름은 무엇입니까? 내 이름은 삼두구미라는 땅귀이다. 그럼 왜 달걀과 버드나무와 무쇠덩이를 싫어하십니까? 그것은 천귀(天鬼)가 땅 일을 물어올 때 내가 다른 것들은 다 휘어잡아도 달걀과 버드나무와 무쇠덩이한테는 말해달라고 하면 달걀은 나는 눈도 코도 입도 귀도 없어서 모르겠다고 모가지를 좌우로 털고, 동으로 뻗은 버드나무 가지는 빳빳하니 한번 후리면 사족이 칭칭 저려서 운신을 못 하고, 무쇠덩이는 불에 던져도 아니 타고 변동이 없기로 내가 조화를 부릴 수가 없어 싫어한다. 다시 궂은 건 없습니까? 그리고 날달걀로 얼굴에 맞히면 까져서 모두 칠해지니 앞도 보지 못하고, 무쇠덩이로 맞혀버리면 가슴이 먹먹하기로 싫어지는 것 아니냐.

셋째 딸은 그 말이 끝나자 영감님 머리에 이나 잡아 드리겠습니다. 하여 이를 잡는 것처럼 하다가 얼른 숨겨놓은 버드나무

가지와 달걀과 무쇠덩이를 내어놓으며 영감님 이거 무업니까?
하여가니 삼두구민 겁이 나고 대가리 셋에 꼬리가 아홉으로 변
신하며 땀을 찰찰 흘렸습니다. 아이구 이거 치워라. 손을 가로
저으며 뒤로 물러나 앉으며 내달을 데를 찾았습니다.

셋째 딸은 이거 무슨 말입니까? 나 이걸로 영감님 말씀이 참말
인지 거짓말인지 알아보겠습니다 하며 버드나무 가지로 척척
매겨가니 삼두구민 동편으로 달아나가니까 셋째 딸은 달걀과
무쇠덩이로 얼굴이며 가슴이며 다락다락 맞혀버리니 느른히
죽어갔습니다. 셋째 딸이 먹을 갈아 붓으로 달걀에 천평지평을
써서 삼두구미 겨드랑이에 잡혀두고 방문을 열어보니 아무것
도 없었습니다. "설운 성님들 원수 갚았으니 어서 나옵서." 하
니 "이 방에 있네." 성님네 소리가 들리어 셋째 딸은 안방 문을
열어보니 성님네는 독한 놈한테 죽어 뼈만 앙상하였습니다.

셋째 딸은 치마통에 그 뼈를 모두 주워 담아서 집으로 돌아와
올래 밖에 모셔두고 아버님 전으로 들어가 사실을 말하니 아이
구 설운 나 아기야. 가난이 죄로구나. 칠성판을 장만하고 그 뼈
들을 차근차근 주워놓아 시신을 매장하여 두고 버드나무 가지

를 한아름 가득 준비하여 산중으로 올라가 보니 삼두구미가 죽어가다가 이제 막 살아나려 하고 있었습니다. 셋째 딸과 아버지는 버드나무 가지로 삼두구미를 백 대를 때려죽이고 방아확에 놓아서 빻아 가루를 내어 허풍바람에 날렸습니다.

그 법으로 금시에 산을 철리(遷移) 할 때는 시신을 백 보 밖에 가서 놓아두고 성복제를 하고 철리터에는 달걀 세 개와 무쇠 덩이 셋을 묻고 흙을 덮어 버드나무 가지를 꽂아서 삼두구미 땅귀 방처를 하는 법입니다.

🖋 좀 무시무시한 신화인데?

🖌 다리를 먹으라고 하질 않나, 막 때려죽이질 않나?

🖋 철리(遷移)가 묘 이장을 말하는 제주어지?

🖌 '천이과정전시림'에 나온 한자, 천이(遷移)랑 글자가 같은데 발음이 달라졌어.

🖋 혹시 한자가 달랐던 건 아닐까?

🖌 나도 천이(遷移)가 천리(遷履)였다고 생각해. 그래야 발음이 천리[철리]가 되지. '신발 리(履)'를 써서 '(신)발을 옮기다'는

의미가 아니었을까? 〈삼두구미본〉에서 다리를 먹으라고 하는 말을 보며 떠올렸어.

🖐 학자들이 한번 써서 고정되면 쉽게 바뀌지 않잖아?

🙏 제주에는 이장할 때 '일려 세웁서' 하며 일을 시작한대.

이장 풍습은 쉽게 경험할 수 있는 일이 아닙니다. 이장 풍습을 자세히 알려주는 김유정의 글을 읽어볼까요. 제주에만 〈삼두구미본〉이 남아 있는 만큼 〈삼두구미본〉에 나온 내용이 실제 이장에서도 행해지고 있음을 알게 됩니다. '산담기행'이란 테마의 신문 연재 글로 제목은 '망자 떠나간 빈자리에서 버드나무가 손 흔들었네…'입니다.

집안에 자주 흉험한 일이 일어나면 일차적으로 소상묘를 잘못 쓴 탓으로 돌려 묘지를 옮기는 것이다. 즉 조상을 '일려 세워야만' 집안의 평안과 번영을 찾을 수 있다는 풍수지리 관념 때문이다. 또 무덤이 있는 곳에 도로나 건물이 들어서면서 법적으로 형질변경이 되면 부득불 조상의 무덤을 옮겨야 한다. 철리는 천장^(遷葬)이라고도 한다. 쉽게 이장^(移葬)이라고도 하며, 면례^(緬禮)는 면리로, 천이^(遷移)는 철리로 발음한다. 옛날에는 장례 후 3~4년 있다가 철리할 경우 매장된 원래의 관을 그대로 쓰지만, 여러 해 지나 관이 없는 경우 칠성판 위에 유골을 옮겨 볏짚으로 시신 길이만큼 엮어 시신 둘레를 두르거나 대나무로 발처럼 엮어 감쌌다. 운상^(運喪)은 상제^(喪主)의 의사에 따라 상여나 혹은 임시로 만든 '들채'라는 들것을 사용하며, 부조^(扶助)는 친족들의 자의^(恣意)에 맡긴다.

철리^(遷移) 터 방법^(防法)

철리는 기본적으로 조상을 편안하게 해드리는 것이다. 철리^(遷移)터 방법^(防法)이란 철리가 끝난 원래 무덤 자리를 갈무리할 때 행하는 의례로 일종의 세속적인 비보 조치이다. 먼저, 도교와 무속적인 내용의 방법을 소개하면 다음과 같다.

어떤 연유로 무덤을 옮기려면 반드시 준비해야 하는 3가지가 있는데 달걀, 버드나무, 무쇠가 그것이다. 사람들은 철리한 무덤에 방법을 하지 않을 경우 동티가 나서 큰 화를 면치 못한다고 생각한다. 무덤을 개장$^{(開葬)}$하기에 앞서 먼저 축을 고한다. "삼두구미 토신님께 옥황에 올라가십사." 하고 정성을 드리면, 삼두구미 토지신은 옥황 앞으로 올라가 버린다. 그 틈을 타서 무덤을 열고 유골을 미리 가지고 간 칠성판에 차례대로 올려놓고 종이를 덮은 후 삼베로 열두 번을 묶는다.

그런 다음 시신이 누웠던 무덤 자리에 달걀 세 개, 무쇠 조각 세개, 버드나무 한 가지를 꺾어다가 무덤 중앙에 꽂은 후 칠성판의 유골은 100보 밖으로 운구하여 성복제를 지낸다. 만약 그렇지 못할 때는 이장하는 무덤의 상주는 즉사$^{(卽死)}$당하고 만다고 한다. 100보 밖으로 유골을 가지고 가버린 후 옥황에 갔던 삼두구미 토지신이 내려와서 자신의 영역에 있던 유골이 없어진 걸 알고 당황하여 이리저리 찾아다닌다.

먼저 맞닥뜨린 버드나무에게 물어본다. "여기 유골이 어디 갔느냐?" 버드나무는 그저 뻣뻣하게 "모른다."라고 대답한다. 다음에는 무쇠에게 물어본다. 무쇠도 역시 먹먹하게 "모른다."고 대답한다. 이때 달걀은 스스로 나는 코도 없고, 눈도 없고, 입도 없고, 귀도 없고 해서 아무것도 모른다고 고개를 좌우로 흔들면 삼두구미 토지신도 인간에게 더는 조화를 부릴 수 없게 된다고 한다. 그래야 철리가 안전하게 끝나는 것이다.

달걀 세 개, 무쇠 조각, 그리고 버드나무

삼두구미 몰래 안전하게 철리가 이루어져 자손에게 액(厄)이 미치지 않기를 바라고 있는 '그때-거기-그들'의 모습을 상상할 수 있어요. 사람들은 삼두구미를 꺼리고 있으니까요. 이에 지혜로운 셋째 딸은 꾀를 내어 삼두구미가 싫어하는 것을 마련하고 머리 셋에 꼬리 아홉 달린 지귀(地鬼), 삼두구미를 제거합니다. 땅속에 사는 큰 적을 물리친 것이지요. 보통 이런 옛이야기를 '지하국대적퇴치담'이라 합니다.

신동흔은 삼두구미를 보면 죽음의 신 '타나토스'가 연상된다고 하였지요. 두 다리를 쑥 빼서 먹으라는 것, 두 딸을 사정없이 때려죽인 것도 불쑥 사람을 덮치는 죽음을 연상시키니까요. 어쩌면 삼두구미는 지하 세계를 관장하던 큰 신이었으나, 점차 신의 질서가 하늘 중심으로 재편되면서 잊힌 건지도 모른다는 말도 덧붙였습니다.

그런데 〈삼두구미본〉의 내용을 그대로 들여다보면 어떨까요? 마지막에 "그 법으로 금시에 산을 철리^(遷移)할 때는~~~"이라는 종결 구절이 있어요. 본풀이가 '이장^(移葬)의 질서'를 설명한다고 직접적으로 말해주고 있는 것이지요. 그러면 앞에 나오는 이야기 역시 이장^(移葬)과 관련 있는 겁니다. 요즘 우리가 하는 말로 〈삼두구미본〉은 '이장 프레임' 안에 놓여있다는 말입니다.

본풀이 전개를 따라가며 〈삼두구미본〉에 나타난 이장의 질서를 찾아보기로 해요.

사람도 아니고 귀신도 아닌 백발노인이 살았습니다. 삼두구미는 각시가 죽어 후처를 장만할 궁리가 들었습니다. 맨 먼저 삼두구미가 원하는 것은 후처를 얻는 일이네요. 이때 후처 ^(後妻)는 삼두구미가 누일 알맞은 광중^(壙中)을 의미해요. 우리는 지금 '이장'이라는 틀로 이 신화를 해석하고 있으니까요.

삼두구미는 딸을 부잣집에 파는 게 어떤가? 라고 하네요. 알맞은 산터를 찾아 이장하는 일은 후손에게 부^(富)를 가져다주는 일이거든요.

삼두구미는 첫째 딸에게 자기 양쪽 다리를 뽑아주면서 마실 갔다 오는 사이에 그걸 다 먹어야 한다고 하였습니다. 다리를 먹히면 더 이상 일어나지 않아도 되지요. 이는 좋은 터를 잡아 육탈^(肉脫)이 잘 진행되었다는 의미입니다. 장례 후 3년 정도가 되면 육탈이 완결된대요. 명당에 모신 조상의 뼈는 기름기가 흐르고 누렇게 변하지만, 물속에 잠기거나 나무뿌리에 감긴 경우는 흉조^(凶兆)라고 합니다. 장사 지내고 3년, 이사 가서 3년, 집 짓고 3년이란 말도 여기서 유래된 것이래요.

삼두구미는 둘째 딸을 데리고 와 먼저처럼 하여 말을 듣지 않으니 둘째 딸도 죽여버립니다. 〈삼두구미본〉은 삼 년 정도가 지나야 제대로 된 후처, 광중^(壙中)을 얻을 수 있다고 말하는 겁니다. 첫째 딸, 둘째 딸에 해당하는 1~2년 사이에는 마루널 판, 나무덮개 아래에 있는 시신의 다리가 썩지 않고 육탈(肉脫)되기 전이지요. 사람이 음식을 먹듯, 광중(壙中)이 시신의 다리를 흡수하여 잘 썩혀야 해요. 그렇지 않으면 그 산터는 삼두구미가 인정사정없이 부인을 때려죽인 것처럼 다시 덮어버려야 한다는 의미예요.

이제 셋째 딸이 한참을 걸어 들어가 어떤 대궐 같은 집 안으로 가는데 속으로는 무섭기도 하였지만 참으며 안으로 들어갔습니다. 집 안에는 사람이 하나도 안 보였습니다. 셋째 딸이 집 안에 들어가니 사람이 하나도 안 보였다는 말은 육탈이 잘 진행되었다는 뜻입니다. 알맞은 시기가 되었으니 이묘(移墓)를 위해 제물을 준비하고 아흐레 동안 몸정성 할 차례가 된 것이지요.

셋째 딸은 삼두구미 말을 잘 듣겠다고 하며 "그러면 영감님이 제일 좋은 일이 이겁니까?" 물었습니다. 그러자 "난 이 다리 먹는 사람이 제일 좋아." 하였습니다. 그다음 다시 "그러면 제일 궂어하는 건 무업니까?" 하니 "궂어하는 건 날달걀과 동으로 뻗은 버드나무 가지와 무쇠 덩어리가 제일 궂어." 하였습니다. 3년이 되면 육탈이 잘 진행된 시신을 옮기기 위해 택일하고 준비에 들어갑니다. 달걀과 버드나무 가지와 무쇠 덩어리는 꼭 준비해야 할 목록이지요.

삼두구미가 왜 이 목록을 싫어했는지 이장의 질서에 따라 살펴보려 합니다.

우선, '동으로 뻗은 버드나무 가지는 빳빳하니 한번 후리면 사족이 칭칭 저려서 운신을 못 하고'라고 말합니다. 이는 시신에서 뼈를 수습하여 버드나무 가지로 꽁꽁 묶었다는 말입니다. 이때 머리의 방향은 동쪽을 향하게 하고, 가슴 위에 '펴다, 통하다'의 의미인 신(伸)을 줄여 먹으로 써넣지요. 본풀이에서는 '무쇠덩어리로 맞혀버리면 가슴이 먹먹하기로'로 표현되고 있는 부분이지요. 그리고 이제 명정을 쓰기 위해 달걀을 풀어 놓으니, '달걀은 나는 눈도 코도 입도 귀도 없어서 모르겠다고 모가지를 좌우로 털고'라 합니다. 달걀 물로 쓴 명정은 얼굴 위에 덮어 놓기에 '얼굴에 맞히면 까져서 모두 칠해지니 앞도 보지 못하고'로 표현되고 있는 것이지요.

셋째 딸은 다시 살아나려는 삼두구미를 버드나무 가지로 때려죽이고 방아확에 놓아 가루를 내어 허풍 바람에 날려 버렸습니다. 이 말은 명정을 덮고 있는 삼두구미가 광중(壙中)으로 들어가는 하관 후 방아확 같은 봉분을 만들었다는 뜻입니다. 이제 삼두구미는 버드나무 가지에 백 대를 맞고 방아확에 가루처럼 되어서 다시는 일어설 수 없게 되지요.

그 법으로 산을 철리(遷移)할 때는 삼두구미 땅귀가 다시 살아나지 못하도록 처방해야 합니다. 삼두구미가 싫어하는 달걀 세 개와 무쇠 덩어리 셋을 묻고 흙을 덮어 버드나무 가지를 꽂아 놓았던 것이지요.

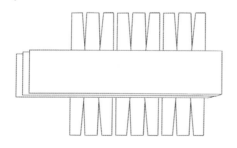

머리 셋에 꼬리 아홉 달린 옷, 삼두구미

삼두구미가 이들을 싫어하는 이유는 '이장(移葬)'이 그다지 좋은 일이 아님을 뜻합니다. 이장은 피칠 못할 사정이 생겨 어찌할 수 없을 때 여러 가지 금기와 규범을 지키며 진행하는 일이니까요. 그러니 시신이 삼두구미 같은 머리 셋에 꼬리 아홉 달린 옷을 입게 되는 일을 피하고 싶었던 것입니다.

큰 틀에서 이장의 모든 절차는 초상례 때와 같습니다. 다만 혼백상(魂魄床)이 없을 뿐입니다. 산 앞에서 제를 올린 후 개묘합니다. 관을 열어 시신을 내모시지요. 오문복에 의하면 유골을 수습하는 방법은 두 가지가 있었다고 합니다. 하나는 '설름장'이고 다른 하나는 '모심장'입니다. 벌여놓은 것을 치운다는 의미의 '설름'과 한꺼번에 들어 올려 '모심'이라는 의미가 강조된 명칭이라고 생각됩니다.

'설름장'은 미리 칼같이 만든 버드나무로 유골의 각 부분을 하나씩 들어내어 백지로 쌉니다. 조심스레 펼친 후 백지를 남게 붙인 칠성판 위에 상하좌우 신체 순서에 맞게 바르게 맞추어 놓는 방법이지요. '모심장'은 유해에다 소주를 붓고 더러운 것을 씻은 다음 부드러운 댓가지를 뼈 밑으로 머리끝에서 발

끝까지 가로 세로로 길게 찔러서 한꺼번에 들어 올려 칠성판에 옮깁니다. 조심스레 댓가지를 빼버리고 삼베로 유해를 감싸지요.

이는 초상례의 소렴 대렴이 혼합된 부분입니다. 다음은 발인 절차에 따라 새 묘에 내려 묻고는 그 왼쪽에서 토신제를 지냅니다. 이때 가장 주의를 기울이는 점은 시신의 뼈를 초종(初終) 때처럼 곱고 바르게 수습하고 봉안하는 것이라 합니다.

지금은 이장 문화가 간소화되고 현대화되었습니다. 그래도 〈삼두구미본〉과 비슷한 흔적을 가진 무속 공동체의 사례가 있어 그 모습을 살펴보려 합니다.

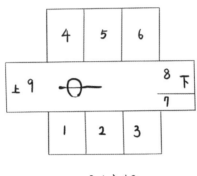

종이 호상옷

이 그림은 뼈를 수습하기 위해 준비하는 종이 호상옷입니다. 이 종이 호상옷은 칠성판 위에 붙여 놓지요. 창호지를 준비하여 먼저 가로로 세 장을 깝니다. 이 창호지 위에 '펴다, 통하다'의 의미인 신(伸)을 간략하게 줄여 그림처럼(φ) 먹으로 써넣습니다. 그리고 세로로 창호지 한 장을 깔지요. 아래는 그림 ⑦⑧번처럼 다시 자릅니다. 위에서 아래로 신체 구조

에 맞추어 뼈를 수습하여 놓는데 그 모양은 아래 그림과 같
습니다.

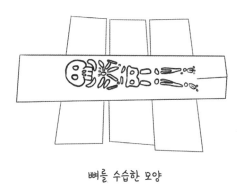

뼈를 수습한 모양

이렇게 수습한 시신을 '제민' 또는 '호상'이라 불렀답니다.
제주에는 수의(^{壽衣})를 호상옷이라 하여 그 흔적이 남아 있지
요. 종이가 귀하던 시절에는 버드나무 가지를 촘촘히 엮어 뼈
를 수습하였다고 합니다. 뼈가 수습되면 그림의 번호 차례대
로 덮습니다.

다음은 대렴을 할 차례로 소렴한 시신을 다시 옷과 이불로
싸고 베로 묶어 관에 넣는 절차입니다. 가로로 삼베 네 장을

깝니다. 하나는 머리에 해당하며 다른 셋은 다리에 해당합니다. 그리고는 '요'에 해당하는 이부자리 지금(地衾)을 깝니다. 이 위에 좀 전에 준비한 칠성판에 붙인 호상을 놓습니다.

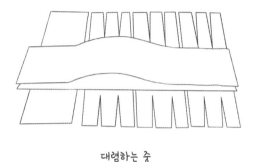

대렴하는 중

이때 머리 쪽으로 베개를 놓고 망자를 위한 옷을 놓기도 합니다. 그리고 '이불'에 해당하는 천금(天衾)을 덮지요. 머리 쪽으로는 삼베, 지금, 천금 세 겹이 깔려있고, 머리를 제외한 나머지 부분에는 삼베가 아홉 갈래로 나뉘어 있지요. 이것이 삼두구미의 상징이라 생각합니다. 머리 쪽으로는 셋, 다리 쪽으로는 아홉 갈래가 나뉘는 모양을 보고 만든 이름이 아니었을까요?

이제 차례대로 덮어가며 머리 아래쪽의 아홉 매듭을 묶습니다. 그림 오른쪽으로 보이는 글이 쓰인 천은 명정입니다.

대렴이 끝나고 명정을 덮는 중

명정(銘旌)은 장사지낼 때 죽은 사람의 신분을 밝히기 위해 품계·관직·성씨 등을 쓰는 기(旗)이지요. 동관 전까지는 영좌(靈座) 동편에 세워두었다가 발인이 시작되면 행렬 맨 앞에서 길 인도를 하게 되지요. 하관(下棺)이 끝난 뒤에 관 위에 씌워 묻습니다. 보통 붉은 천에 분가루나 은물 등 흰색으로 글씨를 쓰지요.

국왕의 명정은 금가루에 아교를 개어 썼으며, 양반가의 명

정도 분가루와 은을 녹인 물로 썼답니다. 하지만 일반 백성들이 쉽게 구할 수 있는 품목은 아니었지요. 서민들은 달걀을 풀어서 쓰고 밀가루를 뿌려 고정했다고 합니다.

지금까지 해석한 〈삼두구미본〉의 문화소를 정리해 보도록 하겠습니다.

〈삼두구미본〉에 나타난
문화소

① 이묘할 산터 물색 → ② 3년 정도 지나서 육탈이 되는 좋은 산터 선택 →

③ 이묘를 위한 제물 준비와 몸정성 → ④ 뼈를 수습하여 버드나무 가지로 싸

기, 통할 신(神)을 먹으로 써 놓은 칠성판 위에 호상옷 놓음, 달걀로 명정 쓰기→

⑤ 하관 후 봉분 만들기

삼두구미

🖐 달걀로 명정을 썼기에 얼굴에 맞히면 아무것도 볼 수 없다 했구나?

🙏 버드나무 가지에 촘촘히 싸인 시신은 사족을 못 쓰는 거고.

🖐 편편하게 통하라고 쓴 신(φ) 자는 마치 무쇠덩어리 모양을 하고?

🙏 무시무시하던 이야기가 문화소로 해석하면 이렇게 풀리더라.

🖐 왠지 내 손에 박힌 가시처럼 아픈 느낌이 든다.

🙏 그 가시를 뽑아내려고 누군가 이런 이야기를 엮었던 것 아닐까?

🖐 이번 이장할 때 너도 이런 과정을 본 거야?

🙏 장의사에 맡겨서 하나하나 세밀하진 않더라.

🖐 땅귀의 이사가 참 우리 가까이에 있었네?

〈차사본풀이〉에서 강림은 염라대왕과 김치 원님 모두에게 부름공세를 받지요. 그래서 몸은 김치 원님이 있는 땅세상에, 영혼은 염라대왕이 있는 하늘세상으로 나뉘게 되지요. 예나 지금이나 장례나 이장은 하늘과 땅의 보호 아래 진행되는 게 맞는 것 같아요. 하늘도 알고 땅도 알아야 하는 질서, 〈삼두구미본〉이 보여주는 이장의 질서였지요.

제주의 심방은 '일안 어른'이라고도 부릅니다. 〈삼두구미본〉에 나타난 것처럼 뼈를 수습하는 과정까지도 세세하게 알아야 하고, 직접 실행해야 했으니까요.

1989년 9월 할아버지께서 추석 명절을 앞두고 돌아가셨어요. 곧바로 장례를 할 수 없어 토롱(土壟)을 하고 열흘 이상 긴 장례를 지냈던 기억이 납니다.

아마도 '일안 어른'의 인도 아래 그 긴 시간을 무사히 통과했을 겁니다. 무속을 미신이라 배척하고 무지몽매한 행동이라 무시하던 시간 동안 우리는 '일안 어른'을 알아보지 못했겠지요. 그분들에게 한발 다가가고 싶습니다. 그분들이 남겨 놓은 본풀이를 고정관념 없이 해석하는 일로 말입니다.

태어나 처음 오는 길

〈눈미불돗당본풀이〉

〈눈미불돗당본풀이〉
바위와 금쪽이

　　　　　　　　까마귀 둘이 바위 위에 앉아 있습니다. 비목나무 아래서 우리는 한참 그 새들을 보았지요. 어미일까요. 지켜보는 새 말이에요. 무얼 먹고 있는 작은 녀석은 분명 새끼 까마귀겠지요. 작은 한라산에는 까마귀가 참 많습니다. 떼 지어 날거나 까악까악 떼창을 하면 왠지 섬뜩해지지요. 아마 저승사자와 함께 다닌다는 이야기를 들은 때문이겠죠. 까마귀가 울면 그 집에 상(喪)이 난다니까요. 여름철이 지나면 이제 새끼 까마귀가 어미 까마귀에게 먹이를 물어다 준대요. 반포지효(反哺之孝)라는 말이지요.

새끼 까마귀와 어미 까마귀

우리 애들도 제주를 참 좋아한다.

주민번호에도 9가 들어가잖아?

워낙 아기 때라 기억 못 할 거 같은데 신기하게 제주가 좋대.

막내는 포대기에 업고 갔잖아. 막내가 제일 먼저 제주로 이사 가자고 했다면서?

태를 여기 묻어서 그런가?

어머니가 열심히 비는 분이셨지?

출산 예배도 교회에서 했는데 꼭 아기 태(胎)는 당신 손으로 당나무 밑에 묻었단다.

까마귀도 석 달 열흘 지나면 부모 공을 갚는다는데.

내리사랑이라지만 부모에게 반만 해도 좋을 텐데.

부모에게 자식은 영원한 금쪽일 거야.

본향당, 본향듦, 본향다리, 본향굿이라는 말을 들어보았나요. 제주에서는 본향(本鄕)이라는 말을 자주 쓰니까요. 국어사전에는 본향을 '시조가 난 곳'으로 정의합니다. 제주에서 본향은 '태슨땅'이라는 뜻을 가져요. 태슨땅은 '태(胎)를 슬아 묻어둔 땅'을 말합니다.

제주 어머니들은 아기가 태어나면 탯줄을 태워 작은 항아리에 담았지요. 이른 새벽 어머니만 아는 깨끗한 비밀 장소에 묻었지요. 피부병에 걸린 아기는 태를 태운 검정을 바르면 낫는다고 믿었어요. 지금은 피부과 소아과가 생겨서 태(胎)를 약으로 쓸 일은 없지만, 산부인과에 누웠어도 태를 묻으러 나가시던 친정어머니의 뒷모습은 선명합니다.

삼승할망이란 말도 들어보았을 겁니다. '삼승'의 의미를 두고 많은 사람이 의견을 냈지요. 저는 현용준이 《제주도신화의 수수께끼》에서 세운 가설에 동의합니다. 삼은 태(胎)의 우

팽나무와 태산땅

리말로 삼줄과 탯줄은 같은 말입니다. 승을 어떻게 해석할 것인가가 문제지요. 현용준은 승의 의미를 '이승', '저승'에서 찾았지요. 이세상, 저세상처럼 삼승은 '탯줄을 만드는 세상'으로 해석할 수 있습니다. 그러면 삼승할망은 삼승과 할망의 합성어로 태아의 세상을 관장하는 신격이 되는 것이지요.

"가가가, 가가가" 짧고 여린 음절은 다 먹었다고 말하는 듯하네요. 어미 까마귀는 어디로 또 먹이를 구하러 갔나 봅니다. 바위에 앉은 아기 까마귀를 한참 바라보며 친구에게 〈눈미불돗당본풀이〉를 들려주었습니다.

눈미는 제주시 조천읍 와산리의 우리말 이름이에요. 마을을 품고 있는 오름을 '누운뫼'라 부르면서 생긴 이름이랍니다. 불돗당은 '불 + 도+ ㅅ^(사이시옷)+ 당'으로 이루어졌지요. '불'은 남자의 고환^(睾丸)을 나타내는 고유어 '불', '불알'과 같은 어원이고, '도'는 신^(神)을 의미하는 제주어랍니다. 당은 신전^(神殿)을 말하지요. 생명을 돌보는 신이 있는 곳이 바로 불돗당이랍니다. 제주도 굿에 '불도맞이'라는 기자의례^(祈子儀禮)가 있어요. 제주 전역에서 '불도'는 '산신^(産神)'의 의미로 쓰인 걸 알 수 있지요.

옥황상제 막내딸아기가 부모 말씀을 거역했다. 상제가 크게 노하여 곧 인간 세상으로 귀양을 보내라고 호령을 쳤다. 옥황상제 막내딸아기는 줄을 타고 눈미의 당오름 꼭대기에 내려와 큰 바위가 되어 좌정했다. 그때 와산의 어떤 사람이 사십이 되도록 슬하에 자식이 하나도 없었다. 허허탄식하고 있는데, 어느 날 한 중이 보시(布施)를 받으러 왔다. 그는 중에게 어떻게 하면 자식을 얻을 수 있는가, 육갑이나 짚어 보라고 했다. 중은 홀연히 나타난 큰 바위를 찾아 위하면 자식을 얻으리라고 말했다. 부인은 그날부터 홀연히 나타난 큰 바위를 찾아 돌아다녔다. 당오름 꼭대기에 난데없이 큰 바위가 나타났다는 소문이 들렸다. 부인은 정성을 다하여 제물을 차리고 바위를 찾아 제를 지냈다. 그 얼마 없어 태기가 있었다. 해산달이 가까워서 부인은 다시 이 바위에 제를 지내러 올라갔다. 무거운 몸이라 산꼭대기까지 오르는 데는 힘겨웠다. 무거운 다리를 이끌며 산 중턱쯤 올라가 쉬면서 부인은 이 신에게 축원을 드렸다. 저 산 위에 계신 조상님이여, 영험이 있거든 요만큼에나 와서 좌정하십시오. 그러면 우리 자손들도 다니는 데 못 견디지 않을 게 아닙니까?

축수하고, 산꼭대기에 올라가 제를 지내고 돌아왔다.

부인은 그 얼마 후 생남을 했다. 하도 기쁘고 고마운 김에 또 제물을 차려서 치사^(致謝)하러 나갔다. 가다가 보니, 산 중턱의 먼저 축수를 올렸던 곳에 그 바위가 내려와 좌정해 있었다. 꼭대기까지 올라가지 않고 퍽 수월했다. 거기서 제를 지내고, 이왕이면 더 평평한 데로 내려와 좌정하시면 일만 자손이 조상님으로 위하겠습니다. 이렇게 축원을 올리고 내려왔다. 뒷날 다시가 보았더니, 바위는 마을 가까이 고장남밧 만년 팽나무 아래로 내려와 좌정해 있었다.

그 후, 3월 13일을 대제일^(大祭日)로 하여, 모든 백성들이 정성을 올리게 되었고, 정성을 드리면 자식을 점지해 주고 키워 주는 신이 되었다.

🖐 와~ 팽나무 아래 바위가 저절로 내려와 앉은 거야?

🖐 다른 채록본에서는 바위가 피를 흘리며 내려온다고 하지.

🖐 팔공산 갓바위에 갔을 때 아기를 달라고 비는 사람을 본 적이 있어.

기자석^(祈子石), 남근석^(男根石), 여음석^(女陰石)이라는 말을 들어봤을 거예요. 돌과 인간 탄생이 연결된 신화는 참 많지요.

이안나는 몽골의 신앙처를 답사하던 중 '에즈하드'라는 어머니 바위에 간 적이 있답니다. 동굴은 처음에는 서서 들어가다가 허리를 구부리고 반쯤 기어서 중간쯤에 가면 세 갈래 길이 나옵니다. 각각 세 사람이 걸어 들어가면 끝에서 만나게 되지요. 그 끝 바윗돌 위에 유방 모양의 돌이 두 개 튀어나와 있고 그 꼭지에서 물이 떨어집니다. 떨어지는 물 아래로 그릇같이 돌이 파였는데 어머니 젖이 흐르는 것 같았지요. 그곳 사람들은 그 물을 마시면 마음이 맑아지고 체력을 회복한다고 믿고 있대요.

몽골 전역에는 이런 어머니 바위 신앙이 퍼져 있습니다. 유목민에게 바위는 머물러 있는 힘이며, 변하지 않는 표석이지요. 이동할 때는 지표가 되고, 고향을 특정하는 증표가 되었으니까요. 남자들이 가축을 돌보는 동안 어머니는 게르에서 불을 지키며 생계를 꾸려나갔죠. 유목민들은 낮보다는 밤에 더 위험했고, 더 힘들었을 테지요. 그러다 유랑의 초원에서 만나는 동굴 속 바위집은 어머니처럼 아늑했을 겁니다. 유목민들에게 어머니는 돌아갈 처소이며 심리적 본향이었을 테니까요.

바위의 상징을 생각하며 본풀이를 읽어보지만, 여러 가지 의문이 떠오릅니다. 옥황상제 막내딸아기가 하늘에서 줄을 타고 내려왔다는 의미는 무엇일까요? 막내딸아기가 큰바위가 되었다면 벌을 받은 건가요? 산꼭대기에서 산 중턱으로 내려오는 이유는 무엇일까요? 영험함을 증명하려면 바위가 이동해야만 하는 건가요? 가장 평평한 데로 내려온 바위를 신격으로 모셨다는 의미는 무엇일까요?

질문의 가짓수가 많아 보이지만 사실은 하나의 줄기에 매달려 있지요. 땅 위로 드러나 선명하게 보이지 않을 뿐이죠. 땅속에서 뻗어 나가는 뿌리줄기처럼 말이지요. 질문의 목록을 보면 '바위의 이동'을 푸는 게 가장 중요할 것 같아요. '그때-거기-그들'에게 바위의 이동은 어떤 문화질서를 말해주고 있을까요. 그들은 왜 이런 말을 썼을까요. 왜 바위는 〈눈미불돗당본풀이〉에서 중요한 문화적 언어가 되었을까요.

먼저 바위라는 어휘가 불러일으키는 인지작용을 구성해 보기로 해요. 바위[bawi]라는 소리나 문자를 보면 우리 머릿속에는 바위의 이미지와 바위의 개념이 떠오르지요. 일차적으로 사전적 개념인 '부피가 매우 큰 돌'과 동시에 내가 보았던 고등학교 교정의 '고인돌'이 떠오릅니다.

문학의 언어는 일차적 개념과 이미지에 머물지 않아요. 자신의 언어생활에서 형성된 백과사전적 지식을 기반으로 다양하게 뻗어 나가지요. 새로운 개념과 이미지가 확장되는 과정을 그려보면, 마치 연상 단어 말하기처럼 개념과 이미지가 결합되면서 점점 커져 나가지요. 기호작용의 확장 과정을 간단히 나타내 보기로 하겠습니다.

◉기호 작용의 확장(종합적으로)

바위는 크다, 큰 건 무겁다, 무거운 건 산, 산은 변함없나, 변함없는 건 엄마의 마음······.

◉기호 작용의 확장(개념을 중심으로)

*개념: 부피가 매우 큰 돌 ⟶ 무겁다 ⟶ 산 ⟶ 변함없다 ⟶ 엄마의 마음······.

◉기호 작용의 확장(이미지를 중심으로)

*이미지: 큰 돌 ⟶ 무거운 산모의 배 ⟶ 산 같은 산모의 배 ⟶

변함없이 붙어 있는 아기 ⟶ 내려오는 아기······.

하나의 단어는 문맥에서 차이에 따라 의미가 결정되지요. 의미를 결정할 때는 내가 일으킨 기호작용이 적절한지 따져 보아야 합니다. '어머니가 주신 배는 비쌌다.'에서 배는 무슨 의미일까요? 배$^{(腹)}$, 배$^{(船)}$, 과일 배 중 하나를 선택하려면 다음 문맥을 살펴보아야 합니다. '단물이 가득 차 있었다.'가 있다면 먹는 배가 맞지만, '마지막 유산으로 우리의 명운이 달

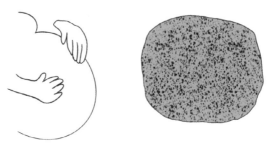

당오름 꼭대기에 좌정한 바위, 아기

렸다.'가 이어지면 타는 배가 선택되어야 하지요.

내 머릿속이 바위에서 산모의 배를 떠올릴 수 있었던 까닭도 같은 원리입니다. 〈눈미불돗당본풀이〉가 아기의 탄생과 관련되었다는 정보 때문에 그 방향으로 인지작용이 일어난 것입니다.

첫 번째 의문인 '줄을 타고 내려왔다.'의 문화적 의미를 찾아보기로 해요. 줄[J㎭]이라는 소리를 듣거나 문자를 보면 우리 머릿속에는 일차적인 이미지와 개념이 떠오릅니다. 빨랫줄, 밧줄의 이미지와 더불어 '묶고 동이는 데 쓰는 가늘고 긴 물건'이라는 개념이 생성되지요. 동시에 내 머릿속은 이미 형성된 백과사전적 지식에서 연결 추론을 하기 시작합니다. 이 본풀이의 문맥과 맞는 '줄'의 의미를 찾기 위해서 말입니다.

탯줄을 타고 내려온 아기

●기호 작용의 확장(종합적으로)

줄은 길다, 긴 건 실, 실은 생명, 생명은 탯줄, 탯줄은 아기……

●기호 작용의 확장(개념을 중심으로)

*개념: 묶고 동이는 데 쓰는 가늘고 긴 물건 → 실 → 생명 → 탯줄 → 아기…….

●기호 작용의 확장(이미지를 중심으로)

*이미지: 거미줄 → 새끼줄 → 동아줄 → 넝쿨 → 박씨줄 → 탯줄…….

이때 메시지를 읽는 '지금-여기-우리'의 머릿속에 새롭게 생성된 개념과 이미지는 '그때-거기-그들'의 머릿속에서도 생성되었을 인지적 기호작용입니다. 백과사전적 기호 체계에서 생성된 다양한 단어는 연결과 조정을 통하여 의미를 확정할 수 있지요. 이것을 계열성 확인 과정이라 합니다.

그 결과 하늘에서 내려온 줄의 의미는 탯줄로 확정됩니다. '줄을 타고 내려온 옥황상제 따님아기가 바위가 되어 좌정하였다.'에 나타난 의미는 '탯줄을 타고 옥황상제 따님아기 같이

귀한 존재가 산모의 몸에 무거운 바위처럼 앉게 되었다.'가
되는 것이지요.

이러한 줄의 이미지는 〈천지왕본풀이〉에도 나옵니다. 소별
왕 대별왕이 친아버지를 찾아가려 할 때 어머니 총멩부인은 아
들들에게 크씨줄을 타고 하늘로 올라가 보라 하지요. 아버지
와 아들은 '줄'로 연결되어 있다는 생각이 반영된 서사입니다.

'그때-거기-그들'은 생명을 탄생시키는 줄에는 신성한 힘이
깃들어 있다고 믿었지요. 어느 초가집 입구에 금줄이 쳐 있다
면 아기가 태어난 것입니다. 두 이레나 세 이레 동안은 부정
한 사람이나 잡귀가 침범하지 말라는 뜻입니다. 마을에서 포
제를 지낼 때도 포제단이나 당올레 앞, 또는 마을 입구에 금
줄을 쳐 놓았지요. 금줄로 사용할 새끼줄은 왼새끼 꼬기를 했
지요. 오른새끼는 일상사에 쓰이고 왼새끼는 성스리운 일에
쓰인 겁니다.

그럼 '바위의 이동'이 지닌 문화적 의미는 무엇일까요. 바위
가 아래로아래로 내려왔고 고장남밧 만년 팽나무 아래 멈추
었지요. 바위가 태아라면 '아래로아래로 내려왔다.'의 의미는

'해산과정'으로 연결됩니다. '바위가 오름 정상에서 내려오듯이 바위 같은 태아가 순조롭게 내려오고 내려와 해산하였다.'가 되는 것이죠. 신앙민이 왜 신체(神體)인 바위가 평평한 데로 내려오길 간절히 소망했는지 알 수 있는 순간입니다.

'다음 날 다시 가 보니 바위는 고장남밧 만년 팽나무 아래로 내려와 좌정해 있었다.'의 의미는 무엇일까요. 아기 출산 이후 태(胎)를 사른 단지를 마을의 신앙터인 팽나무 아래에 묻어두었다는 의미입니다.

당오름 꼭대기에서 내려오는 바위, 아기의 해산과정

이제 〈눈미불돗당본풀이〉에 나타난 문화소를 정리해 보도록 하겠습니다.

〈눈미불돗당본풀이〉에 나타난
문화소

① 탯줄로 연결된 아기의 잉태 ⟶ ② 바위처럼 점점 무거워지는 뱃속의 아기 ⟶

③ 출산을 위한 아기의 하행(下行) ⟶ ④ 분만의 완성과 태(胎) 묻기

〈눈미불돗당본풀이〉와 같은 돌 관련 신화라도 문화적 차이에 따라 구체적인 메시지는 달라지지요. 일본 신화의 하늘신 '이자나기'는 불의 신 '가구쓰치노카미'의 목을 칼로 베어냅니다. 이때 칼에 묻은 피가 바위에 튀어서 수많은 신이 화생(化生)하지요. 신성한 바위가 단독으로 신을 탄생시키는 것이 아니라 피와의 결합을 통해 신들이 태어났다고 말합니다.

한편 진성기가 채록한 〈눈미불돗당본풀이〉에는 이런 대목이 나옵니다.

옥황상제 막내딸아기 이 세상 귀양 오라 당오름 상상봉오리로 좌정하여 큰 왕석으로 피가 흘렀습니다.

신화를 만들어 전하는 '그들'은 해산의 광경 중 '피'에 주목할 수도 있고, '분만 과정'에 주목할 수도 있음이지요. 이 둘을 함께 강조하기도 하고요. 그들은 출산의 문화질서를 신화를 통하여 전하려 했을 겁니다. 지금 우리에게 도착한 것은 그들이 전하고자 했던 일부분일 수 있어요. 다만 신화의 맥락 안에 하나의 단서라도 남아 있다면 문화소로 충분히 해석할 수 있습니다.

조현설은 한라산이 거대한 모석이라면 와산리 불돗당의 바위는 마을의 작은 모석이라고 했습니다. 그런데 신체(神體)인 큰 돌이 이동한다는 점이 흥미롭지만, 바위의 이동이 무엇을 의미하는지는 분명하지 않다고 했지요. '당오름꼭대기→산중턱→팽나무 아래'로 3단계 이동하는 모습을 해산의 과정으로 읽으면 어떨까요? 이는 바위의 이동에 관한 의문을 푸는 실마리가 되어 줄 것입니다.

　아기가 거꾸로 나오는 것도 몰랐던 시절이 있었대.

　1920년대 서울의 5세 미만 유아 사망률은 49.6%였다고 하더라.

　자식은 잘 길러야 반타작이라는 속담이랑 딱 맞네.

　사자밥을 지어놓고 낳는다는 말도 있었잖아.

　그러니 삼승할망에게 의지하는 게 당연하지. 안 그래?

현실적으로 출산은 여성들에게 축복이자 권리였지만 삶과 죽음 사이를 넘나드는 일이었지요. 아이가 거꾸로 나오거나, 출산한 뒤에도 태반이 나오지 않거나, 산후의 비위생적인 처리로 감염되거나, 때로는 자궁파열로 인한 과다 출혈로 산모와 아이가 모두 세상을 등지는 일이 허다했다고 합니다. 신앙민들은 출산의 위험을 조금이라도 덜기 위해서 무속에 기대고 빌었겠지요.

어머니는 죽을 고비를 넘겨 출산에 성공해야만 얻을 수 있는 이름입니다. 그 어머니들은 잉태하고 출산하여 양육하는 모든 과정을 후대에 전해주고 싶었을 겁니다. 그래서 출산의 절차를 이야기로 만들어 재현하고 반복했을 겁니다. 물론 이 이야기를 다듬고 전승한 이는 삼승할망이겠지요. 〈눈미불돗당본풀이〉를 만든 삼승할망의 생각은 어땠을까요?

삼승할망이 생각한
눈미불돗당본풀이

아이를 잉태하고 출산하는 일은 하늘이 주관하여야 하는 중대한 일이다. 잉태를 위해서는 하늘의 줄을 타고 내려와야 한다. 이때의 줄은 탯줄로 아이는 산모의 배 속에 큰 바위처럼 좌정하게 된다. 이것이 아기 잉태의 시작점이다.

잉태 후 산모의 배가 산처럼 불러오고 해산달이 되면 이제 서서히 출산을 준비해야 한다. 바위가 산 위에서 산 중턱으로 내려오는 것처럼 아이가 위에서 아래로 내려와야만 순조로운 출산이 이루어진다.

배 속의 아이는 순조롭게 산 중턱으로 내려오고 점점 더 평평한 데로 나와 드디어 출산이 이루어진다. 그렇게 안전하게 출산하고 나서 아기의 일부였던 태를 태워 고장남밧 만년 팽나무 아래 묻어두면 아기의 출산이 비로소 완성된다. 이때부터 그곳은 아기의 성장을 돌보아주는 본향이 된다.

《아이가 사라지는 세상》이란 책을 봤어.

저조한 출산율을 걱정하고 있는 책이겠네?

2021년 우리나라 평균 출산율이 0.8명이래.

엄마 아빠가 되는 게 두려운 세상이 된 걸까?

얼마의 지원금으로는 마음을 움직일 수 없다고 하더라.

청년들이 모두 대도시에 모여 살아서 그런 거겠지?

그럼 고향으로 돌아가 살게 하면 어떨까?

어떻게 돌아오고 싶은 고향을 만들 수 있을까?

밥을 위한 여러 갈래 길

<세경본풀이>
밭의 여신, 사랑을 거두다

우리는 연리목 앞에 섰습니다. 고로쇠 나무와 때죽나무가 살을 맞대어 한 몸처럼 자라고 있었습니다. 각각 다른 뿌리 위에서 만나 하나가 된 둥치는 이미 우리 키를 훌쩍 넘네요. 백 살쯤 되었다는데, 같은 곳에서 이렇게 긴 시간을 함께 지내는 마음은 어떨까요?

너무 싱거운 말이지만 좋은 점도 있고 좀 덜 좋은 점도 있겠지요? 제주에서 계속 살아온 저와 삶의 절반을 육지에서 이곳저곳 돌아다닌 친구는 연리목 하나도 다르게 볼 수 있겠지요. 한참 경험과 느낌을 나눕니다. 비 오면 비 오는 대로, 해 나면 해 나는 대로 풍성하고 감사한 일이 많았네요.

연리목

🐾 나는 이 때죽나무가 참 좋아.

🐾 이 나무, 종낭 아냐?

🐾 맞아, 꽃과 열매가 종 모양이잖아.

🐾 종낭가지로 댕기 머리 만들어서 나무에 묶어 놓았잖아. 닛

물 받으려고.

🐾 아, 촘항 말이구나? 신기하게 물이 안 썩었었어.

🐾 그런 비법들은 어떻게 전수됐을까?

🐾 비밀문서가 있었나?

제주신화도 비밀문서의 하나였겠지요? 제주신화 중에 가장 아름다운 게 무어냐는 질문을 받곤 하지요. 저절로 〈세경본풀이〉가 떠오릅니다. 우선 자청비가 곱고 예쁘잖아요. 문도령은 잘 생겼고요. 하지만 사랑은 쉽게 이뤄지지 않았죠. '사랑을 하려거든 목숨 바쳐라'라는 노랫말이 떠오르네요. 자청비는 왜 그토록 목숨 바쳐 사랑을 이루려 했던 걸까요?

　〈세경본풀이〉를 만나려면 우선 긴 호흡이 필요합니다. 자청비의 사랑은 짧은 시간에 이루어지지 않았거든요. 여기서 한 가지 짚고 넘어갈 점이 있어요. '문도령-자청비-정수남이'의 사랑이 '남성-여성-또 다른 남성'의 사랑에 국한되지 않는다는 점이에요.

　두 번째는 자청비의 사랑이 꼭 이루어지리라 믿어야 해요. 겨울이 가면 봄이 오듯이요. 꽃이 진 자리에 열매가 맺히듯이 말이에요. 〈세경본풀이〉의 긴 서사를 알고 있는 친구는 긴장하는 눈치더군요. 걱정은 내려놓고 조금씩 나누어 가며 자청비의 여정을 따라가 보기로 해요.

① 김진국 대감은 집으로 돌아와 합궁일을 고르고 천생배필을 맺었다. 그달부터 태기 있어 여자아이가 태어났다. 비록 계집아이긴 하나, 앞이마엔 해님이요, 뒷이마엔 달님이요, 두 어깨엔 금샛별이 송송히 박인 듯한 귀여운 아이였다. 자청하여 낳은 자식이니 이름은 '자청비'라 지었다.

🖐 어떤 자식이든 자청(自請)하여 낳는 것이 아닌가?
🧒 이름은 물론 자청비의 생김새도 특이하지?

② 세월이 흘러 열다섯 살이 되었다. 어느 날 자청비는 상다락에 앉아 공단을 짜다가 문득 느진덕정하님의 손에 눈이 갔다. 손이 새하얗게 곱다. 너 어째서 손이 그렇게 고우냐? 원, 상전님도. 한 일은 알고 두 일은 모르는구나. 주천강 연못에 사철 상 빨래를 해 가니 손이 곱습니다. 그럼 나도 빨래를 같이 가자. 한두 살 때 입던 옷부터 대바구니에 주워 담고, 박씨 같은 발걸음을 아장거리며 빨래를 갔다.

이때, 하늘 옥황 문곡성(文曲星)의 아들 문왕성(文王星) 문도령이, 아랫녘의 거무선생에게 글공부를 하러 내려오고 있었다. 주천강 연못에 와서 문도령은 빨래하는 아름다운 아가씨를 발견하였다. 그대로 발길을 돌릴 수 없었다. 아기씨, 길 가는 사람이온데 물 좀 얻어먹을 수 없을는지요? 자청비는 부끄러워하며 바가지에 물을 뜨고, 버드나무 잎을 훑어놓아 드렸다.

🖐 문도령이 하늘 옥황 문곡성 아들인데 아랫녘 거무선생에게
  글공부하러 오는 거야?
🖐 거무선생에게 무얼 배울까?

③ 자청비는 여방(女房)으로 달려가 여자 의복 벗어 두고, 남방(男房)으로 달려가 남자 의복을 갈아입었다. 한 아름 가득 책을 안고, 한 줌 가득 붓을 쥐고 부모님을 작별하여 휭하니 내달았다. 문도령은 먼 문밖에서 기다리고 있었다. 처음 뵈옵니다. 자청비의 남동생인 체하여 자청비가 먼저 인사를 했다. 예, 나는 하늘 옥황 문왕성 문도령이 됩니다. 예, 나는 주넌국 땅 자청 도레(道令)이온데, 누님한테 말씀 잘 들었습니다. 남매가 얼굴이

비슷할 거야 당연한 일이겠지만, 이렇게도 닮을 수가 있는가고 문도령은 생각했다. 둘이는 어깨를 나란히 하여 거무선생에게 로 갔다.

🌿 왜 자청비는 남장을 하는 거야?
🦋 거무선생에게 무얼 배우러 나란히 가는 걸까?

④ 둘이는 각각 은대야에 물을 떠다 사이에 놓고 잠을 자기 시작했다. 문도령은 대야의 젓가락이 떨어질까 걱정이 되어 조심조심하다 보니 잠을 이루지 못하였다. 이튿날은 서당에 가면 글 읽을 생각은 없고 자주 졸음만 찾아드는 것이다. 자청비는 젓가락이 떨어지든 말든 걱정이 없었다. 아래위의 옷을 홀랑 벗어 던져두고, 동쪽으로 돌아 누어 한잠, 서쪽으로 돌이 누어 한잠, 푸진 잠을 자니 성적은 점점 올라갔다. 삼천 선비 가운데 에 장원이 되어 가는 것이다.

문도령과 자청비가 은대야에 물을 놓고 잠을 자는 이유는 뭐야?

자청비는 쿨쿨 잘 자는데 왜 문도령은 걱정이 되어 잠을 이루지 못하지?

⑤ 어느 날 문도령은 글을 읽는 자청 도령을 불러내었다. 자청 도레야, 네가 글재주는 좋지만 딴 재주는 나한테 지리라. 무슨 재준데 그리 특출한 게 있니? 그리 말고, 우리 오줌 갈기기 내기를 해 봄이 어떨까? 어서 그래 보자. 대답은 해 놓았으나 자청비는 여자의 몸이라 걱정이 안 될 수 없었다. 문도령은 이내 오줌을 갈기는데, 여섯 발 반이나 갈기고는 이만하면 어떠냐고 뽐내는 것이었다. 자청비는 미리 꾀를 내어, 대 막대기를 잘라다 바짓가랑이에 넣어두고, 한 번 맥(힘)을 써 오줌을 갈겼더니 열두 발 반이나 나갔다. 문도령은 그 재주마저 지고 보니, 면목이 없을 뿐 아니라 여자인가 하던 의심이 말끔히 씻어졌다.

🌿 문도령이 오줌 갈기기를 하는 이유가 있겠지?

🦋 자청비도 오줌 갈기기를 꼭 해내야만 했을까?

⑥ 며칠이 지났다. 문도령은 아침 일찍 일어나 마당에서 세수를 하고 있었다. 하늘 옥황 붕(鵬)새가 날아와 머리 위를 감돌더니, 날개에 끼고 온 편지 한 장을 떨어뜨리고 날아갔다. 아버지에게서 온 편지였다. 문도령아, 연 삼 년 글공부했으니, 그만하고 돌아와 서수왕의 딸아기한테 장가가거라. 이런 사연이었다. 문도령은 그 사연을 곧 자청도령에게 알렸다. 자청 도레야, 난 글공부 그만두고 집에 가야 하겠다. 아버지께서 서수왕 딸아기한테 장가가라고 편지를 보내왔어.

🌿 글공부를 하면 뭔가 이루고 빈 디음에 히산하는 거 아닌가?

🦋 과거 급제라든지? 수수께끼 풀기라든지?

🌿 서수왕 딸아기는 어떤 존재야?

🦋 문도령은 장가가기 위해 공부한 걸까?

⑦ 둘이는 다시 나란히 서당을 하직하고 집으로 향하였다. 자청비의 마음은 착잡했다. 내려오다 보니, 위아래에 나란히 붙은 물통이 있었다. 자청비는 그대로 헤어지기엔 너무나 마음이 안타까웠다. 문도령아, 우리 연 삼 년 글공부를 했는데 글땐들 아니 올랐겠니? 여기서 목욕이나 하고 가는 게 어때? 자청비는 위통으로 들어가고 문도령은 아래통으로 들어갔다. 자청비는 저고리만 벗고 물소리만 첨벙첨벙 내면서 문도령의 거동을 살폈다. 문도령은 아래위로 활딱 벗고 들어가더니, 동으로 나오면 서쪽으로 들고, 서쪽으로 나오면 동으로 들어 왐방참방 목욕을 해가는 것이었다. 자청비는 가만히 보다가 한숨을 쉬며 버드나무 잎을 뜯었다. 마지막 한 구절 속마음이나 알리고 헤어지자는 것이다. 눈치 모른 문도령아, 멍청한 문도령아. 연 삼 년 한 이불 속에 잠을 자도 남녀 구별 눈치 모른 문도령아. 버드나무 잎에 글을 써서 아래 물통으로 띄워 두고, 자청비는 휘어지게 집으로 달렸다. 버드나무 잎은 두둥실 천천히 흘러 문도령의 눈에 띄었다.

✋ 글때가 올랐으니 목욕을 하자고 하네?

🙏 문도령이 알아차렸을까?

⑧ 이게 무슨 일인가? 문도령은 황급히 내달아, 바지는 한쪽 가랑이에 두 다리를 꿰어놓고 저고리는 어깨에 걸쳐 언덕 위에 올라보았다. 벌써 자청비는 저 고개 너머로 머리만이 까마귀 날개만큼 매쪽매쪽하고 있었다. 문도령은 두 주먹을 불끈 쥐고 정신없이 뛰었다. 문도령이 숨을 헐떡거리며 자청비 집에 닿았을 때, 자청비는 부끄러운 듯이 문간에서 기다리고 있었다. 문도령님아, 여자 몸으로 오늘까지 속여 온 것을 용서하십시오. 제가 아버님 어머님께 인사하고 올 테니, 제 방으로 가서 아픈 다리나 쉬어가기 어쩝니까? 문도령은 고개를 끄덕였다. 자청비는 아버님 어머님께 인사를 갔다. 연 산 년 글공부 몸이나 조심히 다녀왔느냐? 예, 몸 편안히 다녀왔습니다마는, 저하고 연 삼 년 글공부하던 선비가 저기 같이 왔사온데 해가 저물어 갈 수 없으니, 저하고 같이 있다 내일 보내기 어쩝니까? 남자냐, 여자냐? 남자가 되옵니다. 남자거든 십오 세 위면 내 방으로 들어

보내고, 십오 세 미만이면 네 방으로 들여놓아라. 십오 세 미만이 되옵니다. 어서 네 방으로 들여놓아라. 아버님 허락받아, 자청비는 열두 폭 대홍 대단 홑단치마로 갈아입고 문도령을 맞아들였다. 자청비는 병풍 안에 문도령을 앉혀 놓고 손수 저녁상을 차려다 맞상을 받았다. 만단정화를 나누다가 한 이불 한 요에 잣베개 같이 베고 연 삼 년 속여오던 사랑을 풀었다.

🦚 왜 자청비는 문도령을 병풍 안에 앉혀 놓은 거야?

🙏 정말 사랑이 이루어지는 걸까?

⑨ 어느새 두 사람의 이별을 재촉하는 새벽닭이 목을 들기 시작했다. 설운 도령님아, 날이 샙니다. 행차 때가 되었으니, 노각성자부줄로 어서 옥황으로 오르십시오. 서로 눈물로 헤어질 때, 문도령은 박씨 한 알과 얼레빗 반쪽을 꺾어 자청비에게 넘겼다. 이 박씨를 심어, 줄이 벋고 박을 따게 될 때 내가 아니 돌아오거든 죽은 줄 알라. 문도령은 상봉을 약속하고 하늘로 올라갔다. 자청비는 자기 방 창문 앞에 박씨를 심었다. 뿌리

난 데 송이 나고, 송이 난 데 줄이 뻗었다. 박이 열어 익어가도 문도령은 돌아올 줄을 몰랐다. 자청비는 수심으로 세월을 보내고 있었다.

박을 딸 때까지 돌아오지 않으면 죽은 줄 알라고 말한 이유는 뭐야?

문도령은 죽음을 예감하고 있는 존재였나?

여기까지가 '자청비와 문도령의 1차 결합'이 이루어지는 장면입니다. 이야기가 전개될 때 비인과적이라 생각되는 부분에 의문을 제기하며 읽어보았지요. 문화소가 들어있는 부분이에요. 농경(農耕)이라는 틀 안에 조각조각 보이는 문화소들을 맞추어 보는 거지요. 그러면 어느새 50개 100개의 조각들이 모양을 드러내게 됩니다. 우선 가장자리 틀부터 맞추어야 하니 내용을 간단히 정리해 볼게요.

① 앞이마엔 해님, 뒷이마엔 달님, 두 어깨엔 금샛별이 송송히 박힌 자청비의 탄생

② 하늘에서 글공부하러 내려오는 문도령

③ 글공부하러 함께 가는 자청비와 문도령

④ 은대야에 물을 놓고, 젓가락을 걸치고 잠을 자는 자청비와 문도령

⑤ 오줌 갈기기 내기를 하는 자청비와 문도령

⑥ 연 삼 년 지났으니, 글공부 마치고 서수왕 딸아기에게 장가 가라는 옥황의 편지

⑦ 글때를 벗으며 목욕을 하는 자청비와 문도령

⑧ 병풍 안에서 만단정화를 나누는 자청비와 문도령

⑨ 봄이 올 때까지 돌아오지 않으면 죽은 줄 알라고 하며 하늘로 올라가는 문도령

앞이마엔 해님 뒷이마엔 달님 두 어깨엔 금샛별이 송송히 박힌 자청비의 모습에서 무엇이 연상되나요? 앞뒤 이마와 두 어깨에 해님 달님 별님을 모두 껴안은 듯한 대지를 상상해

보세요. 그래요. 농경을 위해 제일 먼저 필요한 게 밭^(田)이랍니다.

아름다운 밭, 자청비

그러면 하늘의 존재 문도령은 씨^(種)가 아닐까요? 자청비와 문두령이 이제 사랑을 시작할 것 같은 예감이 들잖아요. 하지만 자청비가 남장을 하는군요. 맞아요. 이 둘의 결합은 아직 일시적이에요. 문도령은 자청비가 여자인 줄 모르니까요.

글공부하러 함께 간 이유는 '은대야에 물을 놓고, 젓가락을 걸치고 있는' 과정을 견디기 위해서죠. 그리고 '오줌 갈기기 내기'도 거쳐야 하죠. 적절한 물기와 거름을 주고 씨앗을 이

삼일 발아시키는 과정을 생각해 봅니다. 씨앗은 발아를 위해 오줌 갈기듯 뻗어가야 하고, 흙은 거름으로 씨앗을 품어야 하지요.

공부를 마친 문도령은 이제 씨앗으로서 다른 밭에 뿌려질 수 있어요. 서수왕 따님아기에게 장가가라는 말이지요. 그런데 그 전에 글때를 벗어버려야 하지요. 흙이 묻은 씨앗을 활활 씻어내는 모양이 문도령과 자청비가 함께 몸목욕 하는 장면과 겹치지 않나요? 다행히 씨앗은 자청비 같은 아리따운 밭에 뿌려집니다.

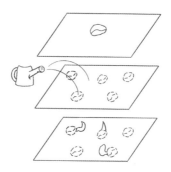

문도령과 자청비의 글공부 삼년, 최아법

병풍 안에서 만단정화를 나누는 문도령과 자청비처럼 씨앗은 이랑에 숨겨지지요. 하지만 밭에 뿌려진 씨앗이 제 모습을 드러내기 위해서는 시간이 많이 필요했지요. 봄이 올 때까지 돌아오지 않으면 죽은 줄 알라고 말하는 문도령의 마음도 참 아팠을 것 같아요.

🖐 그게 최아법(催芽法)이었구나?

🖐 푸석한 밭에 씨앗을 뿌려도 발아할 확률이 높지 않았대.

🖐 문도령이 무사히 돌아오면 좋으련만.

🖐 그랬으면 〈세경본풀이〉는 〈모종본풀이〉가 되었겠지?

지금은 당연하게 받아들여지는 농법이라 해도 '그때-거기-그들'에게는 중요한 정보였을 겁니다. 공동체는 살기 위해서 생산성을 높여야 했을 거예요. 본풀이 첫머리부터 땀 흘린 흔적이 보입니다. 씨를 파종하기 전에 알맞은 조건을 만들어 싹을 튼튼하게 틔우는 최아법(催芽法)을 썼네요. 그 과정을 문화소로 정리해 보기로 해요.

〈문도령과 자청비의 1차 결합〉에 나타난
문화소

① 밭의 개간 → ② 씨앗 준비 → ③ 흙 속에 묻어두는 씨앗 →

④ 습기 유지 → ⑤ 거름 공급 → ⑥ 숙성의 완료 →

⑦ 씨앗 씻어내고 고르기 → ⑧ 밭에 씨 파종 → ⑨ 발아 기다리기

싹 틔우기

다음은 '자청비와 정수남이의 만남'에 대해 살펴보기로 해요. 긴 호흡이 필요하다는 말, 잊지 않으셨죠?

⑩ 겨울은 가고 철 따라 봄은 찾아왔다. 어느 날 자청비는 상다락에 올라가 남창문을 열어놓고, 오늘이나 내일이나 하고 문도령을 기다리고 있었다. 기다리는 문도령은 아니 보이고, 남의 집 종놈들이 땔감을 싣고 오는 마소의 행렬만이 보이는 것이다. 어러렁떠러렁 하며 몰고 오는 쇠머리엔 저마다 울긋불긋 진달래가 꽂혀 있어, 마치 그 소 모는 소리에 맞추어 일제히 춤을 추는 듯했다. 그 꽃의 행렬이 한량없이 고왔다. 저 꽃이라도 있으면 차라리 시름을 잊을 것인데…, 저 꽃이라도 하나 얻을까. 이렇게 생각하고, 밖으로 나오다 정이으신정수남이를 만났다. 이놈은 처먹고 할 일이 없으니, 양지바른 데 앉아 바지허리를 뒤집어 놓고 이를 뚝뚝 잡고 있는 것이었다. 정이으신정수남아, 아이고 추접하고 누추하다. 먹어놓아 일도 없이 이 사냥만 하기냐? 다른 집 종들은 땔감을 해오는데, 저거 봐라. 쇠머리에 진달래꽃 꽂아 놓고 어렁떠렁 오는 게 오죽이나 보기 좋

으냐. 자청비는 야단을 늘어놓았다.

🖐 정수남이가 등장했네?

✍ '정이으신정수남이' 이름이 특이하지?

🖐 쇠머리엔 울긋불긋 진달래가 꽂혀 있다는 말은 무슨 뜻일까?

✍ 왜 정이으신정수남이는 남의 집 종들처럼 일도 아니하고 이
　　사냥만 하는 거지?

⑪ 상전님아, 그리 말고 소떼에 가 소 아홉, 말떼에 가 말 아홉,
소 길마·말 길마 차려주면 저도 내일은 가오리다. 날이 밝자 정
이으신정수남이는 소 아홉 마리, 말 아홉 마리에 길마를 지워
놓고, 점심은 멱서리에 담아 소 길마에 실어서 집을 나섰다. 어
렁떠렁 소를 몰고 굴미굴산에 올라가니 다리도 아프고 허리도
아팠다. 한숨 쉬고 일을 시작하리라 생각하여 동서로 뻗은 가
지에 소 아홉, 말 아홉 마리를 매어놓고 비스듬히 누웠다. 잠시
쉬려던 것이 깊은 잠이 들고 말았다. 동쪽으로 돌아누워 한잠,
서쪽으로 돌아누워 한잠, 잠을 자다 보니 아마 몇 날 며칠 잤는

지, 소 아홉, 말 아홉 마리는 애가 말라 소곡소곡 죽어갔다. 이만 되어 놓은 일 어찌하랴. 정수남이는 죽은 삭정이를 산더미처럼 쌓아놓고 청미래덩굴로 불을 붙였다. 그리고는 주걱 같은 손톱으로 쇠가죽을 벗겨가며 불잉걸이 나는 대로 고기를 굽기 시작했다. 익었는가 한 점, 설었는가 한 점, 먹다 보니 소 아홉, 말 아홉 마리가 간 곳이 없어졌다. 남은 것은 쇠가죽 아홉 장에 말가죽 아홉 장뿐이었다.

🌼 소 아홉, 말 아홉이 소곡소곡 말라 죽어갔다고 한 이유가 뭘까?

🪶 불을 피우고 고기를 먹었다는 의미도 궁금해.

⑫ 정이으신정수남이는 이놈을 짊어지고 도끼를 둘러메고 섬으로 향했다. 오다 보니, 오리 소(沼)에 알록달록한 오리 한 마리가 두둥실 떠 있었다. 새파란 물 위에 떠있는 모습이 더없이 고와 보였다. 우리 집 상전님은 고운 것만 보면 좋아하니, 저 오리나 잡아다 상전님을 달래고 저녁밥이나 얻어먹자. 오리를 겨냥

하여 어깨에 메었던 도끼를 잡아 던졌다. 맞을 줄 알았던 오리
는 푸두둑 날아가고 도끼는 물속으로 들어가고 말았다. 이쯤 되
면 어찌하랴. 도끼를 찾아내는 수밖에 없었다. 정수남이는 등에
졌던 가죽은 길가에 놓아두고 잠방이를 벗어서 오리 소에 뛰어
들었다. 풍덩풍덩 물속을 뒤져봐도 도끼는 찾을 수가 없었다.
정이으신정수남이는 단념할 수밖에 없었다. 도끼마저 잃고 가
는 것이 안 되었지만 할 수 없다 하고 바깥에 나와 보았다. 가
죽도 옷도 간 데 온 데가 없어졌다. 도둑놈이 기다리다가 가죽
과 옷을 모조리 지고 도망가 버린 것이다. 이 모양 이 형용을 하
고 어떻게 갈까? 사방을 둘러보니, 누리장나무 이파리가 바람
결에 번들번들하고 있었다. 정수남이는 넓은 잎을 뜯어다가 줄
줄이 벋은 댕댕이 덩굴로 엮어, 정수남이와 한동갑의 보기 싫
은 물건을 감추었다. 이만하면 되었다. 대로(大路) 한길로 갈까
하니 남이 보아 웃을 듯하고, 소로로 길을 잡아 걸음을 재촉했
다. 문간으로 들어가기엔 상전이 무서웠다. 정수남이는 뒷문
으로 살짝 들어가 장독 뚜껑을 쓰고 장독대에 숨어 있었다.

✍ 왜 하필 오리 소(沼)에 있는 오리였을까?

🖐 뒷문으로 살짝 들어와 장독 뚜껑을 쓰고 장독대에 숨은 이유는?

⑬ 이때, 느진덕정하님이 저녁밥을 지으며 간장을 뜨러 장독대로 나갔다. 장독 하나가 아래위로 불쑥불쑥 움직이고 있는 것이 아닌가. 정수남이가 숨 쉴 적마다 머리에 쓴 장독 뚜껑이 불쑥거리는 것을 느진덕정하님이 알 리가 없었다. 아이고, 아기씨 상전님아, 장독대에 변이 났습니다. 이 년 저 년, 노망을 하느냐? 그게 무슨 말이냐? 자청비가 뒤 창문을 열어보니, 과연 장독 하나가 불룩불룩하고 있는 것이었다. 괴변인 게 틀림없었다. 곧 기침을 크게 하고 옥추경(玉樞經)을 읽어댔다. 귀신이냐, 생인이냐? 귀신이거든 천당으로 오르고, 생인이거든 내 눈앞에 가까이 보여라. 자청비의 야단 소리에, 귀신이 어찌 날 수 있으오리까? 정수남이가 되옵니다. 아래위로 벌거벗은 정수남이가 장독 뚜껑을 벗고 일어섰다. 아이고, 누추하고 더러운 놈아, 이게 무슨 꼬락서니냐. 자청비의 욕 소리에 정수남이는 꾀를 내

어 대답했다. 상전님아, 그리 욕만 하지 마옵소서. 굴미굴산 올라가 보니 하늘 옥황 문도령님이 궁녀시녀 데리고 내려와 놀음놀이하고 있기에 정신없이 구경하다 보니, 소 아홉, 말 아홉 마리는 간 곳 없어지고, 내려오다 보니 오리 소에 오리가 떠 있기에 그것을 잡으려다 옷을 도둑맞아 이 모양이 되었습니다. 문도령 소리에 자청비는 정신이 번쩍 나고 말소리가 누그러졌다. 이게 무슨 말일러냐? 정말 문도령이 왔더냐? 언제 또 오겠다고나 하더냐? 예, 모레 사·오시에 또 오겠다 합디다.

🌿 문도령이 굴미굴산에서 궁녀시녀 데리고 내려와 놀음놀이를 한다고?

🙏 모레 사·오시에 또 온다네?

⑭ 그럼 나도 가서 만날 수 있겠느냐? 하구 말구요. 더군다나 좋아할 겁니다. 자청비는 이만저만 기뻐하는 것이 아니었다. 소 아홉도 아깝지 않다. 말 아홉도 아깝지 않다. 궤짝 문을 열어 무명 전필을 내어놓아 정수남이 옷을 만들어 입히고, 문도

령을 만날 차비를 시작했다. 애야, 정수남이야, 점심은 어떻게 하면 좋겠느냐? 상전님 점심일랑 모밀가루 닷 되에 소금일랑 다섯 줌만 집어놓고, 나 먹을 점심일랑 모밀가루 찌꺼기 닷 말에 소금일랑 넣는 듯 마는 듯만 하옵서서. 오냐, 알았다. 말 꼴(輇)이나 잘 줘라. 모레 타고 가게.

정수남이는 꼴 한 묶음을 말에게 던져 주며, 이 말아, 저 말아, 이 꼴 잘 먹고 모레는 상전님 태워 가자. 굴미굴산 들어가서 촛대 같은 상전님 허리나 안아보자. 자청비가 이 말을 얼른 듣고, 네 아까 무슨 말 했느냐? 아무 말도 아니했습니다. 이 말아, 저 말아, 이 꼴 잘 먹고 모레는 상전님 태워 굴미굴산 올라가자. 문도령과 상전님이 촛대 같은 허리 안아 만단정화 이르는 거 구경하자, 이렇게 말했습니다. 자청비는 서른여덟 잇바디를 허우덩싹 웃어태었다.

🖐 자청비 밥과 정수남이 밥은 따로 준비하네?

🪶 정수남이도 굴미굴산 들어가서 상전님 촛대 같은 허리나 안
   아보자 하네?

⑮ 모레 아침은 밝았다. 자청비는 정수남이 말대로 부산히 점심을 차려 놓고, 몸 단장을 서두르며 말을 대령하라고 재촉했다. 정수남이는 말에 안장을 지울 때, 소라 껍데기를 하나 안장 밑에 놓아 지우고, 상전님아, 말 대령했습니다. 어서 나오십시오. 자청비를 불렀다. 자청비는 나오면서 말을 타려 했다. 말은 등이 아파 피들락 뛰었다. 상전님은 오늘 굴미굴산 올라가면 문도령님 만나 좋은 영화 누릴 터인데, 말이야 무슨 영화가 있겠습니까? 그래서 말이 화가 난 듯합니다. 그러면 어찌하면 좋겠느냐? 어서 바삐 밥도 아홉 동이, 국도 아홉 동이, 술도 아홉 동이 차려 놓고, 석 자 오 치 말머리 수건하고 돼지머리를 차려 놓아 말머리고사를 지내야 할 듯합니다. 어서 그리하자. 급히 음식을 마련하여 노둣돌 위에 벌여놓고 말머리고사를 지내었다. 정수남이는 제법(祭法)대로 제물을 각각 조금씩 떠서 자청비 몰래 말의 왼쪽 귀에 수루루 부었다. 말은 귓속에 물이 들어가니 머리를 설레설레 흔들었다. 상전님아, 이거 보십시오. 말도 배부르게 많이 먹었다고 머리를 설레설레 흔듭니다. 이 음식은 아무도 아니 먹고 마부만 먹습니다. 어서 너 다 먹어라.

정수남이는 혼자 앉아 밥이며 국이며 말짱 쓸어 먹었다. 그만
하니 배가 둥둥했다. 서른여덟 잇바디가 저절로 허우덩싹 벌어
졌다. 그때 낸 법으로, 혼인잔치 때 맨 먼저 말머리수건 석 자
오 치 차려놓고 말머리고사를 지내는 것이다. 그리고 말머리고
사를 지낸 음식은 마부 노릇하던 하인배들만 먹는 법이 생긴
것이다. 또한 그때 법으로 해서 잔치 때의 하인들은 방구들에
앉히지 않고 마구간에 앉히는 것이다.

   자청비와 문도령이 만나는 일이라 혼인잔치라 하였나?
   말머리고사 음식을 마부들이 배부르게 먹었다네?

⑯ 오랜만에 배가 부른 정수남이는 또 한 번 상전을 골탕 먹이
기로 했다. 상전님아, 할 수 없습니다. 이 점심을 지웁소서, 제
가 말안장 금을 내오리다. 버릇 나쁜 말을 좀 숙달시키겠다는
것이다. 어서 그리해라. 어쩔 수 없는 일이었다. 자청비는 무거
운 점심을 지고 걸을 수밖에 없었다. 정수남이는 안장을 잘 지
우는 척하면서 소라껍데기를 빼 던지고, 말을 타고 첫 채를 놓

으니, 말은 얼음같이 구름같이 십 리 밖을 달려갔다. 자청비는 십 리도 못 가서 발병이 나고, 열두 폭 홑단치마는 가시나무에다 찢어졌다. 겨우겨우 굴미굴산에 올라가 보니, 정수남이는 말을 나뭇가지에 매어놓고 좋은 나무 그늘에서 코를 골며 잠을 자고 있었다. 이놈아, 저놈아, 인정 없고 사정 없는 놈아. 너만 말 타고 와서 잠을 자는구나. 상전님아, 말도 마십시오. 말머리를 여기까지 돌려왔는데 다시 아래로 말머리를 돌리려 하다가는, 말이 또 화를 낼까 하여 기다리는 중입니다. 자청비는 기가 막혔다. 말해봐야 소용이 없음을 알고, 정수남아, 시장하여 더 걸을 수가 없구나. 점심이나 먹고 가자. 점심을 부려놓고 앉았다.

🖐 왜 정수남이는 말을 타고 달리고, 자청비는 점심을 지고 굴미굴산을 오르는 거지?

🙏 주인과 종이 바뀐 거 같네?

⑰ 정수남이는 점심을 꺼내서 상전 점심은 자청비 앞에 놓고, 제 점심은 들고서 피해 가려 하는 것이었다. 이놈아, 어째서 너

만 가서 먹자고 하느냐? 아이고, 한 일은 알고 두 일은 모른 상전님아. 아는 사람은 보면 종과 상전이라 하겠지만, 모른 사람은 보면 남매라고도 하고 부부라고도 합니다. 그 말도 옳구나. 어서 너만 가서 먹거라. 정수남이는 아래쪽으로 달아나 버린다. 자청비는 메밀범벅을 꺼내어 한술을 뜨니 목이 칼칼하게 짜서 먹을 수가 없었다. 가루 닷 되에 소금을 다섯 줌이나 넣었으니 짜지 않을 수 없는 것이다. 자청비는 멀리 떨어진 정수남이를 불렀다. 정수남아, 네 점심이나 이리 가져와 봐라. 좀 먹어 보자. 아이고, 상전님아, 그게 무슨 말입니까? 상전이 먹다 남은 건 종이 먹고 종이 먹다 남은 건 개가 먹는 법입니다. 자청비는 더 말해볼 수도 없고, 그렇다고 그 범벅을 먹을 수도 없었다. 어서 이 섬심끼끼 가져다 먹거라. 정수남이는 자청비 점심을 받아다가 찬으로 섞어 가며, 병든 병아리만큼씩 뚝뚝 낳어서 말짱 쓸어 먹는 것이었다.

🪶 정수남이는 자청비와 따로 밥을 먹으려 애쓰는 거 같아.

🐚 더구나 주인의 밥까지 종이 모두 먹는 건가?

⑱ 자청비는 짠 범벅을 좀 먹었더니 목이 몹시 말라 갔다. 정수남아, 목이 몹시 마르다. 어디 물이나 찾아보아라. 요쪽으로 요리 가다 보면 물이 있습니다. 가다 보니, 아닌 게 아니라 물이 보였다. 자청비는 하도 반가와 달려들어 손으로 쥐어 먹으려고 하니, 정수남이가 손을 내저으며 막는 것이었다. 상전님아, 그 물 먹지 마옵소서. 하늘 옥황 문도령님이 궁녀시녀 데리고 와서 놀다가 발 씻고 손 씻은 물입니다. 그럼, 또 물이 없겠느냐? 저기 저쪽에 좋은 물이 있습니다. 가다 보니 과연 근근히 괸 좋은 물이 있었다. 상전님아, 저 물은 먹어도 좋습니다. 그러나 저 물은 총각 죽은 물입니다. 상전님이 먹으려면 옷을 아래위로 벌거벗고 엉덩이를 물에 보이면서 먹어야 합니다. 그러면서 어찌 물을 먹을 수 있겠느냐? 또 물이 없느냐? 딴 물은 이제 없습니다. 내 먹듯 이렇게 먹으면 됩니다. 정수남이는 아래위로 활딱 벗고 길쭉한 놈을 늘어뜨린 채 엎디어서 소 물 먹듯 괄락괄락 먹어댔다. 자청비는 할 수 없는 일이라 생각했다. 목이 이렇게 마른데 체면을 생각할 겨를이 있겠느냐 하고 물가로 갔다. 아래위로 옷을 홀랑 벗고, 엉덩이를 치켜들어 엎드리고 물을 먹

으려 했다. 이때 정수남이는 자청비의 열두 폭 홑단치마를 들어 머리 위로 빙빙 돌리며 상전님, 물 먹지 말고 그 물 아래를 보십시오. 그림자가 아리롱다리롱 곱지 아니합니까? 그게 하늘 옥황 문도령님이 궁녀시녀 거느리고 놀음놀이하는 그림자입니다. 이렇게 큰소리로 외치는 것이었다.

🖐 자청비가 옷을 모두 벗으면서까지 물을 마신 이유는 무얼까?
🙏 문도령이 궁녀시녀 거느리고 놀음놀이하는 그림자가 비친 다고 하네?

⑲ 자청비는 가슴이 덜컥했다. 아이고, 내 일이야, 저놈한테 속았구나. 입 속에서 외치며 벌떡 일어났다. 잘못하다간 이 산중에서 꼭 저놈한테 죽을 것 같은 생각이 들었다. 잠시 멍하니 생각에 잠겼다. 아무래도 꾀로 저놈을 달래어 넘기는 도리밖에 없다. 자청비는 부드러운 소리로 말을 건넸다. 정수남아, 어째서 이러느냐? 네 소원을 한번 말해봐라. 내 뭣이든지 들어줄 테니. 상전님, 이리 오시지요. 그 은결 같은 손이나 한번 만져 봅

시다. 예상했던 대로였다. 자청비는 짐짓 마음을 가라앉히며 차분차분 응수해 갔다. 정수남아, 여기서 내 손 만지는 것보다 집에 가서 내 토시(套袖) 한 짝을 껴 봐라. 그게 더욱 좋아진다. 그러면, 입이나 한번 맞추어 봅시다. 내 입 맞추는 것보다는 내 방에 꿀단지를 핥아 보아라. 더욱 달콤해진다. 그러면 그 촛대 같은 허리나 한번 안아봅시다. 내 허리 안는 것보다는 내 베개를 안아 봐라. 더군다나 좋아진다. 말끝마다 자청비의 재치 있는 대답에 정수남이는 말을 더 걸 수가 없었다. 팥죽 같은 화가 치밀어 올라 동으로도 펄쩍, 서로도 펄쩍해 가는 것이다. 자청비는 다시 부드러운 소리로 달래기 시작했다.

🖐 은결 같은 손이나 한번 만져 보자는 말은 무슨 의미일까?
🦅 자청비가 정수남이를 부드럽게 달래고 있네?

⑳ 정수남아, 그리 화만 내지 말아라. 서산에 해가 지지 않느냐. 너와 나와 오늘밤 밤을 새워야 할 터인데 움막이나 짓는 게 어떠하냐? 그 말에 정수남이는 입이 헤 벌어졌다. 달려들어 이

리저리 벋은 나뭇가지를 한곳으로 젖혀다 지붕으로 삼고 돌을 모아다 둥글게 쌓아 놓았다. 제법 바람막이가 되었는데 돌담 구멍이 배롱배롱했다. 애야, 정수남아. 집이 제법 되었는데 돌담 구멍으로 찬바람이 들겠다. 내 안에서 불을 피우거든 너는 바깥에서 불빛 비추는 구멍마다 풀을 베어다 막는 게 어떠냐? 숫한 정수남이는 이리저리 뛰어다니며 불 비치는 구멍마다 부지런히 막아대었다. 자청비는 안에 앉아서 다섯 구멍을 막으면 두 구멍을 빼고, 열 구멍을 막으면 다섯 구멍을 빼곤 했다. 구멍은 막아 봐도 한정이 없었다. 먼동이 흐릿이 트기 시작해 갔다. 그제야 정수남이는 속았음을 알았는지 펄쩍펄쩍 뛰어대는 것이었다. 자청비는 또다시 달랬다. 정수남아, 그리 화만 내지 말고 이리 와서 내 무릎이나 베어 누워라. 머리에 이나 잡아주마. 정수남이는 은결 같은 무릎을 베고 누웠다. 자청비가 성수남의 맷방석 같은 머리를 헤쳐 보니, 마치 모래밭에 앉았던 개꽁무니 같았다. 굵은 이는 장수로 살려두고, 작은 이는 군졸로 놓아두고, 중간 놈으로만 죽이는 듯 마는 듯 해가니, 잠을 못 잔 정수남이는 소록이 그만 잠이 들어버렸다.

자청비가 불 비치는 구멍을 정수남이에게 막으라고 한 의미
는 뭘까?

정수남이를 고생시켜 잠이 들게 한 이유는 뭐지?

㉑ 이놈을 살려두었다가는 내가 죽게 마련이니 이제 죽여야 한
다. 잠이 든 정수남이의 얼굴을 한참 내려다보던 자청비는 결
심을 내렸다. 옆에는 마침 청미래덩굴이 벋어 있었다. 자청비
는 그 덩굴을 꺾어 정수남이의 왼쪽 귀로 오른쪽 귀에 찔러댔
다. 구름 산에 얼음 녹듯 정수남이는 죽어가는 것이었다. 자청
비는 곧 말을 치켜 타고 채찍을 놓았다. 아랫녘 마을로 향해 얼
마만큼 달리다 보니 어느 언덕 위에 세 신선이 앉아 바둑을 두
고 있었다. 저기 가는 저 비바리 바람 밑으로 지나가거라. 부정
이 만만^(滿滿)하다. 바둑을 두던 신선이 못마땅하다는 듯이 말
을 건네는 것이었다. 어찌 처녀가 지나는데 조롱을 하십니까?
자청비는 말에서 얼른 내렸다. 내 죄 내 모른다 하더니, 네 말
고삐 앞을 보아라. 더벅머리 총각놈이 청미래덩굴을 귀에 찌르
고 유혈이 낭자하여 서 있는 것을 모르느냐? 야단을 지르는 것

이다. 자청비는 이 일을 어떻게 처리해야 할지 막막했다. 우선 말을 달려 집으로 들어갔다. 부모님부터 납득시켜야겠다고 생각한 것이다. 어머님 아버님, 물어볼 말이 있습니다……. 종이 아깝습니까? 자식이 아깝습니까? 그것도 말이라고 하느냐? 아무리 종이 아까운들 자식보다 더 아까울 리가 있겠느냐? 그럼 아버님 어머님, 정수남이 하는 행실이 고약하길래 저 산중에서 죽여 두고 왔습니다.

🍃 청미래덩굴로 정수남이의 왼쪽 귀에서 오른쪽 귀로 찔렀다는 뜻은 무얼까?

🦋 자청비가 정수남이를 죽인 걸까?

㉒ 죽인 사연을 자세히 설명할 사이도 없이 부모님의 야단 소리가 터져 나왔다. 이년아, 저년아, 계집년이 사람을 죽이다니. 네년은 시집 가버리면 그만이지만, 그 종은 살려두면 우리 두 늙은이 걱정 없이 먹여 살려준다. 부모님, 그러면 제가 그 종 하는 일을 다 하오리다. 부모는 어디 보자고 일을 시켜보았다. 넓

은 밭에 좁씨를 닷 말 닷 되 칠새 오리나 뿌려놓고, 그 좁씨를 하나 남김없이 주워 오라고 한 것이다. 자청비는 눈물로 다리를 놓으며 그 좁씨를 모조리 주워 가는데 한 알이 어디 갔는지 찾을 수가 없었다. 이 구석 저 구석 찾다가 체념하고 담장 밖에 나오다 보니, 개미 한 마리가 그 좁씨 한 알을 물고 기어 나오고 있는 것이었다. 말 모른 벌레야, 너도 내 간장을 태우느냐. 자청비는 좁씨를 빼앗으며 개미 허리를 발로 밟아 주었다. 그래서 개미 허리가 홀쭉하게 가느다란 법이다. 자청비는 좁씨를 부모님께 갖다 바쳐두고 집을 떠나기로 했다. 정수남이를 죽여 둔 채 이 부모 밑에서 살기는 어렵겠다고 생각되었기 때문이다.

정수남이가 하던 일은 좁씨 밟는 일이었을까?

자청비가 개미 허리를 밟았다는 말은 왜 여기에 나올까?

정수남이도 〈세경본풀이〉에서 매우 중요한 인물이구나?

읽기도 힘든데 자청비는 얼마나 더 힘들었을까?

정이으신정수남이도 자청비에게는 만만한 상대가 아니군요. 긴 내용을 다시 한번 간략하게 정리해서 보여줄게요.

⑩ 쇠머리엔 진달래꽃 피었는데, 이 사냥만 하는 정이으신정수남이

⑪ 굴미굴산 올라가 삭정이에 불을 피워 소 아홉 말 아홉 구워 먹음

⑫ 오리소에 오리를 잡으려고 도끼를 던지고, 장독 뚜껑 쓰고 장독대로 숨어듦

⑬ 문도령이 모레 사·오시에 온다는 말을 전함

⑭ 자청비 점심과 정수남이 점심을 따로 준비하도록 함

⑮ 말머리고사를 하고 마부들을 배부르게 먹임

⑯ 자청비는 무거운 점심을 지고 걸으며, 정수남이는 나무 그늘에서 잠을 잠

⑰ 정수남이는 점심을 들고 피해 감

⑱ 자청비가 허겁지겁 물 먹을 때 문도령과 궁녀시녀 놀음놀이 하는 그림자가 비침

⑲ 정수남이 자청비의 몸을 만지려 하고 자청비는 부드러운 소리로 달램

⑳ 정수남이 밤새 움막 지으며 구멍을 막느라 지쳐서 잠이 듦

㉑ 자청비가 정수남이를 산중에 죽여 두고 옴

㉒ 자청비는 좁씨를 빼앗으며 개미 허리를 발로 밟아 줌

정수남이의 정체는 무엇일까요? 정수남이는 농사를 돕는 마소였지요. 왜냐면 정수남이와 인접한 정보들이 모두 마소와 연결되어 있어요. 정수남이는 소 아홉 말 아홉을 구워 먹는다고 하네요. 말머리고사를 할 때도, 마부들에게 먹일 음식을 줄 때도 정수남이가 독차지하네요. 자청비와 같은 밭을 밟고 다니는 존재로 그려지고 있고요. 그리고 자청비와 같은 밭은 정수남이와 같은 마소의 도움이 필요했기에 부드러운 말로 달래야 했던 것이지요.

그럼 자청비와 정수남이 서사를 처음부터 살펴보기로 해요.

예상했던 대로 문도령은 돌아오지 않았어요. 밭에 씨앗을 파종해도 살아남기 힘들었다는 뜻이겠지요. 밭은 씨앗을 품

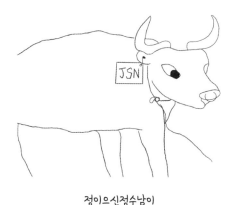

정이으신정수남이

고 싹을 틔우기 위해 마소의 도움을 받아야 했지요. 이제 마소가 어떻게 밭농사에 도움을 주었는지 살펴볼까요.

남의 집 종들, 다른 소들의 쇠머리엔 저마다 울긋불긋 진달래가 꽂혀 있었다고 하네요. 길들인 마소들의 발굽에는 편자가 박혀 있었지요. 땔감을 실은 마소떼가 움직일 때마나 뗑에는 진달래꽃 피듯 편자의 자국이 파였겠지요. 이에 반해 정이으신정수남이는 아직 정을 맞은 적이 없어요. 이 사냥만 하는 야생의 상태지요.

이제 정이으신정수남이가 농경을 위해 나서야 할 차례입니다. ⑪의 정수남이는 굴미굴산 올라가지요. 깊은 잠을 오래 자서 마소가 소곡소곡 죽어간다는 의미는 죽은 삭정이로 이어지고, 죽은 삭정이에 불을 붙여 소 아홉 말 아홉을 잡아먹게 되지요. 이때 불을 붙여 굽는 행위를 '그슬린다'고 하지요. 그슬린다는 말은 '밭 거시린다'는 말과 발음이 비슷하네요. 마소를 이용해서 밭을 갈아 잡초를 묻어주는 일을 밭 거시린다고 한답니다.

밭을 갈아 잡초를 묻어주는 '밭 거시리기'가 끝나고 마른 가죽들이 제거되면 ⑫와 같이 쟁기로 다시 밭을 갈아요. 오리소(沼)에서 오리 한 마리를 잡는 것은 밭을 갈 때 생기는 '골'을 하나의 '소(沼)'로 표현한 것이지요. '상전님은 고운 것만 좋아한다.'는 문장에서도 확인되지요. 마소의 눈으로 보면 쟁기는 어깨에 둘러메고 던지는 도끼와 같은 이미지 아닌가요?

쟁기질을 끝낸 마소는 어깨에 짊어졌던 도구를 벗어버리고 일정한 곳으로 이동해야 하지요. 이때 장항과 장독 뚜껑은 마소가 거처할 수 있는 쉐막, 외양간의 이미지로 연결됩니다. 이렇게 마소를 '쉐막'으로 이동시켜 매어두고 당분간 밭과 분

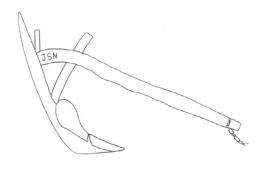

오리소에 던져지는 도끼, 쟁기

리해야 하지요.

⑬에서 '문도령이 모레 사·오시에 온다는 말'은 밭갈이가 끝나고 3일 후 파종을 할 수 있다는 말이지요. 파종하는 날 자청비 점심과 정수남이 점심을 따로 준비하도록 하는 것은 파종할 곡물과 마소가 먹을 곡물은 달라야 한다는 뜻이겠지요. 밭과 씨의 결합이 잘 이루어지면 밭은 소금을 뿌려놓은 듯 풍성한 메밀밭을 가지게 되고, 이로 인해 마소에게는 메밀 찌꺼기라도 양껏 먹을 기회가 생기지요. 이것은 자청비에게나 정

수남이에게나 모두 좋은 일 아닌가요?

파종하는 날은 혼인하는 날로 표현되고 있네요. 말머리고 사를 하고 마부들을 배부르게 먹이는 이유는 그날 말과 마부의 노고가 크기 때문이지요. 농사에 동원되는 마소는 안장을 제대로 갖추어야 하고 말머리 수건을 씌워야 한다는 것도 강조하고 있고요.

⑯에는 파종 당일의 풍경이 드러납니다. 자청비는 무거운 점심을 지고 걸으며, 정수남이는 나무 그늘에서 잠을 자는 부분 말이에요. 밭은 파종한 씨앗을 품어야 하는 존재이기에 무거운 점심을 지고 걸을 수밖에 없지요. 마소는 파종할 때 나무 그늘에서 쉬는 것이고요.

정수남이가 따로 점심을 들고 피해 가는 것은 파종 후 자청비가 품은 곡식을 함부로 마소가 먹게 해서는 안 됨을 뜻하지요. 자청비와 정수남이는 다른 곳에서 각각 다른 음식을 먹어야 해요. 밭이 품어서 키운 후 먹을 수 있게 되는 곡식과 마소가 먹어야 하는 곡식은 달라야 하는 것처럼 말이에요.

⑱의 자청비가 허겁지겁 맨몸을 드러내고 물을 먹는 것은

파종 후 물을 골고루 주어야 함을 의미하지요. 문도령과 궁녀 시녀가 함께 놀고 있는 그림자가 비치듯이 씨앗은 밭과 결합을 시도할 수 있게 되는 것이지요. 이때 마소에게도 물을 듬뿍 먹여두어야 합니다.

⑲에서 정수남이는 자청비의 몸을 만지며 가지려 합니다. 파종 후 마소가 밭을 부드럽게 밟아주는 복토(覆土) 과정이 떠오르네요. 뜬 땅에 바람이 많은 제주의 밭은 씨앗이 땅으로 잘 묻히게 밟아주어야 했거든요. 그다음은 거름이 필요했지요. 제주에서는 여름에서 가을 동안 마소떼를 일정한 밭에 가

바령밧

두어 똥오줌을 받아 내었지요. 이를 '바령들인다'고 하지요. 그런 밭을 '바령밧'이라 하고요. 정수남이가 밤새 움막을 지으며 구멍을 막느라 애를 쓰는 장면과 겹치지 않나요? '자청비는 안에 앉아서 정수남이가 다섯 구멍을 막으면 두 구멍을 빼고, 열 구멍을 막으면 다섯 구멍을 빼곤 했다. 구멍은 막아 봐도 한정이 없었다.'는 마소가 똥오줌을 밭에 쌓아가는 장면이지요.

㉑에서 자청비가 정수남이를 산중에 죽여두고 온다는 의미는 이제 씨앗을 파종한 밭에 마소를 놓아두어서는 안 된다는 뜻이지요. 정수남와 같은 마소는 농사일을 돕고 난 후 다시 산야에 풀어 놓아 풀을 뜯게 했지요. 마소들은 자기가 풀을 뜯는 지역인 '바득'을 크게 벗어나지는 않았다고 해요. 그러고도 마음이 놓이지 않아 자청비가 마지막 좁씨 한 알을 빼앗으며 개미 허리를 발로 밟아주듯이 한 알도 남김없이 발아하도록 밟아주었다고 합니다.

지금까지 마소를 이용하여 밭에 파종하는 과정을 살펴보았어요. 그 과정을 문화소로 정리해 보려 합니다.

〈자청비와 정수남이 만남〉에 나타난 문화소

⑩ 마소를 이용한 밭갈이 시작 ⟶ ⑪ 밭을 갈아 잡초를 묻어주는 밭거시리기 ⟶

⑫ 마소, 쟁기로 밭고랑 일기 ⟶ ⑬ 3일 후 따종하기 ⟶

⑭ 따종할 씨앗 준비, 마소 먹을거리 준비 ⟶

⑮ 따종 당일 아침 말머리고사 지내기 ⟶ ⑯ 따종하기 ⟶

⑰ 마소가 따종한 씨앗 먹지 못하게 관리하기 ⟶

⑱ 따종 직후 물주기 ⟶ ⑲ 마소, 밭 밟아주기 ⟶

⑳ 밤을 이용해 바령 들이기 ⟶ ㉑ 마소 방목 ⟶

㉒ 사랑, 구석구석 밭 밟기

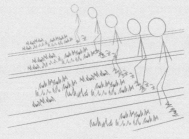

밭 밟기

✌ 정수남이를 미워하던 마음이 급 사라지네?

🙏 자청비가 고통스러운 만큼 밭농사가 어려웠던 걸까?

✌ 정수남이가 있는 집은 그나마 덜 힘들었겠지?

🙏 〈세경본풀이〉도 힘이 되었을 거야.

✌ 맞아, 지도가 있는 길은 두렵지 않잖아.

　이제 '자청비와 문도령이 다시 만나는 장면'이 나옵니다. 자청비는 씩씩하게 문도령을 찾아 길을 떠났거든요.

　㉓ 곧 방으로 들어가 여자 의복을 벗어 던져 남자 의복으로 갈아입고 말을 타고 길을 떠났다. 아랫녘 마을에 거의 들어설 무렵이었다. 어린아이 셋이서 부엉이를 하나 잡고 서로 무엇인가 다투고 있는 데에 마주쳤다. 얘야, 왜 너희들은 그렇게 다투는 거냐? 그런 게 아니라, 이 부엉일 내 먼저 잡았는데, 저 애가 잡았다고 해서 다툽니다. 아이들은 다 자기가 먼저 잡았노라고 우겨대는 것이었다. 얘들아, 그리 말고 이 부엉일 나를 주는 게 어떠냐? 내, 돈 서푼을 줄 테니 너희들이 한 푼씩 노나 갖는 게

좋지 않겠느냐? 어서 그러세요. 자청비는 부엉이를 사고 서천 꽃밭으로 말을 달렸다. 서천꽃밭 울타리 너머로 부엉이를 던져 놓고, 서천꽃밭 먼 문으로 말을 내려 들어갔다.

🕊 자청비가 부엉이를 사는 이유는 무엇일까?
🖋 그리고는 부엉이를 서천꽃밭 너머로 던져 놓네?

㉔ 서천꽃밭 꽃감관 황세곤간이 나왔다. 어딧 도령이 됩니까? 지나가는 사람이온데 마침 부엉이가 나는 것을 보고 화살 한 대를 쏘았더니, 맞아서 꽃밭으로 떨어지길래 화살이나 찾아가려고 들렀습니다. 아이고, 그게 무슨 말입니까? 우리 집에 밤중만 되면 부엉이가 와 울어대어 이 꽃밭에 멸망을 줍니다. 그 부엉이를 잡아주기만 한다면 우리 집의 사위를 삼으리다. 이시 그리하시지요. 자청비는 말을 내려 들어가며 말총을 하나 뽑아 말 혀를^(세를) 묶어놓고 들어갔다. 서천꽃밭 머슴들은 밀죽을 쑤어 나무 함지박에 그득 떠다 말을 주었다. 말은 혀를 묶어 놓았으니 먹기는커녕 머리를 달달 떨며 앞발로 땅만 닥닥 찍어대

는 것이었다. 자청비는 천천히 걸어 나와 우선 말 뺨을 한 번 탁 쳤다. 이 말아, 저 말아. 나들이를 나오면 거기 풍속을 따르는 거다. 집에선 은동이에 쌀죽을 먹었지만, 집을 나왔으면 아무 음식이라도 먹어야 할 게 아니냐. 욕을 해가며 살짝 혀를 풀어 놓으니, 말은 그제야 왈탕발탕 밀죽을 먹어가는 것이다. 주인 이나 머슴들은 그럴듯한 집안의 도령이로구나 하고 고개를 끄 덕이는 것이었다.

🖐 부엉이가 서천꽃밭에 멸망을 준다는 것은 무슨 의미지?
🖐 자청비가 말의 혀를 묶어두고 간 것의 의미는 무엇일까?

㉕ 자청비는 귀빈 대접으로 정중히 맞아들여졌다. 밤이 이슥 해지자, 자청비는 아무도 몰래 문간으로 나갔다. 아래위로 옷 을 홀랑 벗어 던지고, 노둣돌 위에 자빠져 누워서 정수남이의 혼령을 불렀다. 정수남아, 정수남아. 혼령이 있거든 부엉이 몸 으로 환생하여 원(怨)진 내 가슴 위에나 올라앉아 보아라. 얼마 없어 부엉이 한 마리가 부엉부엉 울면서 하늘로 날아와 자청비

젖가슴 위에 앉았다. 자청비는 부엉이 두 다리를 꼭 잡고 화살 한 대를 찔러 윗밭으로 던져 놓았다. 그리고는 아무 일도 없는 듯이 방으로 와 누워 있었다.

🪶 자청비는 왜 정수남이를 부엉이로 환생시키는 걸까?

🪶 부엉이에게 화살 한 대를 찔러 윗밭에 던져 놓네?

㉖ 날이 새어가자 황세곤간의 야단소리가 터져 나왔다. 저 방에 든 손님 얼른 내쫓아라. 자청비가 벌떡 일어나며 태연하게 물었다. 아니, 어째서 그러시옵니까? 간밤에 부엉이 소리가 났는데 어찌 말만 해놓고 쏘지 않았소? 그게 무슨 말입니까? 저도 부엉이 소리를 들었소이다마는, 몸이 하도 고단해서 일어나기 싫길래 누운 채로 화살 한 대를 놓았습니다마는, 낮았는지, 어쨌는지 한번 찾아보십시오. 찾아보니 아닌 게 아니라 부엉이가 살에 맞아 떨어져 있다. 황세곤간은 크게 기뻐하고 자청비를 막내 사위로 삼았다. 황세곤간의 막내딸과 새 살림이 시작되었다. 석 달 열흘 백일이 흘렀다. 어느 날 막내딸은 부모님을 찾

아 하소연을 털어놓는 것이었다. 아버님아, 어머님아, 어째서 저렇게 위세 높은 사위를 하십니까? 석 달 열흘 백일이 되어도 부부간이라고 몸 허락을 한 번 아니하니 이럴 수가 있습니까? 이게 어쩐 일일려냐? 황세곤간은 곧 사위를 불러 사정을 물었다. 처부님, 어찌 그럴 수 있습니까? 실은 모레 서울로 과거를 보러 가자고 해서, 몸 정성으로 그리한 것이니 염려하지 마십시오.

🖐 자청비가 황세곤간의 막내사위가 되는 까닭은 뭘까?

🖐 자청비가 과거를 보러 간다며 몸 정성을 하고 있다?

㉗ 그러면 그렇지. 모레는 과거 보러 떠나기에 앞서 부인을 앞세우고 서천꽃밭 꽃구경을 들어갔다. 요것은 살이 살아 오르는 꽃입니다. 요것은 피가 살아 오르는 꽃입니다. 저것은 뿌리기만 하면 죽은 사람이 살아나는 도환생꽃입니다. 부인은 하나하나 꽃을 설명하며 꽃밭을 안내하는 것이었다. 자청비는 따라가며 꽃을 하나하나 따서 주머니 속에 담아 놓았다. 과거 보러 서

울로 간다 하여, 자청비는 처부모에게 인사하고 부인을 작별하
여 말을 몰았다. 정수남이 죽은 데로 달려가는 것이다. 정수남
이가 죽었던 자리엔 잡초만 무성해 있었다. 은장도를 꺼내 잡
초를 베어 젖히고 살그랑한 뼈를 도리도리 모아놓았다. 뼈 살
아나는 꽃, 살 살아나는 꽃, 도환생꽃을 위에 뿌려놓고 때죽나
무 막대기로 세 번을 후리치니, 정수남이는 맷방석 같은 머리
를 박박 긁으며 와들랑이 일어나는 것이었다. 아이고, 봄잠이
라 오래도 잤습니다. 상전님, 어서 말을 타십시오, 집으로 가십
시다. 정수남이가 말고삐를 잡고 집으로 내려왔다.

🌊 때죽나무 막대기로 세 번을 후려쳤다고?

🌾 왜 정수남이를 다시 살려낸 걸까?

㉘ 자청비는 부모님께 들어가 종을 바쳤다. 자식보다 더 아까
운 종 살려왔습니다. 부모는 깜짝 놀라면서 야단부터 먼저 치
는 것이었다. 아니, 계집년이 사람을 죽이고 살리고 한다니, 이
게 무슨 말이냐. 이런 년을 집에 두었다간 어떤 일이 닥칠지 모

른다. 어서 바삐 나가거라. 자청비는 눈물이 앞섰다. 다시 집을 나와 해 가는 양 발 가는 양 정처 없이 걸어갈 수밖에 없었다. 발돌아가는 대로 가다 보니, 해는 여느 때나 다름없이 서산에 기울고 먹장 같은 밤이 찾아들었다. 자청비는 더 갈 수가 없어 길가에 앉아 한참을 울다보니, 어디선가 베틀소리가 들려왔다. 그것은 주모할머니가 비단을 짜는 베틀소리였다. 자청비는 그 소리를 찾아 주모할머니네 집에 들어갔다. 길을 지나는 아이온데 밤이 어두워 들렀사오니 하룻밤 유^(留)할 수 없겠습니까? 어찌 이렇게 예쁜 아기씨가 밤길을 행하느냐? 어서 들어와 앉았으면 내 따뜻한 밥이라도 해주마. 주모할머니는 반가이 맞아들이고 곧 저녁을 해주려고 부엌으로 들어갔다. 자청비는 혼자 가만히 앉아 있기가 심심하여 할머니가 짜던 베틀에 올라앉아 비단을 짜기 시작했다. 그 솜씨는 할머니 솜씨보다도 훨씬 좋았다. 할머니가 저녁상을 들고 와 보고는 몇 번이고 칭찬하다가 내 수양딸로 드는 게 어떠냐고 해 왔다. 자청비는 주모할머니의 수양딸이 되어 얼마간의 평온한 나날을 보낼 수 있었다. 일이라곤 비단을 짜는 것뿐 별 일이 없었다. 어느 날 자청비는

무엇에 쓸 비단을 이렇게 짜는가고 양모에게 물어봤다. 하늘
옥황 문왕성 문도령이 서수왕 따님에게 장가드는 데에 폐백으
로 쓸 비단이다. 자청비는 비단을 짜다가 깜짝 놀라며 눈물을
주르르 흘렸다. 주모할머니는 물론 그 이유를 알 리가 없었다.

🖐 주모할머니가 나타난 이유는 뭘까?
🙏 비단을 짜는 의미도 있을 거 같아.

㉙ 비단은 얼마 없어 거의 완성이 되어갔다. 비단의 끄트머리
가 되어가니 자청비는 '가령하다 가령비, 자청하다 자청비' 이
렇게 글자무늬를 짜 넣어 비단을 마쳤다. 그러고는 양모더러
이 비단을 가지고 하늘에 올라가 바칠 때, 누가 짰느냐 하거든
주년국 땅 자청비가 짰다고만 말해주십사고 당부해 놓았다. 주
모할머니가 비단을 가지고 올라가니, 문도령은 비단을 보더니
과연 자청비 말대로 누가 짠 비단이냐고 묻는 것이었다. 자청
비가 짰다는 것, 자청비는 부모 눈에 거슬려 집을 나오고, 지금
수양딸로 들어와 있다는 것 등, 소식을 듣고 문도령은 주모할

머니에게 신신당부를 하는 것이다. 내일 사·오시쯤 되면 꼭 자청비를 만나러 내려갈 테니, 어떻게 상면하게 해 주십시오. 주모할머니는 이런 반가운 일이 없었다. 내려오자 뒷날은 새벽부터 큰 돼지를 잡아놓고 문도령을 맞이할 준비에 분주했다. 사·오시가 가까워 왔다. 자청비가 베틀에 앉아 비단을 짜다보니 겉창에 어둑어둑 그림자가 어리었다. "거기 누구 오셨습니까? 하늘 옥황 문도령이노라. 이 문 열어라. 하도 반갑고 기쁜 김에 자청비는 장난이라도 걸고 싶어졌다. 겉창 구멍으로 손가락을 내어놓아 보십시오. 알 도리가 있습니다. 손가락을 내어 놓으니, 자청비는 웃으면서 바늘로 손가락을 콕 찔렀다. 인간에 사람 다닐 곳 아니로다. 부정이 만만하다. 문도령은 화를 내며 핵 돌아서 하늘로 올라가 버리는 것이었다. 주모할머니가 점심상을 차려서 방에 들어오니, 자청비는 뽀로통해서 쏘아붙이듯이 말을 하는 것이었다. 아따 우리 어머님은 노망을 하는구나. 상 하나에 수저는 왜 둘씩이나 놓습디까? 자초지종을 들어보고 주모할머니는 야단을 치기 시작했다. 저렇게 말괄량이니까 부모 눈에도 거슬린 거지. 보기도 싫으니 어서 나가거라. 수양딸에 문도령 같은 사위를 맞아질까 잔뜩 기뻐하던 차라, 화가 아니 날 수가 없는 것이다.

그 정도 일로 문도령이 화가 난 거야?

왜 자청비는 문도령의 손가락을 바늘로 콕 찌르는 장난을 하게 된 것일까?

㉚ 자청비는 주모할머니의 집을 나왔다. 어디 갈 곳이 없었다. 사월 초파일날 머리를 박박 깎아서 승복을 입고 목탁을 치면서, 거리거리 가가호호를 누비며 쌀을 얻으러 돌아다니기 시작했다. 어느 날이었다. 한 마을에 들어서다 보니 하늘 옥황의 궁녀들이 앉아서 처량하게 울고 있었다. 너희들은 어째서 거기 앉아 그렇게 우느냐? 저희들은 하늘 옥황 궁녀이온네, 문도령이 인간 세상에 내려와서 주년국 땅 자청비와 글공부 갔다 오다가 같이 목욕을 했던가 봅니다. 문도령이 그 물을 떠오면 물맛이나 보겠다 하여 내려왔으나, 그 물이 어디 있는지 몰라 이렇게 웁니다. 자청비는 가슴이 울렁거렸다. 내 자청비가 된다. 내 그

물을 떠 주긴 하겠는데, 너희들이 나를 같이 데리고 하늘로 올라가 줄 수는 없겠느냐? 어서 그리 하십시오. 자청비는 목욕했던 물을 떠 주고 궁녀들과 같이 줄을 타고 하늘로 올라갔다.

🖐 문도령 정말 까탈스럽네?

🙏 문도령이 자청비와 목욕했던 물을 맛보고 싶다는 의미는 무얼까?

㉛ 하늘 옥황에는 날이 저물고 있었다. 문도령네 집 먼 문간에 이르렀을 때는 벌써 둥그런 보름달이 언덕 위로 올라왔다. 자청비는 문간 밖에 있는 큰 팽나무에 올라 문도령네 집을 내려다보았다. 집안은 괴괴잔잔하였다. 저 달은 곱다마는 계수나무 박혔구나. 하늘 옥황 문왕성 문도령 얼굴보다 더 고우랴. 자청비는 팽나무 위에서 노래를 한가락 불러대었다. 이때 문도령은 뜰에 나와 월색을 즐기다가, 노랫소리를 듣고 그 목소리를 곧 알아보았다. 얼른 나와 맞이하고 이별할 때 나눠준 얼레빗 한 조각을 맞추어 보니 꼭 들어맞았다. 문도령은 제 방으로 자

청비를 데리고 들어가 만단정화를 나누고 오랜만에 사랑을 풀었다. 부모님이 알까 하여 낮에는 병풍 뒤에 숨어 사는 며칠이 흐른 것이다. 눈치를 처음 챈 것은 느진덕정하님이었다. 이제까지 밥상을 들여가면 위만 걷는 척 마는 척하던 밥사발이 굽이 나오고, 곱던 세숫물이 궂은 물이 되어 나오기 때문이다.

🌿 문도령과 자청비가 이렇게 은밀하게 만나야만 하는 이유는 무얼까?

🙏 그래도 둘이 알아보았으니 다행이지?

㉜ 자청비는 느진덕정하님의 눈치가 이상함을 알았다. 그래서 문도령에게 부모님께 허락을 맡도록 졸라댔다. 물론 그 방법도 소상히 꾸며 시킨 것이다. 문도령은 사성미 빌내도 부모님께가 말을 걸었다. 어머님아 아버님아, 수수께끼나 해 보기 어떻습니까? 그래라.

새 옷이 따스합니까? 묵은 옷이 따스합니까? 새 옷은 남 보기엔 좋지만 따습기는 묵은 옷만 못하다. 새 간장이 답니까? 묵은 간장이 답니까? 달기는 묵은 간장이 달다. 새 사람이 좋습니까? 묵은 사람이 좋습니까? 새 사람은 처음 시집오면 잰 밤쥐 모양으로 이리 호록 저리 호록 하지만 오래 길들인 사람만 못하다. 그러면 부모님, 저 서수왕 따님에게 장가들지 않겠습니다. 이 놈 저놈 죽일 놈아, 이게 무슨 말이냐? 내 며느리 될 사람은 쉰자 구덩이를 파놓고, 숯 쉰 섬을 묻어 불을 피워놓고 불 위에 작도를 걸어, 칼날 위를 타나가고 타들어와야 며느릿감이 된다. 부모는 문도령의 수수께끼의 뜻을 얼른 알아채고 무시무시한 과제부터 내거는 것이었다. 즉시 머슴들을 불러 쉰 자 구덩이를 파고, 숯 쉰 섬에 불을 피워 작도를 걸어놓았다. 며느릿감은 얼른 나와 작도를 타라고 호령소리가 터져 나왔다. 자청비는 어쩔 수 없었다. 죽기를 각오하고 작도 위에 오르려 하면 문도령이 잡아당기고, 문도령이 오르려 하면 자청비가 잡아당기고, 둘이 앉아 대성통곡을 하다가 문도령이 입을 열었다. 자청비야, 오늘 죽더라도 이 문씨 집의 귀신이 될 것이니 하다 섭섭히 생각 말아라. 자청비는 눈물로 세수하며 백릉버선을 벗고 박씨 같은 발로 작도 위에 올라섰다. 앞으로 한 자국 뒤로 두 자국,

아슬아슬하게 칼날 위로 걸어 나갔다. 말할 것 없이 몇 발 못 가 숯불에 타죽으리라 생각했는데 끝까지 무난히 타 나가는 것이었다. 작도 끄트머리에 가서 내리려고, 한 발을 땅에 내려디딘 순간이었다. 긴장이 조금 풀려서 그런지 작도를 디디고 있던 발뒤꿈치가 슬쩍 끊어졌다. 자지피가 불끗 났다. 자청비는 속치맛자락으로 얼른 싹 쓸었더니 속치마가 더러워졌다. 땅에 내려서자마자 문도령의 부모가 달려들어 얼싸안는 것이었다. 아이고, 이런 아기씨가 어디 있으랴. 내 며느릿감이 분명하다. 그런데 어쩐 일로 속치마는 더러워졌느냐? 어머님아, 아버님아, 저도 이 세상에 태어난 보람을 하나 남기겠습니다. 여자아이 열다섯 살이 넘어가면 다달이 몸엣것 오는 법을 마련했다.

왜 문도령의 부모님은 불길을 통과하는 시험을 내녔을까?
불길을 통과하는 게 달거리와 무슨 관련이 있는 걸까?

㉝ 서수왕 따님과의 약혼은 두말없이 무너졌다. 막편지^(약혼예장)을 돌려 가니, 서수왕 따님아기는 화가 치밀어 올랐다. 막편

157

지를 비벼 불을 붙여 한 사발 물에 타 먹고 서수왕 따님아기는 문을 잠가 방에 드러누웠다. 누가 타일러도 결코 문을 열어주지 않았다. 석 달 열흘 백일이 지나 방문을 떼고 보니, 서수왕 따님아기는 새의 몸으로 환생이 되어 있었다. 머리로는 두통새가 나오고 눈으로는 흘그새(흘깃흘깃 하는 새)가 나오고, 코로는 악숨새가 나오고, 입으로는 헤말림새(정을 이간시키는 새)가 나오고 있는 것이다. 그때의 일로 해서 오늘날도 이 새가 들어서 다정했던 부부간에도 살림의 분산을 시키는 것이며, 결혼 잔치할 때 신부가 상을 받으면, 먼저 상 위의 음식을 조금씩 떠서 상 밑으로 놓는 법이 생긴 것이다. 이것은 서수왕 따님에 대한 대접이다.

서수왕 따님아기는 문도령과 결혼하지 못해서 죽는 거네?

서수왕 따님아기가 새의 몸으로 환생하는 것은 무슨 의미일까?

여기까지가 '자청비와 문도령이 두 번째 만나는 장면'입니다. 남장하고 다시 길을 떠난 자청비는 드디어 문도령을 만나 사랑을 이루게 되지요. 그래도 둘이 만났다니 참 다행입니다. 제주 여성들은 자청비의 험난한 여정에 마음 졸였을 것 같아요. 드라마를 보며 눈물 흘리는 요즘 사람들처럼 말이죠.

더군다나 집안일, 밭일, 바닷일을 도맡아 해야 했던 제주 여성들은 동분서주하는 자청비에게 더 깊이 감정이입을 했을 겁니다. 농사를 지으면서도, 물질하면서도, 집안일을 하면서도 제주 여성들은 자청비를 호출했을 겁니다. 함께하며 길을 인도해 달라고 말이지요. 〈세경본풀이〉는 입에서 입으로 그렇게 전해질 수 있었던 것이지요.

그럼 이 부분에는 어떤 문화소들이 포함되어 있는지 간략히 내용을 정리하며 한 발 더 들어가 보겠습니다.

㉓ 남장을 하고 길을 떠나 부엉이를 사는 자청비

㉔ 서천꽃밭에서 말의 혀(세)를 묶어놓는 자청비

㉕ 정수남이 혼령이 부엉새로 돌아옴. 자청비 젖가슴에 내려 앉자 화살 한 대 쏘아 두고 윗밭에 던져버림

㉖ 황세곤간 막내딸과 새살림을 시작하나 과거 보러 간다며 몸

정성을 하는 자청비

㉗ 도환생꽃으로 정수남이를 다시 살려냄

㉘ 비단을 짜는 주모의 수양딸로 들어가는 자청비

㉙ 문도령이 찾아왔으나 자청비가 바늘로 손가락 찌르는 장난
을 하여 돌아가 버리는 문도령

㉚ 문도령이 자청비와 몸 목욕했던 물맛을 보고 싶다 하여 자
청비가 물을 떠주고 옥황시녀들과 하늘로 올라감

㉛ 문도령을 만나 병풍 뒤에서 숨어 살며 며칠이 흐름

㉜ 문도령의 부모로부터 불길을 건너는 시험을 받고 통과하는
자청비

㉝ 약혼이 무너진 서수왕따님은 문을 걸어 잠그고 죽어 새의
몸으로 환생함

㉓에서 자청비는 남장하고 길을 떠납니다. 자청비가 남장
을 하고 길을 떠나는 이유는 아직 개간이 이루어지지 않은 밭
에 작물을 파종하기 위해 준비를 한다는 의미로 읽을 수 있어
요. 아직은 자청비가 훌륭한 여자, 밭으로서의 가능성이 떨어

질 수도 있다는 의미지요. 한편 부엉새는 서천꽃밭의 꽃들을 망치고 있는 새로 그려집니다. 어떤 의미인지는 이어지는 서사적 맥락에 따라 알맞은 의미가 선택될 거예요.

자청비는 서천꽃밭에 가서 말의 혀(세)를 묶어놓고 꽃밭 안으로 들어가지요. 제주에서는 혀(舌)를 '새(세)'로 발음합니다. 새를 묶어놓고 다스렸다는 문장은 발음의 유사성 때문에 생긴 표현이지요. 작물이 자라지 못하게 하는 새(茅) 밭을 개간하기 시작했다는 의미지요. 서천꽃밭에 부엉이가 울어대서 꽃밭에 멸망을 준다는 의미는 아직 개간되지 않은 '새밭'이라 꽃을 피울 수 없다는 말입니다.

작물이 자라지 못하는 새밭

㉕에서 정수남이의 혼령이 부엉새로 돌아와 자청비 젖가슴에 내려앉습니다. 이때 자청비는 부엉이 두 다리를 꼭 잡고 화살 한 대를 찔러 윗밭으로 던져 놓았지요. 이것은 새밭을 갈기 위해서는 정수남이와 같은 마소의 '쟁기갈이'가 필요하다는 의미예요. 부엉이 몸으로 환생한다는 것은 작은 새를 잡아먹는 새(鳥)가 되었다는 말이에요. 여기서 새(鳥)와 새(茅)가 혼합적으로 쓰이고 있음을 알 수 있지요. 마소가 자청비의 젖가슴인 밭이랑을 갈아엎을 때 화살같이 박혀 있던 새(茅)의 뿌리가 뽑히는 모습으로 연결되지요.

새밭을 개간하는 정수남이

㉖에서 자청비는 황세곤간 막내딸과 새살림을 시작하지요. 마소를 이용하여 새(茅)를 갈아엎은 밭은 서천꽃밭에서 생명꽃이 피어나듯 무엇이든 피워낼 가능성이 생기게 되지요. 황세곤간은 남장한 자청비와 자신의 막내딸을 결혼시켜 잉태의 가능성을 증명하려 했지요. 하지만 자청비는 과거 보러 간다며 몸정성을 합니다. 새밭에서의 파종은 쉽게 이루어질 수 없지요. 흙덩어리를 뒤집고 엎는 과정이 몸정성 하듯이 필요합니다.

㉗에서 자청비는 서천꽃밭에서 얻어 온 도환생꽃으로 정수남이를 다시 살려냅니다. 원활한 파종을 위해 다시금 마소의 도움이 필요하다는 뜻이지요. 방목했던 정수남이를 다시 소환하여 밭갈이하는 농우로 쓰려고 준비했던 것이지요.

㉘에서 자청비는 비단을 짜는 주모할머니의 수양딸로 들어가 비단을 짜고 있어요. 아직은 파종할 땅으로서 자격을 갖추지 못하였음을 말하고 있지요. 주모할머니가 비단을 짜듯 밭을 정성껏 갈아야 합니다. 비단 같은 좋은 밭이 마련되어야만 하늘 옥황의 문도령 같은 좋은 씨앗과 결합할 수 있게 되는

것이지요.

드디어 문도령이 찾아왔어요. 어찌 된 일인지 자청비는 바늘로 문도령의 손가락을 찌르는 장난을 칩니다. 화가 난 문도령은 다시 하늘로 올라가 버리지요. 좋은 날을 골라 씨를 뿌렸지만 실패할 수도 있어요. 새밭에는 아직도 바늘같이 뾰족한 것이 남아 있어 씨앗에 상처 하나라도 낸다면 발아는 이루어질 수 없었거든요.

다시 승려의 의복을 입고 걸식을 나서는 자청비가 보이네요. 자청비는 그 길에서 문도령 심부름 온 옥황의 시녀들을 만나지요. 문도령과 자청비가 몸목욕했던 물이 필요하다기에 물을 떠 주고 같이 하늘로 올라가지요. 아직도 거칠기만 한 밭에 씨를 뿌리기 위해서는 우선 재거름을 밭에 뿌려야 해요. 재거름은 자청비가 입은 승려의 의복을 닮았죠. 다음은 물을 뿌려야 하지요. 그러면 다시 씨앗은 발아할 힘을 얻게 되고 자청비와 문도령이 만나듯 하나가 될 수 있지요.

메밀 재배하는 과정을 보면 ㉚의 의미를 더 잘 알 수 있지요. 메밀 재배는 예나 지금이나 크게 달라진 것은 없다고 하네요. 메밀은 거친 땅에 재배하는 것이 좋으며, 5월에 땅을 갈아두었다가 풀이 썩기를 기다린 다음 6월에 다시 갈고 파종할 때 한 번 더 간 다음, 종자 한 말에 재거름 한 섬을 섞어서 파종한대요. 재가 적으면 재를 종자에 버무린대요. 버무리는 방법은 먼저 외양간 거름을 태워서 재를 만들고 외양간의 오줌을 통에 가득 담아 거기에 메밀 씨를 반나절 가량 담갔다가 건져서 앞서 만들어 놓은 재에 버무린다고 해요.

㉛에서 드디어 자청비와 문도령이 만났어요. 둘은 병풍 뒤에서 며칠 동안 사랑을 나누지요. 밭과 씨앗은 위에서 아래로 굳게 박히는 과정에 있으며, 흙 속에서 한 덩이가 되어 가지

자청비와 문도령의 만남, 파종

요. 자청비와 문도령이 만단정화를 나누듯 밭과 씨의 결합이 성공을 거둘까요?

㉜에서 자청비는 문도령의 부모로부터 불길을 건너는 시험을 받지요. 자청비가 문도령과 결합을 하려면 부모의 시험과 같은 전제조건이 필요해요. 밭에 뿌려진 씨가 열매를 맺으려면 잉태 가능성이 높아야 하지요. 사람으로 치면 월경을 통해 가임(可姙)을 확인하는 것과 같은 일이에요.

새밭을 개간하고 잉태 가능성을 높이려면 밭에 불을 놓는 '방화(放火)' 과정이 필요했어요. 머슴들을 불러 쉰 자 구덩이를 파고, 숯 쉰 섬에 불을 피워 작도를 걸어놓아 자청비로 하여금 건너게 하였지요. 이 시험을 통과하였다는 것은 밭이 방화의 과정을 이겨내었음을 의미합니다. 이제 비로소 자청비와 같은 밭은 가임의 상태가 됩니다.

한편 ㉝에서 약혼이 무너진 서수왕 따님은 죽기로 결심하고 문을 걸어 잠가요. 석 달 열흘 지나 문을 열어보니 그녀는 새의 몸으로 환생해 있었지요. 아직 개간되지 않은 밭으로서 '서수왕 따님아기'는 문도령과 같은 씨와 결합할 수 없어요.

불길을 건너는 시험, 방화

파종하지 않은 밭은 여기저기 저절로 새^(茅)가 자라는 새밭이 되어 버리는 것이지요.

지금까지 새^(茅) 밭을 개간하고 파종을 마무리하기 위해 고군분투하는 농경 주체들의 서사를 살펴보았어요. 농경 주체들은 한 해 두 해 농사의 원리를 터득해 갔을 테지요. 그 비법을 하나라도 더 전승하고 싶어 〈세경본풀이〉 서사는 나날이 길어졌을 겁니다. 제주 사람들은 새밭은 물론 돌멩이 밭도 일구어냈지요. 이를 '밭 친다'고 하지요. 밭을 치면 여러 모양의 돌멩이가 뽑혔지요. 이때 나온 돌멩이로 밭담을 둘렀지요. 밭담을 에두르다가 남은 돌멩이는 '머들$^{(돌무더기)}$'을 쌓았지요.

그리고 3년 정도 농사를 지었어요. 점점 땅 힘이 떨어지면 벌

어먹기를 멈추었죠. 지력이 떨어진 밭에는 '촐$^{(꼴)}$'이 자랐지

요. 촐은 소의 월동 사료로 이용했고요.

농경 주체인 '그때-거기-그들'은 생성하고 소멸하는 자연의

원리를 그대로 문화적 질서로 편입하려고 했지요. 생산성을

높이기 위한 최선의 농경$^{(農耕)}$ 질서를 마련하려고 노력했던

것이죠. 〈세경본풀이〉에는 이런 땀방울이 여기저기 짙게 배

어 있음을 느낄 수 있습니다. 이제 문화소를 정리하며 다음

이야기로 넘어가 볼까요.

〈자청비와 문도령의 재결합〉에 나타난
문화소

㉓ 새로운 밭을 개간하기 위한 준비 ⟶ ㉔ 새밭(茅田)을 개간하기로 함 ⟶

㉕ 마소, 쟁기로 밭 갈기 ⟶ ㉖ 다시 며칠을 기다리며 밭 숙성 ⟶

㉗ 마소를 이용한 밭갈이 ⟶ ㉘ 밭의 이랑과 고랑 가꾸기 ⟶

㉙ 따종 직전 뾰족한 줄기 골라내기 ⟶ ㉚ 재거름에 섞어 씨앗 따종 ⟶

㉛ 따종 직후 숨 고르기 ⟶ ㉜ 방화(放火)했던 밭임을 확인 ⟶

㉝ 따종하지 않아 새가 자라는 밭도 돌아보기

이제 〈세경본풀이〉의 마지막 대목입니다. 지금까지 밭을 가꾸고 파종한 노력이 어떻게 곡물 수확으로 완성되는지가 드러나겠지요. '자청비와 문도령과 정수남가 풍성한 결실'을 이루고 신직(神職)을 차지하는 과정을 살펴보겠습니다.

㉞ 자청비와 문도령은 백년가례를 올렸다. 하늘 옥황에서는 자청비가 착하다는 소리가 동서로 번져나갔다. 어느 날 자청비는 서천꽃밭의 막내딸 생각이 났다. 과거보러 간다고 나왔으니 지금도 남편이 돌아올 때를 기다리고 있을 게 분명하다. 한 여자를 억울하게 박대해 둘 수는 없는 일이다. 자청비는 이렇게 생각하고 문도령에게 사실을 토파했다. 그리고는 당신이 남편인 척하여 나 대신 가서 거기서 보름을 살고 나한테 와서 보름을 살아 달라고 당부했다. 문도령은 서천꽃밭에 찾아갔다. 서천꽃밭 막내딸은 어째서 얼굴이 전 같지 않느냐고 하는 것이었다. 자청비가 시켜준 대로 과거를 보느라고 간장이 타서 전 같지 못하다고 해서 무난히 넘어갔다. 서천꽃밭 막내딸과의 살림은 너무나 달콤했다.

🌿 보름은 서천꽃밭 막내딸과 살고 보름은 자청비와 살라는 말
은 무슨 의미일까?

🌾 서천꽃밭 막내딸과의 살림이 너무나 달콤했대?

㉟ 보름만 살고 오겠다던 문도령은 한 달이 다 되어도 돌아올
줄을 몰랐다. 기다리다 지친 자청비는 편지 한 장을 써서 까마
귀 날개에 끼워 보냈다. 편지는 아침 세수하러 나온 문도령 앞
에 떨어졌다. 문도령은 그제야 정신이 번쩍 들었다. 말안장을
지운다는 게 거꾸로 지워놓고, 관을 쓰는 게 행전을 둘러쓰고,
두루마기는 한 어깨에만 걸친 채 말에 채찍을 놓았다. 문도령
이 집 앞에 달려들 때, 자청비는 마침 머리를 풀어 손질하고 있
었다. 말방울 소리가 문 앞에 들리자 자청비는 바쁜 김에 풀어
헤친 머리를 짚으로 얼른 묶어 문간으로 마중을 내달았다. 낭
군님아, 낭군님아, 모든 차림새가 바쁜 차림새가 되었습니다.
법지법(法之法)이나 마련하십시다. 인간의 일생에서 부모가 죽
었을 때가 가장 바쁜 때이니, 초상이 나서 성복하기 전에는 통
두건(윗부분을 꿰매지 않은 두건)을 쓰고, 두루마기는 한쪽 어깨에

만 걸치는 법을 마련하고, 여자상제는 머리를 풀어 짚으로 묶어 매는 법을 마련한 것이다.

🍃 문도령과 자청비가 이토록 분주하고 바쁘게 움직인다는 의미는 뭐지?

🙏 인간의 일생에서 부모가 죽었을 때처럼 움직인다?

㊱ 세월이 또 얼마간 흘렀다. 자청비네 살림이 하도 아기자기해가니, 하늘 옥황에서는 시기하는 패가 생겨났다. 하루는 이 패들이 궁 안에서 문도령을 죽이고 자청비를 푸대쌈하기로 모의를 한 것이다. 자청비가 이것을 모를 리가 없었다. 그녀는 문도령 가슴에 솜을 한 뭉치 넣어두고, 궁녀들이 술을 권하거든 먹는 체하면서 술을 가슴으로 붓도록 당부하고 남편을 보냈다. 아닌 게 아니라 궁녀들이 모여들어 술을 권하는 것이었다. 문도령은 먹는 척하면서 턱 밑으로 술을 부어놓으니, 아무리 마셔도 문도령의 정신은 말짱했다. 궁 안에서는 이만하면 틀림없이 죽으리라 생각하고 문도령을 내보냈다. 뒤를 좇아보니 문도

령은 까딱 않고 길을 가는 것이었다.

🌿 궁녀들이 술을 권한다는 의미는 무얼까?

🐟 문도령이 까딱하지 않고 길을 간다는 의미도 궁금해지네?

㊲ 궁 안에서는 다시 외눈박이 할머니를 내보냈다. 외눈박이 할머니는 배고파 달달 떠는 시늉을 하며 문도령 앞에 다가섰다. 문도령님아, 이 술 한잔 드옵소서. 술값 한 푼만 동정하여 주시면 저녁 준비나 하오리다. 문도령은 가련한 생각이 들었다. 말 위에서 술값 한 푼을 던져두고 술 한 잔을 받아먹었더니, 그만 정신이 아찔하여 말에서 도록기 떨어져 죽어갔다. 그 술이 독약인 줄을 알 리가 없었다. 자청비는 남편의 시체를 업어다 방에 눕혀, 이불을 덮어 놓고 앞으로의 일을 생각했다. 무슨 대책을 세워놓지 않으면 안 되었다. 자청비는 바깥에 나가서 매미와 등에를 많이 잡아왔다. 이놈들을 주렁주렁 실로 묶고 옷걸이 못마다 걸어 놓았다.

도대체 외눈박이 할머니 정체는 뭘까?

매미와 등에를 잡아다가 옷걸이에 걸어 두었다?

㊳ 이튿날 낮이 돼가니 궁 안에서는 자청비를 푸대쌈하려고 와르르 몰려들었다. 자청비는 태연히 베틀에 앉은 채로 입을 열었다. 당신네들이 나를 푸대쌈하러 온 것 같은데, 그럴 것 없이 우리 낭군 먹는 음식이나 먹으면 내 자청하여 가지요. 하며 함지박에다 무쇠수제비를 한 그릇 떠다놓았다. 한 놈이 수제비를 떠먹으려고 하니, 입 안이 와글와글하여 도저히 먹을 수가 없었다. 그러면 우리 낭군 깔고 앉던 방석이나 깔고 앉아 보시지요. 바라보던 자청비는 선반 위를 가리켰다. 한 놈이 가서 내리려고 해 보니 어떻게나 무거운지 내릴 수가 없었다. 무쇠 방석이었다. 이렇게 한참 판씨름을 할 때 한 놈은 문도령 방의 동정을 보려고 방 앞에 가 기웃거렸다. 문도령이 죽은 줄 알고 있었는데 죽기는커녕 콧소리를 하며 자고 있는 것이 아닌가. 매미와 등에가 일제히 울어대니 코 고는 소리로 들렸던 것이다. 이놈이 새파랗게 질려서 손을 치고 도망가니, 나머지 군중들도

겁을 집어먹고 앞을 다투어 도망쳐버리는 것이었다. 푸대쌈은 일단 모면이 되었다. 이젠 죽은 남편을 살려야 한다. 자청비는 곧 서천꽃밭에 들어가 갖가지 꽃을 얻어다가 도환생꽃을 남편의 시체 위에 뿌려서 남편을 살려냈다.

자청비를 푸대쌈한다는 것은 무얼 말하는 걸까?
무쇠 수제비와 무쇠 방석도 의미가 있을 거야.

㊴ 이때 마침 하늘 옥황에는 큰 사변이 일어났다. 이 난을 평정하는 자에겐 땅 한 조각, 물 한 조각을 갈라주겠다는 방(榜)이 여기저기 나붙었다. 자청비는 서천꽃밭에서 얻어온 멸망꽃을 가지고 천자 앞에 나아갔다. 미련한 소녀이오나 제가 난을 막겠습니다. 멸망꽃을 가지고 싸움판에 가고 보니, 삼만 명의 노든 군사가 칼을 받고 활을 받으며 싸움이 치열하게 벌어지고 있었다. 자청비는 멸망꽃을 내어놓고 동서로 뿌려댔다. 삼만 명의 제군사가 건삼밭에 늙은 삼 쓰러지듯 동서로 즐비하게 자빠져 난은 수습이 되었다. 천자는 크게 기뻐하여 자청비를 부

르고 땅 한 조각, 물 한 조각을 내주었다. 자청비는 이 후한 하
사를 사양했다. 저에겐 땅 한 조각, 물 한 조각은 과하십니다.
주실 것이 있으면 오곡의 씨앗이나 내려주시옵소서. 오곡의 씨
앗을 내주니, 문도령과 더불어 칠월 보름날 인간 세상으로 내
려왔다. 그래서 오늘날도 칠월 보름날은 백중제(百衆祭)를 지내
게 되는 것이다.

　하늘의 난이 일어난 이유는 무얼까?
　삼만 명의 군사가 건삼밭에 쓰러지듯 하였다는 표현은?

⑩ 인간 세상에 내려서고 보니, 마치 새끼를 낳아버린 개 허리
모양으로, 배가 고파 휘청휘청 걸어가는 사람이 보였다. 그것
은 정수남이었다. 아이고, 상전님아, 이게 어쩐 일입니까. 큰
상전님넨 죽어 저세상 돌아가시고 나는 갈 데가 없어 이 모양
이 되었습니다. 시장기가 한이 없으니 점심 요기나 시켜주십시
오. 정수남이는 우선 밥부터 먹여 달라는 것이었다. 그러면 저
밭을 보아라. 머슴 아홉에 소 아홉을 거느리고 밭을 가는 데가

있지 않느냐? 거기 가서 점심이나 얻어먹고 오너라. 정수남이가 그 밭에 가서 사정을 했더니, 점심은커녕 욕만 들이 해대는 것이었다. 정수남이가 와서 자청비에게 말을 했다. 자청비는 고약하다 하여 머슴 아홉엔 급증을 불러 주고, 소 아홉과 쟁기엔 흉해를 불러 주어 그 밭에 대흉년이 들게 해놓았다. 그리고는 정수남이에게 다른 밭을 가리켰다. 저 밭에 보아라. 두 늙은이가 쟁기도 없이 호미로 긁어 농사를 하고 있지 않느냐? 거기가서 얻어먹고 오너라. 정수남이가 그 밭에 가 말을 했더니, 늙은이가 도시락에 밥을 정성껏 내어 대접했다. 자청비는 그 마음씨가 곱다 하여 호미농사를 지어도 대풍년이 되게 해주었다.

🌿 배고픈 정수남이에게 농부한테 가서 밥을 얻어먹으라 하는
    이유는 뭘까?
🙏 호미농사를 지어도 대풍년이 되게 해주었네?

㊶ 자청비는 오곡씨를 가져다가 뿌리다 보니 씨앗 한 가지를 잊어버린 것을 알았다. 다시 하늘 옥황에 올라가서 받아오고

보니 여름 파종 때가 이미 늦어 있었다. 그래도 그 씨앗을 뿌리니 다른 곡식과 같이 가을에 거두어들이게 되었다. 이것이 바로 메밀씨인 것이다. 이렇게 하여 문도령과 자청비는 농신(農神)인 세경이 되고, 정수남이는 축산신(畜産神)이 되어 많은 목자를 거느려 마소를 치며 칠월에 마불림제를 받아먹게 되었다. 그래서 문도령을 상세경, 자청비를 중세경, 정수남이를 하세경이라고 부르는 것이다.

🍃 메밀에 대해 특별히 이야기하고 있네?

🙏 자청비가 상세경이 될 수는 없었던 걸까?

　이렇게 자청비와 문도령 그리고 정수남이의 서사가 막을 내립니다. 파종한 후 수확하기까지도 험난한 과정과 수많은 고난이 있었음을 말해주고 있네요. 구체적으로 농경의 질서를 탐색하기 위해 겉으로 드러난 이야기를 간략하게 정리해 볼게요.

㉞ 서천꽃밭에서 보름, 나에게서 보름을 살아달라고 문도령에
　게 말하는 자청비

㉟ 바쁘게 돌아오는 문도령과 바쁘게 맞이하는 자청비

㊱ 시기하는 패들이 술을 먹이지만 속지 않고 꼿꼿이 걸어가는
　문도령

㊲ 외눈박이할머니에게 속아 독술을 받아먹고 쓰러지는 문도령

㊳ 푸대쌈을 모면하고 문도령을 도환생꽃으로 살려냄

㊴ 하늘옥황에 큰 사변이 일어나 이를 수습하는 자청비

㊵ 정수남이에게 농부에게서 밥을 얻어먹도록 하는 자청비

㊶ 상세경 문도령, 중세경 자청비, 하세경 정수남이의 신직 차지

　흔히 자청비와 문도령의 이별과 결합이 반복되는 것은 죽
음과 재생의 상징적 순환을 의미한다고 말하지요. 농시에 죽
음과 재생은 식물의 파종과 생장의 은유로 처리되고요. 여기
에는 치열한 농경 생활, 구체적인 농경 방법이 빠져 있지요.
하늘의 난리를 해결해 준 대가로 농경신이 되었다고 단선적
으로 보기보다는 그 과정에 주목할 필요가 있지요.

㉞에서 자청비는 문도령에게 서천꽃밭에서 보름을 살고 나에게서 보름을 살아 달라고 말합니다. 한번 수확했던 밭은 휴작(休作)이 필요하다는 말이에요. 서천꽃밭 막내딸아기처럼 개간되어 파종을 기다리고 있는 밭에 문도령과 같은 씨앗이 찾아가는 것이 필요하다는 뜻이죠. 이런 농법이 바로 윤작(輪作)이지요. 윤작은 지력을 회복하게 하고 수확을 높이도록 해 주었어요. 문도령과 서천꽃밭 막내딸과의 살림이 달콤하였다고 표현된 이유가 아닐까요.

그러나 윤작의 시기를 잘 맞추기는 현실적으로 어려웠지

두 살림, 윤작

요. ㉟에서 바쁘게 돌아오는 문도령과 바쁘게 맞이하는 자청비의 모습을 통해 구체적으로 드러나고 있어요. 농경은 하루아침에 쉬이 이루어지지 않아요. 시기하는 패들이 나타나기도 하지요. 씨앗이 발아하여 줄기가 올라오기 시작하면 술을 마시고 취한 사람처럼 줄기가 쓰러지는 일을 조심해야 한다는 뜻이에요. 자청비가 뒤에서 문도령을 단단히 잡아주는 것처럼 줄기를 단단히 잡아주어야 하지요.

여기에 멈추지 않고 �37의 외눈박이할머니가 나타나 문도령을 속이고 독술을 마시도록 하네요. 성장 중인 줄기와 잎에는 외눈박이할머니와 같은 진딧물이 생겨나지요. 진딧물의 독

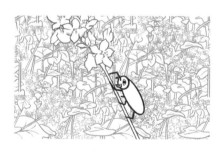

외눈박이할머니, 진딧물

성은 씨앗을 죽게 만들지요. 외눈박이할머니가 진딧물을 상징하는 이유는 매미와 등에가 진딧물을 먹는 곤충이기 때문이에요. 자청비가 문도령을 살리기 위해 매미와 등에를 주렁주렁 실로 묶어 놓았잖아요.

㊳에서 자청비는 푸대쌈을 모면하고 문도령을 도환생꽃으로 살려내지요. 자청비를 푸대쌈한다는 건 다른 씨들이 자청비와 결합하겠다는 의미지요. 밭 여기저기에 원하지 않게 생기는 잡초(雜草)가 떠오르네요. 잡초가 땅에 뿌리내려 번식하는 것은 곡식과 경합하는 과정에서 생겨나지요. 하지만 무쇠수제비와 무쇠방석처럼 단단히 뿌리를 박은 곡식을 이길 수는 없지요. 푸대쌈을 모면한다는 것은 잡초가 뿌리내리지 못하도록 막아냈다는 뜻이에요. 이로써 곡식은 쑥쑥 성장해 나갈 수 있는 거지요.

이때 공교롭게도 ㊴와 같이 하늘 옥황에 큰 사변이 일어납니다. 하늘 옥황에서 일어나는 큰 사변은 비가 많이 내리는 장마거나, 비가 내리지 않는 가뭄을 뜻하지요. 이 시기에 일어난 사변은 가뭄으로 보입니다. '건삼밭에 늙은 삼 쓰러지듯

단단히 뿌리내려 하나가 되는 문도령과 자청비

했다.'는 표현을 보고 알 수 있어요. 사변을 이겨냈다는 말은 가뭄으로 땅이 갈라지는 사변을 자청비가 극복했음을 뜻하지요. 이러한 사변은 하늘의 뜻이지만 신앙민은 이를 자청비의 힘으로 이겨내길 바라는 것이죠. 그래야 땅 한 조각, 물 한 조각을 얻게 되며 이로써 오곡을 수확할 수 있으니까요. 오곡을 수확하기 직전, 7월 보름 백중날은 마을 단위의 풍농제인 백중제(百衆祭)가 벌어집니다.

이러한 풍요로움은 ㊵의 정수남이와 같은 마소와도 나누어야 해요. 특히 백중제^(百衆祭)는 마소를 잘 먹이고 위하는 날이지요. 그동안 고생한 머슴들의 노고를 잊으면 안 되고, 또 고생할 머슴들을 달래어야 한다는 것이지요. 부유한 자이거나 가난한 자이거나 이를 실행에 옮기지 않으면 인과의 업을 받게 되는 것은 자연의 순리라 말하고 있네요. 이것이 땅의 원리, 자청비의 뜻으로 나타나고 있어요.

이로써 상세경 문도령, 중세경 자청비, 하세경 정수남이가 제 직분에 맞추어 신직을 차지하게 됩니다. 이때 메밀은 늦은 여름 파종해도 되는 작물임을 알려주는 일도 잊지 않는군요. 조농사와 메밀농사를 지어본 적이 있다면 이 내력담이 보다 더 생생하게 느껴질 것 같군요.

〈세경본풀이〉는 문도령은 하늘에서 전해주는 씨앗이기에 상세경으로, 자청비는 땅에서 일구는 밭이기에 중세경으로, 정수남이는 농사일을 돕는 마소이기에 하세경으로 자리 잡았음을 말해줍니다. 중요한 것은 이들은 서로 없어서는 안 될 존재란 점이지요. 〈세경본풀이〉는 씨앗을 전해주는 하늘의 뜻과 씨앗을 품은 밭의 힘과 마소의 도움이 있어야 풍성한 수확이 생긴다는 점을 강조하고 있어요. 그러면서도 현실적으로 제주 사람들은 자청비에게 가장 많은 공력을 기울였겠지요. 수확을 앞둔 마지막에는 풍농을 기원하면서 서로 위로하고 축하해주려던 마음을 의례화하였던 것입니다.

세경신이 하나 되어 이루어낸 풍년

마지막 부분에서 논의한 문화소를 정리해 보도록 해요.

⟨자청비와 문도령과 정수남이 결실⟩에 나타난 문화소

㉞ 윤작(輪作) ⟶ ㉟ 윤작 시 따종 시기의 중요성 ⟶

㊱ 줄기가 쓰러지지 않도록 주의 ⟶ ㊲ 진딧물과 같은 해충도 주의 ⟶

㊳ 잡초 관리 ⟶ ㊴ 하늘에 기원 ⟶ ㊵ 마소와 마부의 노고 인정 ⟶

㊶ 세경신으로 좌정

🐚 집치레 말앙, 밧치레ㅎ라는 제주 속담도 있잖아.

🐚 좋은 집 하려 말고, 좋은 밭 일구라는 말이지.

🐚 호텔보다 더 깨끗했던 우리 과수원이 생각난다.

🐚 바나나 농사하신다고 하다 잘 안 되셨지?

🐚 감귤 과수원도 요즘은 돈이 안 된다면서?

🐚 대학나무는 죽고, 융자만 남았다고 한탄들이지.

🐚 자청비도, 문도령도, 정수남이도 서로 찾을 일이 없는 거 같아.

🐚 흩어지면 죽는다네?

〈세경본풀이〉에는 농경 여신이 성취하는 사랑의 대서사시가 감동적으로 전개됩니다. 굳이 안에 숨겨진 농경의 질서를 세세하게 캐묻지 않아도 뛰어난 장편 서사무가의 가치는 사라지지 않지요. 하지만 한 번 더 놀라게 되지요. 아름다운 대서사시 안에 이토록 세밀한 농경의 질서가 담겨있다니요.

선학들은 〈세경본풀이〉에서 다양한 의문을 제시했지요.

자청비는 풍요의 전달자이지, 직접적인 생산자가 아니다. 게다가 제주도의 생산 지리적 여건상 풍농의 신인 자청비가 대지 자체의 비유이기는 어려워 보인다. 땅이 생명의 씨앗을 품어 성장시키고 세상에 내어놓는다는 점은 틀림없는 사실이지만 제주도의 토지는 무척이나 척박하여 생산력이 극히 낮았다. 풍요의 신격인 자청비의 신화적 비유 대상이 비옥하지 못한 대지라는 것은 납득하기 어렵다. 출산하는 대지 자체에서 풍요를 기원하기 어려우니, 풍요에 대한 기원은 다른 곳에 기댈 수밖에 없다. 그 척박한 땅에 풍농을 가져다주는 신격, 그것은 바로 천상의 곡종을 가져다주는, 즉 천상에서 유래하는 풍요를 가져다주는 세경 자청비였던 것이다.

정진희가 제기한 의문은 자청비가 고군분투하는 과정을 보면 풀리게 되지요. 무척이나 척박하고 생산력이 극히 낮았기에 그토록 오랜 시간 수많은 고난을 이겨내려 애썼던 것 아닐까요?

현용준은 제주도 신화의 수수께끼 중 하나라며 다음과 같은 의문을 제기하기도 했지요.

어느 심방이 구송하는 세경본풀이든 상세경은 문도령, 중세경은 자청비, 하세경은 정이으신 정수남이라는 구절이 빠짐없이 나온다. 자청비는 절간에 불공을 드려 낳은 부귀한 집안의 예쁜 딸이요, 갖가지 고난 끝에 문도령과의 사랑을 성취한 여성으로서 서당의 글공부에서도 문도령을 훨씬 능가한 지능이 뛰어난 여자이다. 심산유곡에서 정수남이의 겁탈 시도를 지혜롭게 물리치고, 정수남이를 죽였다가 부모가 종의 노동력을 아까워하니 종이 할 일을 해냈을 뿐 아니라 서천꽃밭의 환생꽃을 가져다 죽은 정수남이를 살려 바치는 초능력을 가진 자이다. 그러니 농신(農神)으로 좌정하여 농사의 흉풍을 좌우할만한 능력을 소유하는 것이 당연하다. 자청비가 온갖 고난을 무릅쓰고 하늘나라에 올라가 문도령과의 혼인을 성취한 후에도 하늘나라의 난리를 평정하는데 서천꽃밭의 멸망꽃을 가시고 직을 일망타진하여 나라를 구했고, 천제왕이 땅 한 조각, 물 한 조각을 나누어 주겠다는 큰 상을 사양하고 오곡의 씨를 요청해 지상에 가져와 농사를 짓게 했으니 농신으로서 으뜸이 되어야 마땅하다. 그런데 문도령을 상세경으로 위하는 것은 이상하다.

〈세경본풀이〉를 겉으로만 읽으면 자청비가 상세경이 되지 않고 문도령이 상세경이 된 점이 이상하게 생각됩니다. 자청비의 노력과 지혜로 사랑을 성취하게 되었으니 당연히 상세경이 되어야 한다고 생각돼요. 그건 농경신마저도 서열화하려는 우리의 고정관념이지요. 농사짓기 위해서는 세 가지가 모두 중요했어요. 하지만 씨앗의 발아는 인간 힘으로는 어쩔 수 없는 영역이 있었지요. 맞아요. 비를 내리고 햇빛을 주는 하늘의 도움이 필요해요. 문도령은 사실 우유부단하고 우둔한 남자였지만 하늘의 원리로서 생명의 시작이잖아요. 이에 '그때-거기-그들'은 기꺼이 상세경으로 문도령을 모시며 위하게 된 것이지요.

🖐 나는 뮤지컬 '하데스타운'도 생각나더라.

🙏 동양이든 서양이든 땅은 사랑의 터전이야.

🖐 하데스타운이 점점 황폐화되어 메말라 가고 있대.

🙏 자청비 같은 에우리디케도 포기하고 싶어 했잖아.

🖐 문도령처럼 순수한 오르페우스가 에우리디케의 손을 잡아

주었지.

🦜 사랑을 하려면 그들처럼?

🦜 밭의 여신들이 사랑을 거두었으면 좋겠어.

🦜 끝까지 사랑을 믿어야 거둘 수 있으니까.

〈세경본풀이〉에서 문도령과 자청비가 그려낸 사랑의 세계를 돌아봅니다. 그 세계에는 하늘과 땅과 사람과 동물이 서로 연결되어 있어요. 광대한 우주 안에 작고 친밀한 삶이 세세하게 펼쳐지는 것 같아요. 반면에 현실과 권력 앞에 점점 기계화되고 사랑이 계산으로 이어지는 하데스타운도 떠오릅니다. 꿈이냐 현실이냐 재지 말고, 될까 말까 망설이지 말라는 오르페우스의 노래도 생각나네요. '그때-거기-그들'은 밭에 씨를 뿌리고 마소가 돌보면 꼭 열매를 맺으리라 믿었지요. '지금-여기-우리'도 '상세경-중세경-하세경'이 함께하리라 믿으면 사랑을 거둘 수 있지 않을까요.

<삼달리본향당본풀이>

음매장군과 황소집사

커다란 이름표가 달려있습니다. '천연 기념물 제347호-제주의 제주마 방목지'라 쓰인 이곳은 푸른 초원만큼 주차장도 널찍합니다. 마방목지는 작은 한라산 바로 옆집이지요. 울타리를 두르지 않았다면 한숨에 건너갔을 거리지요. 친구는 언젠가 보았던 마방목지의 겨울 풍경을 잊을 수 없대요. 그때 보지 못한 고수목마(古藪牧馬)가 눈앞에 있다고 좋아하네요. 말들이 어슬렁어슬렁 싱싱하게 자란 풀을 뜯고 있네요. 왠지 말들의 자태가 우아해 보입니다. 제주도 조랑말은 키가 작아서 과실나무 밑을 지날 수 있는 말이라고 했다지요. 그럼 지금은 과하마(果下馬)들이 달라진 것일까요?

조랑말들이 마치 초원의 모델처럼 보이니 말입니다.

　　🌿 멋지긴 한데 아우라는 사라져 가는 걸까?

　　🖐 귀한 대접을 받는 건 예나 지금이나 같은데?

　　🌿 전시가치만 남아 있어 그런 거 아닐까?

　　🖐 집집마다 소 한 마리, 말 한 마리가 신(神)으로 모셔지던 시
　　　대가 있었는데.

　친구와 전망대에 올라 봅니다. 한라산자락이 물결처럼 흘
러가고 있는 저물녘입니다. 흑송 그늘 아래 모여든 말들은 아
무래도 '풀멍' 중인 것 같군요. 어린 시절 보았던 들판의 소 떼
들이 떠오릅니다. 〈삼달리본향당본풀이〉를 들려주며 우리는
한참 마소 이야기를 나눴습니다.

　1990년대까지도 제주 중산간 들판에는 방목 중인 소를 쉽
게 볼 수 있었지요. 아버지가 봄철에 밭갈쇠로 밭을 갈던 모
습, 겨울철에 가마솥에 쇠죽 쑤던 모습이 선명하게 남아 있지
요. 1970년대 경운기나 트랙터가 나오기 전 소는 큰 일꾼이

었지요. 농가의 재산 목록 맨 위에 있었고요. 밭작물 소득 외에 가장 큰 수입원이었으니까요.

제주에서는 부림소 중 황소를 보통 '밭갈쇠'라 불렀지요. 1980년대에 밭갈쇠가 없는 집은 소를 빌리기 위해 소 주인 밭의 김을 사흘간 매어 주었답니다. 암소 농우는 하루에 600평 정도의 밭을 갈고, 수소 농우는 하루에 750평 정도 밭을 갈아 주었으니까요.

어떤 소나 일순간에 부릴 수 있는 건 아니었지요. 끊임없는 반복 훈련이 필요했다고 하네요. 부림소 만드는 과정은 크게 둘로 나눠요. 1차는 코뚜레 뚫는 과정이고 2차는 농사일에 투입하여 연습시키며 길들이는 과정이지요. 김세건은 〈강원도 거리소의 길들이기 방식과 특징〉에서 부림소 길들이는 과정을 상세히 전하고 있어요. 강원도는 소 두 마리가 쟁기를 끄는 거리소가 대부분이고, 제주도는 소 한 마리가 쟁기를 끄는 호리소가 대부분이지만 일소 길들이기 과정은 크게 다르지 않다고 합니다.

부림소를 길들이기 위해 맨 처음 필요한 일은 일소를 선택하는 것이지요. 선택의 기본은 성별, 즉 암소냐 황소^(수소)냐였어요. 암소와 황소 가운데 무엇을 선택할지는 지역에 따라, 집안 사정에 따라 달라지지요.

> 한라산의 화산이 분출하는 날, 제주도에는 서풍이 세차게 불었다. 그래서일까, 비교적 무거운 점질토와 자갈은 서부지역에 쏠리고 비교적 가벼운 화산회토는 동부지역에 쏠린다. 제주도의 동부지역은 화산회토이면서 자갈의 함량이 낮고, 제주도의 서부지역은 점질토이면서 자갈의 함량이 높은 것도 바로 이 때문이다. 그러니 동부지역 사람들은 암소 농우, 서부지역 사람들은 수소 농우로 밭을 간다.

고광민의 '소의 생활사'에서 소개한 삼달리의 상생내^(1930년생, 남)님이 한 말입니다. 고광민의 조사에 따르면 실제로 제주 서부는 수소 농경을 주로 하고, 동부는 암소 농경을 주로 했다고 합니다. 그리고 제주시 지역은 암소 반, 수소 반 정도의 비율로 농사를 지었다고 합니다.

〈삼달리본향당본풀이〉에 나오는 주인공은 황소입니다. 삼달리는 제주 동부에 위치하여 주로 암소를 사용했다고는 하지만 황소도 귀하게 길렀을 겁니다. 암소가 송아지를 낳으려면 좋은 수소가 필요했을 테니까요. 황소는 힘이 센 만큼 다루기가 힘들었다고 해요. 일을 가르칠 때도 암소보다 두세 배 시간과 노력이 필요했고요. 황소는 훈련만 잘되면 힘이 세서 암소보다 일을 잘했지요. 다른 밭에 일하러 갈 때도 암소보다 많은 소품을 받았지요.

김세건은 2012년 농민과 인터뷰하며 좋은 소 선택 기준에 대해 들었다고 해요. 농민들은 소뿔에서부터 발 모양까지 꼼꼼하게 살피고 살피었대요. 한번 집안에 들이면 20년 정도 부려야 했으니까요. 좋은 부림소는 전체적으로 등이 쇠몽둥이처럼 곧고, 등짝은 넓적해야 한대요. 네 다리가 꼿꼿하고 앞다리 죽지는 깊이 패어야 힘을 잘 쓴대요. 뿔도 중요했는데 좌우 양쪽에 수직으로 올라간 청각뿔이 좋았다고 해요. 발톱이 짧은 주먹·돌발, 칡덩굴 같은 얼룩무늬 털색이나 희끄무레한 털색을 가진 놈이 좋았다고 해요. 암소는 작은 머리에 꼬리가 길어야 좋고, 수소는 큰 머리에 가죽이 두툼해 보여야 좋다고 하네요. 물론 농민의 기준은 저마다 상대적이었대요. 가장 중요한 건 소와 농민의 교감이었다고 하네요.

두 번째는 '코뚜레 뚫기'를 하는 단계지요. 보통, 소가 태어난 지 1년 이내에 코를 뚫었다고 해요. 코뚜레는 지름 1~2cm 정도의 굵기로 크기는 소에 따라 달랐지요. 코뚜레용 나무는 불에 굽거나 소여물의 물을 끓일 때 넣어서 나무가 연해지도록 삶았대요. 연해진 나무를 둥그렇게 휘어 껍질을 벗겨서 끝을 묶은 다음 걸어서 말렸어요. 일반적으로 농가에서는 코뚜레를 여러 개 만들어 준비해놓았어요. 나무로 만든 코뚜레는 보통 2년 정도 사용할 수 있었어요. 소가 커가면 코뚜레도 큰 것으로 바꿔줘야 했답니다.

코뚜레를 잘못 뚫으면 고삐를 조금만 잡아당겨도 코가 아파 일을 못 했대요. 그러면 소가 잘 자라지도 못했고요. 코청을 잘못 뚫으면 소를 잃을 수도 있어 코뚜레 뀔 때는 마을의 능숙한 사람에게 부탁했어요. 먼저 송아지의 목을 큰 나무에 묶어 움직이지 못하도록 하지요. 코를 뚫는 사람이 소의 코를 만져서 얇은 부분, 이른바 '코청'을 찾아서 그곳을 뚫었지요. 너무 깊지도 않고, 너무 얕지도 않은 적당한 위치를 잡는 것이 중요했대요.

코청의 위치를 정확하게 짚어서 한 번에 뚫으면 피가 거의 나지 않았지요. 안으로 너무 깊이 뚫으면, 이른바 '살코'가 되어 코뚜레가 조금만 움직여도 소가 크게 자극을 받았지요. 반대로 코를 너무 바깥쪽으로 뚫게 되면, 이른바 '늘코'가 되어 코뚜레를 잡아당겨도 코에 자극을 주지는 않고 살만 늘어나 소를 통제할 수 없었다고 해요. 코뚜레를 끼운 다음에는 사람이 간장을 입에 담았다가 코청 부위에 뿌려주며 덧나지 않도록 했지요.

코뚜레를 한 소가 농민과 호흡을 맞추고 서로 말을 알아듣기 시작하면 2차 길들이기를 합니다. 보통 24개월에서 36개월쯤 이루어진다고 해요. 소가 나이를 먹으면 부림을 가르치는 게 더 힘들어지기 때문이지요.

먼저 멍에를 걸고 다닐 수 있도록 소의 목 힘을 키우는 훈련을 하지요. 목 힘 키우기는 소의 목에 멍에를 걸었을 때 목에

탈이 나지 않도록 목뼈를 눌러주어 굳은살이 박이도록 하는 단계지요. 목뼈가 다 자란 후에 멍에를 지게 되면 멍에와의 마찰 때문에 소가 통증을 견디지 못해 사나워진다고 해요. 황소는 목뼈가 잘 나오지 않아 크게 상관이 없는데, 암소는 3년을 넘기면 목뼈가 튀어나와 길들이기가 힘들었다고 합니다.

목 힘 키우기 훈련은 나무발구, 타이어, 끙게 등을 끌게 하는 것이지요. 이 과정에서 소는 청력을 키우고 고삐의 조절에도 익숙해집니다. 멍에로 등뼈를 눌러주는 훈련은 실제 멍에를 메어서 밭을 갈아보는 게 좋다고 합니다. 처음 연장을 메고 훈련하는 장소는 경사가 없는 평밭에서 하다가 점차 센 밭, 경사진 밭으로 이동합니다. 훈련이 끝났다고 생각되면 봄철 반갈이에 투입되었지요.

이제 어린 소는 점차 한몫하는 부림소가 되어 갑니다. 부림소에게 가르치는 내용은 크게 세 가지 정도예요. 첫째는 앞으로 가고 멈추는 것, 둘째는 논밭 가장자리에서 좌우로 방향을 전환하는 것, 셋째는 논밭의 고랑과 이랑에 내려서고 올라서는 것이지요. 첫째와 둘째 일은 발구를 끌면서도 가르칠 수

있지만, 세 번째는 기본적으로 멍에를 메고 연장을 차려야만
가능했다고 해요. 이때 소와 밭갈애비는 서로 말을 알아듣는
게 중요했지요.

🐾 이려~, 워 워~ 하는 소리는 참 많이도 들었었지.

🙏 말하면서 고삐에 힘을 주기도 하고 빼기도 하면서 온몸으로
　대화를 하는 거지.

🐾 제주에서도 훈련 과정은 비슷한 거지?

🙏 제주에서는 코뚜레를 하지 않아도 소가 말을 잘 들었대.

🐾 신기하다. 섬에 마소가 많아서 그들끼리 질서가 잡혔나?

🙏 맞다. 그럴 수도 있겠네. 형제 많은 집은 형제끼리 애기업게
　하는 것처럼.

(제주도에서는) 일반적으로 소의 나이 2~3살 때부터 밭갈이를
위한 길들이기를 시작한다. 이 시기가 지나 길을 들이면 소는
머리가 세어져 밭갈이 때 제멋대로 하려는 버릇이 생길 우려가
있어 어렸을 때 버릇을 단단히 들여야 한다. (…) 바로 밭갈이

때처럼 소의 등에다 멍에를 씌우고 그 멍에에 묶인 줄(솜비줄)을 소의 뒤로 흘린다. 이 줄은 바로 쟁기와 연결된 줄이다. 여기에서는 쟁기 대신에 커다란 돌덩이를 묶고는 바로 밭갈이 때처럼 오가는 연습을 시킨다. 바로 이 돌덩이를 '곰돌'이라 한다. 소의 나이 두 살(다간)이 되는 해 가을걷이가 끝난 밭으로 가서 쟁기 대신 곰돌을 매달고 며칠 동안 길들이기를 하고, 다시 소의 나이 세 살(사릅)이 되는 해 봄에 '가슬왓'(추수가 끝난 땅의 토질을 북돋기 위하여 한두 해 경작하지 않고 쉬고 있는 밭)으로 가서 똑같은 방법으로 며칠 동안 길들이기를 한다. 이같이 두 해 동안 곰돌을 이용한 길들이기가 끝났다고 판단이 되면 보리걷이가 끝난 밭이나 아니면 해안가 모래밭으로 가서 실제로 쟁기를 소에다 메고 밭갈이 연습을 해 본다. 이상의 과정을 거쳐야 밭갈이를 위한 소 길들이기가 모두 끝나는 것이다.

고광민이 《제주 생활사》에서 조사한 제주도 농촌 마을의 부림소 훈련 과정입니다. 제주도 호리소 길들이기 과정은 두 단계로 나뉩니다. 처음은 끙게 같은 곰돌로 하는 훈련입니다.

다음은 쟁기를 메고 빈 밭이나 모래밭을 가는 실전 연습을 합니다. 이때 '곰돌'의 무게도 자갈 함량에 비례하여 달라진다고 합니다. 경작토의 자갈 함량이 2.2%인 구좌읍 송당리 대천동의 곰돌 무게는 약 25kg인 반면에 자갈 함량이 23.8%인 애월읍 어음리의 곰돌 무게는 약 80kg에 이르렀다고 하네요.

이처럼 소 길들이기는 한순간에 이루어지지 않았지요. 단계 단계를 되풀이하는 고된 훈련이 필수적이었지요. 우리도 고된 정보 읽기를 멈추고 〈삼달리본향당본풀이〉에 나오는 주인공 황소를 만나 볼까요?

이 당의 신은 황서국서어모장군인데, 김씨 영감이 처음 모셔 내려온 신이다. 황서국서어모장군은 서울 황정승의 아들 삼형제 중의 막내였다. 황정승은 역적으로 몰려 나라의 미움을 받고 있는 터에 중병이 들었다. 백약이 무효로 살길이 없으므로 어느 날 점을 쳐 보았다. 점쟁이는 '황우(黃牛)의 피를 받아먹어야 병이 낫겠다'고 하는 것이었다. 황정승은 백정을 불렀다. 그러나 백정은 한 사람도 찾을 수가 없었다. 나라에서 황정승이 황우의 피를 먹고 살아날까 봐서, 백정을 모조리 잡아 가두어 버렸기 때문이다.

황정승은 할 수 없이 아들을 불러 소를 잡아 달라고 하는 도리밖에 없었다. 큰아들을 불렀다. 큰아들은 차마 소는 잡을 수 없다고 응하지 않았다. 둘째아들을 불렀다. 둘째아들도 마찬가지였다. 마지막으로 작은아들을 불러보았다. 작은아들은 부모를 살려야 하겠다는 효심으로 소를 잡기로 나섰다.

소를 잡되 칼을 들고 잡을 수는 없는 노릇이었다. 작은아들은 우선 참실로 소 모가지를 묶어서 끌어내고 고함을 한 번 크게 질렀다. 소는 놀라서 그 자리에 쓰러져 죽는 것이었다. 대청한 간에서 황우의 피를 받아 아버지께 드리니, 과연 원기를 회복하고 살아났다. 황정승은 살아나기는 했으나 작은아들이 걱정이었다. 역적으로 몰릴 것이 분명하기 때문이다. 너는 억필스로 몰려 여기 살 수가 없을 터이니 어서 피난을 가거라.

아버지 말을 따라 작은아들은 피난을 나섰다. 충청도로 전라도로 하여 제주에 배를 붙였다. 동복리로 들어와 장군혈(將軍穴)을 밟아 좌정할 곳을 찾았다. 얼마큼 내려오다 보니 심돌(성산면 시흥리) 허풍헌(許風憲)이 벼슬살이 하러 지나가는 게 보였다.

작은아들 황서국서어모장군은 참매로 변하여 허풍헌 앞을 어지럽혔다. 웬 짐승이 이렇게 앞에 들어 번란(繁亂)하냐?

허풍헌이 제법 큰 소리를 지르는 것이었다. 어모장군은 그만하면 풍헌(風憲: 鄕所職)쯤은 할 만하다 생각하고 비켜 주고 다시 장군혈을 찾았다. 혈은 종달리로 떨어진 것 같았다. 종달리에 오고 보니 여자들이 모래 삼태기를 들고 소금 일을 하느라 야단이었다. 너무 강포하다. 좌정할 곳이 못 된다. 어모장군이 종달리를 나서고 보니 혈은 다시 심돌(始興里) 큰물머리로 떨어져 있었다. 저기나 가서 좌정하자 하고 심돌에 와 보니, 허풍헌이 벌써 조상의 묘를 써 버렸었다.

못 쓰겠다, 올라서자. 어모장군은 한라산으로 향하여 손당(松堂里) 높은 오름에 올라, 옥통소로 날을 새고 밤을 새며 놀다가 오백장군에 가 구경하고, 다시 혈을 보니 장군혈은 정의골(㫌義縣: 표선면 성읍리) 멍둥마루에 떨어져 있다. 곧 멍둥마루로 내려와 앉아 보니, 정의골 관가에서 죄인을 잡아다 다루는 게 눈에 보였다. 이것도 더럽고 추잡하다. 장군혈을 다시 보니 난미(성산

제주신화의
숲

204

면 난산리)로 떨어져 있다. 난미로 내려오는데 이번에는 골미당이 보였다. 이것도 더러워서 못 쓸로다. 와갱이^(성산면 삼달리)로 내려가자. 와갱이로 와 보니 벼룻물도 좋아지고 세숫물도 좋아지고, 비록 빈촌은 빈촌이라도 좌정할 만했다.

일단 이 마을에 좌정하기로 마음을 정하고 좌정할 곳을 찾기로 했다. 우선 당골에 가 보았다. 김씨 영감이 병이 들어 거의 사경에 이르고 있는 게 보였다. 이 사람을 부르는 게 좋겠다는 생각이 들었다.

어모장군은 김씨 영감네 집 뒤에 있는 큰 나무 윗가지에 올라가서 김씨 영감에게 현몽^(現夢)을 주었다. 백돌래에, 백시루에 소주를 차리고, 너희 집 고팡^(庫房)으로 위판^(位版)을 모셔다 나를 위하면 너를 살려 주마. 김씨 영감은 곧 고방에 위판을 모셔 돌래떡에 시루떡에 소주를 올려 위했다.

그로부터 김씨 영감은 병이 씻은 듯 나았을 뿐 아니라, 이상하게도 상통천문^(上通天文) 하달지리^(下達地理)하여, 죽을 사람 살 사람을 척척 알아맞히게 되었다. 그리고 어른이 앓거나 아이가 앓거나 빌기만 하면 꼭꼭 나았다. 그래서 김씨 영감은 심방이 되고 삽시에 부자가 되어 갔다.

그때 제주에는 아홉 해나 흉년이 계속되어 사람들이 다 굶어 죽게 되어 갔다. 김씨 영감은 사재분급^(私財分給)을 하여 한 집에 닷 되씩, 열 되씩 쌀을 사다 나누어 주었다. 그렇게 하니 죽어가던 백성들이 어려운 고비를 넘겨 살아났다. 이 일을 나라에서 알고 김씨 영감을 불러들였다. 크게 업적을 찬양하고 통정대부^(通政大夫: 정삼품 당상관) 벼슬을 내렸다.

김씨 영감은 벼슬을 받고 와서도 계속 점을 치고 심방의 일을 하다가 늙어서 죽게 되었다. 나라에 이 사실을 보고하니, 나라에서는 신체는 비록 죽어도 영원히 남을 신상^(神像)은 내 주마 하고, 밤나무로 신상을 만들어 내어 주었다. 황서국서어모장군 부부와 김씨 영감의 신상을 내어 준 것이다. 그래서 이 마을의 당에 그 신상을 모시고 대대손손 전수되어 오늘날까지 위해 내려오는 것이다.

왜 소를 잡되 칼로 잡을 수는 없다고 하는 거야?

참실로 모가지를 묶어서 끌어내고 고함을 지르면 소가 죽는다고?

작은아들은 왜 참매로 변한 걸까?

허풍헌 앞을 어지럽히는 이유도 있을 거 같고?

좌정처를 못 찾아 여기저기 돌아다니는 이유는 뭘까?

병든 김씨 영감을 당골로 부른 이유도 궁금하고?

우선 본풀이에서 비인과적으로 연결되어 의문스러운 부분을 찾아보았습니다. 왜 소를 잡되 칼로 잡을 수 없다고 하는 걸까요? 소를 잡으려면 칼을 써야 하는 것 아닌가요. 그러면 여기서 소의 죽음은 다른 종류의 죽음이 아닐까요?

예상했던 대로 작은아들은 다른 방식으로 소를 잡습니다. '참실로 모가지를 묶고, 고함을 크게 지르자 소는 놀라 쓰러져 죽었다.'로 표현되고 있네요. 모가지를 묶는 일은 죽음으로 연결됩니다. 소의 모가지에 묶는 것은 '굴레, 고삐, 코뚜레'와 같은 줄이지요. 앞에서 보았듯이 코뚜레를 꿰려면 긴장된

한순간이 필요하지요. 이 순간은 소도 사람도 고함을 치게 되지요. 이제 예전의 소는 죽고 일소가 태어납니다.

예전의 소는 죽었다 ···코뚜레를 하고 나니

소를 잡은 작은아들은 역적으로 몰릴 것이라 피난을 떠나게 됩니다. 제주 동복리로 들어오는데 장군혈을 밟아 좌정할 곳을 찾아 나섭니다. 장군혈을 거쳐야 장군이 될 수 있다는 의미겠지요.

맨 처음 작은아들은 심돌에서 허풍헌을 만나지요. 참매로 변하여 허풍헌 앞을 어지럽혔지만 풍헌의 큰 소리에 자리를 비켜줍니다. 장군이 될 신격이 변신술을 보여주는 장면으로 보아 넘길 수도 있지만, 허풍헌 앞에서 꼼짝 못 하는 게 이상하지 않은가요? 그럼 '참매'의 상징을 살펴보기로 해요.

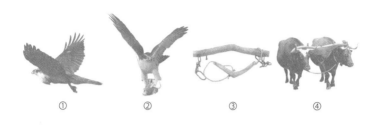

①   ②   ③   ④

'참매'라는 말이 환기하는 개념과 이미지를 머릿속에 구성해 봅시다. 참매의 개념은 '작은 동물을 잡아먹는 수릿과의 새'로 육식성과 공격성을 지니고 있지요. 그러면 '허풍헌 앞에서 자리를 피하는'과는 상반된 의미지요. 이번에는 '참매'의 이미지에 주목하며 기호작용의 확장을 진행해 봅시다.

위의 그림 ①, ②는 참매의 사전적 이미지 그대로이지요. 그런데 참매의 이미지를 압축하다 보면 ③, ④와 같은 이미지도 생성됩니다. 맞아요. 참매의 이미지는 '멍에'의 이미지로 확장되고 있는 것이지요. 그래서 참매로 변신한 작은아들은 '멍에를 멘 황소'로 해석할 수 있게 됩니다. 멍에를 멘 황소는 허풍헌처럼 큰소리치는 '밭갈애비' 앞에서 꼼짝할 수 없게 되지요.

우연의 일치일까요? 허풍헌을 만난 장소가 심돌 마을이네요. 심돌은 '힘돌'을 뜻하지요. 옛날 힘센 장사가 많이 나와 마을 이름이 그렇게 붙여졌다고 하지요. 심돌을 나와 작은아들은 종달리로 갑니다. 종달리에서는 여자들이 모래 삼태기로 소금일을 하고 있었어요. 멍에를 멘 황소는 종달리 소금밭에서 길들이기를 시작했던 것이 아닐까요? 하지만 단번에 훈련이 끝나지는 않았지요. 황소는 무거운 돌을 메고 종달리 소금밭과 시흥리 큰물머리를 오갔던 것으로 생각됩니다.

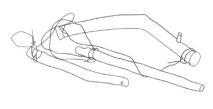

멍에

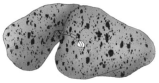

목뼈를 단단히 하기 위하여···곰돌 훈련

작은아들이 좌정처를 못 찾아 여기저기 돌아다니는 까닭은 일소 길들이기는 몇 해에 걸쳐 이루어지기 때문이겠지요. 황소는 송당 높은오름을 넘어 한라산으로 방목되었다가 정의골 관가의 죄인처럼 낙인(烙印)도 찍힙니다. 집집마다 소를 방목했기에 표식을 해두어야 했지요. 황소는 난산리를 거쳐 물이 좋은 와갱이 마을로 오게 됩니다. 황소는 난산리의 골미당도 보아두었지요. 혹시 길을 잃을 때면 찾아갈 곳이었지요. 이렇게 어린 소는 일소로 거듭나며 '황서국서어모장군'과 같은 존

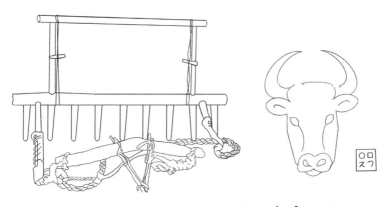

소금밭에서 써레질도 하고   우리 집 황소를 증명하는…낙인

211

재가 되지요.

시간이 흐르면 황소도 병을 앓을 수 있지요. 병들었다 나은 김씨 영감처럼 병든 소를 치료해 주는 사람을 찾아야 합니다. 황서국서어모장군이 병든 김씨 영감을 당골로 정하여 부른 이유입니다. 김씨 영감과 같은 심방은 황서국서어모장군을 잘 모셨지요. 그러면 큰 부자가 된다고 하네요. 더불어 마을 사람들에게도 황소가 가져다주는 풍요로움을 나누어야 한다고 강조하고 있네요.

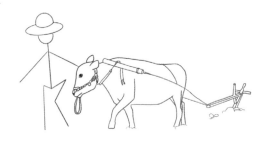

황소집사와 음매장군

황서국서장군이 자꾸만 황소장군으로 읽히네?

그때는 국사(國事)를 맡은 것처럼 중요한 일을 하는 존재가 아니었을까?

🌿 어모장군은 혹시 음매장군인가?

🪶 '음매~' 하고 울면 뿌듯했을 거야 그때는.

친구에게 〈삼달리본향당본풀이〉를 문화적 스토리로 정리
하여 다시 들려주었습니다.

김씨영감 같은 심방이 생각한
〈삼달리본향당본풀이〉

서울 황정승처럼 중요한 일을 하는 황소도 더이상 주인의 명을
따를 수 없을 만큼 중병에 걸리면 역적과 같은 처지가 된다. 그
러면 또 다른 일소를 길들여야 한다. 그것은 황소의 입상에서
는 황우(黃牛)의 피를 받아먹는 일이었다. 이는 백정이 고기소
를 도살하는 가운데 얻을 수 있는 일이 아니었다. 일소 길들이
기는 어린 소를 대상으로 해야만 한다.

어린 소 길들이기는 목에 줄을 걸고 코뚜레를 하는 일에서 시

213

작되었다. 코뚜레를 하기 시작하면서 예전의 소는 죽는 것이며 이제 늙은 황소를 대신하여 일을 하게 될 것이다. 한편 일에서 놓여난 늙은 황소는 비로소 원기를 회복하고 살아날 수 있었다. 하지만 아직 어린 소는 주인이 원하는 만큼 일을 할 수는 없었다. 역적으로 몰리지 않고 주인의 명대로 제 역할을 하기 위해서는 일정한 훈련이 필요하였다.

어린 소가 길들이기를 통하여 일소가 되는 과정은 장군이 되어 좌정하는 것과 같았다. 어린 소 길들이는 일은 소의 등에 멍에를 씌우고 그 멍에에 묶은 줄에 쟁기 대신 커다란 돌을 매달게 된다. 이 돌덩이를 '곰돌'이라고 한다. 무거운 돌이란 뜻의 '심돌(力돌)'과 같은 말이다. 어린 소는 힘 자랑하는 밭갈애비의 감독을 받으며 훈련을 이겨내야 한다. 종달리 소금밭과 시흥리 큰물머리까지 곰돌을 메고 오가는 과정을 반복하였다. 이 일은 팍팍하고 힘이 들었다.

곰돌 메는 훈련을 마치고 어린 소는 한라산 지경으로 방목되어 이곳저곳 일소가 해야 할 일을 경험하였다. 그런 후 정의골에 와서는 낙인(烙印)도 찍혔으며 주변 마을 여기저기 불려 다니며 일을 하게 되었다. 그러다 맨 마지막은 물이 있는 곳에서 물을 먹고 삼달리 마을, 자신의 터전으로 돌아온다. 어린 소는 이처럼 2~3년의 수련 기간을 거쳐 비로소 일소로서 제 역할을 다하게 된다.

일소에게 중요한 점은 김씨 영감처럼 아프지 말아야 한다. 만약 일소가 아프면 심방을 불러 제(祭)를 지내야 하고, 일소를 잘 받들고 모시면 부자가 될 수 있다. 일소는 현실적으로 많은 사람을 대신할 수 있는 능력이 있었고, 이 집 저 집 도움을 주어 가난을 구제하였다. 이 일은 김씨 영감 같은 심방을 매개로 하여 이루어졌다. 이 마을 사람들은 일소를 칭송하기 위해 신상(神像)을 모시고 대대손손 위하게 되었다. 특히 자손번성을 기원하는 밤나무 신상은 일소의 번성을 바라는 마음을 담고 있다.

〈삼달리본향당본풀이〉에 나타난 문화소도 정리하여 보여 드립니다.

〈삼달리본향당본풀이〉에 나타난 문화소

① 코뚜레 → ② 멍에 → ③ 곰돌 → ④ 써레질 → ⑤ 방목 →

⑥ 낙인(烙印) → ⑦ 물 먹이기 → ⑧ 병들지 않게 하기 →

⑨ 일소 나누기

농경문화에서 일소 만들기 질서는 비약적인 생산력 증대를 가져왔습니다. '그때-거기-그들'은 일소에 대한 질서를 신앙적 차원으로까지 확대하였지요. 공동체는 안정적인 농경문화를 확립하고 풍요를 전승하고자 했을 테니까요.

그런데 일소는 병이 들기도 하고 잃어버리기도 했지요. 그럴 때면 농민은 당에 찾아가 제를 올리며 기원을 드렸지요. 이 일대 쇠당에 남자들만이 다닌 이유이기도 하지요. 삼달리와 인접한 성읍2리의 〈윤남동산당〉에 전해지는 이야기 한 편을 들어보기로 합니다.

옛날 어떤 사람이 이 길을 지나다가 소나기를 만났다. 비를 피하려고 이 언덕 바위 밑에 몸을 웅크리고 있다가 심심해 지팡이로 흙을 짓이겼다. 그리고 그 흙을 갖고 인형을 만들었다. 그러는 사이에 비는 그치고, 그 사람은 그곳을 떠나며 인형을 그 자리에 놓고, 너는 여기 앉아 있으면서 말 타고 지나가는 사람 말 발을 절게 해서 얻어먹어라 말했다. 그 사람은 몇 년 후 그 앞을 다시 지나게 되는데 갑자기 말이 발을 절었다. 이상하게 여겨 인형을 찾아보았다. 이 사람은 인형을 들고 은공도 모르는 놈이라 하고는 부숴 버렸다. 그랬더니 그 인형의 몸속에서 붉은 피가 흘렀다고 한다. 그 일이 있고 나서 그 앞을 지날 때 말에서 내리지 않으면 말 발이 절고, 이 당 앞을 지날 때는 당신^(堂神)에게 돈을 바쳐야만 말이 무사하다.

윤남동산은 당신의 영험이 세기로 유명하여 조선 시대에는 목사^(牧使)도 이 당 앞을 지날 때는 말에서 내려 돈을 바치고 걸어갔다고 한다. 먼길 갈 때 도시락을 들고 가는 사람들도 이 당 앞에서는 도시락을 열어 음식을 조금 던져 주고 지나가야지, 만약 그대로 지나갔다가는 흉한 일을 당하게 된다고 믿고 있다.

이 당은 〈윤남동산쇠당〉이라고도 불리지요. 좌동렬의 〈전근대 제주 목축의례의 역사민속학적 연구〉에서 성읍리 마을 주민 김범주^(1937년생, 남) 님은 잃어버린 우마를 찾게 해 달라 빌었던 사례를 이렇게 말하고 있어요.

제물은 쌀밥과 술, 생선 굽고 (돈은 10원이나 100원을 갖고) 간다. 윤남동산당은 상단과 하단으로 되어 있는데 우선 상단에 음식을 올리고 절을 세 번 한 다음 다시 아랫단으로 음식을 내려놓고 절을 세 번 한다. 올린 음식을 조금씩 떼어 옆에 있는 궤에 넣고 돈은 돌트멍에 넣는다. 그리고 당에서 100보 떨어진 곳으로 걸어가서 잠을 자고 있으면 어디선가 까마귀가 날아와 음식을 먹고는 날아가는데 그 까마귀를 따라가면 잃어버린 우마를 찾을 수 있다.

지금 이곳을 지나는 사람들이 돈을 바치는 일은 없지만, 소를 잃어버린 사람들이 기원하는 의례는 1980년대까지도 이어졌다고 하네요. 이야기 중 '흙인형 속에서 붉은 피가 흘렀다.'라는 대목은 문화소를 함의하고 있다고 생각됩니다. 이 문화소 조각을 연결할 다른 단서가 없어 특성할 수 없으나, 잃어버린 소 모양을 흙으로 빚어 놓았던 것은 아닐까요?

실제로 소 주인들은 소의 특성을 머리부터 발끝까지 정확히 꿰차고 있었지요. 뿔에 붙여진 이름만 해도 '작박뿔, 우걱뿔, 만두뿔, 곧두뿔, 홰뿔' 등으로 다양했지요. 뿔의 모양과 쓸

모를 정확히 파악하여 길들이기 할 때도 활용한다고 하네요. 발의 이름도 '주먹발, 밀발, 돌발, 차돌발, 부싯돌발' 따위가 있고요. 경주 황남동 소형 고분군에서 신라의 것으로 추정되는 소 모양 토우 3기가 발굴된 적이 있는데 토우는 소 하나하나의 특징을 구체적으로 표현하고 있었대요. 토우는 지금은 한반도에서 사라진 '물소'의 흔적까지도 파악하게 해주었대요.

잃어버린 소의 모습을 흙으로 빚어 놓고 쇠당에서 의례를 드렸던 것은 아닐까요? 소를 찾으러 가는 마을 사람들이 정해진 시간이면 이곳으로 돌아와 중간 점검을 하지 않았을까요? 가지고 간 음식을 나누어 먹으며 향후 대책을 의논했겠지요. 길을 잃은 지 오래되어 헤매던 소가 쓰러지기라도 한다면 까마귀가 발견할 수도 있었을 것이고요. 그래서 쇠당은 '잃어버린 소를 찾는 베이스캠프'였다고 생각합니다. 신의 보살핌이 간절히 필요했던 공간이지요.

〈삼달리본향당본풀이〉의 문화코드인 '일소 만들기의 질서'는 〈세경본풀이〉 '정이으신정수남이' 서사에서도 확인할 수 있어요.

자청비는 정수남이가 자고 일어나 그 우악스러운 힘으로 달려들까 겁이 났다. 가까이에 있는 청미래덩굴을 잡아당겨 꺾었다. 그 가지를 정수남이의 왼쪽 귀로 찔러 오른쪽 귀로 빼내고, 오른쪽 귀로 찔러 왼쪽 귀로 빼내고, 정수남이는 버들렁거리다가 얼음 산에 눈녹듯 죽고 말았다.

위에서 인용한 대목은 자청비가 정수남이를 따라 산에 올라갔다가 정수남이를 죽이는 부분입니다. 이 대목에서 정이으신정수남이는 야생의 소에서 농우^(農牛)의 소로 바뀌지요. 정수남이의 왼쪽 귀로 찔러 오른쪽 귀로 빼내고, 오른쪽 귀로 찔러 왼쪽 귀로 빼내는 장면은 코뚜레, 고삐와 같은 줄을 꿰는 장면입니다. 정수남이는 버들렁거리다가 얼음 산에 눈 녹듯 죽고 마는데 결국 길들였다는 의미겠지요.

그 후 '정이으신 정수남이'의 이름은 '정수남이'로 바뀝니다. 그는 '편자를 박기 위해 정을 쓴 흔적이 없는' 존재에서 코뚜레를 하고 편자를 박은 '정수남이'로 거듭나는 것이지요. 이렇게 정수남이는 목축의 신격이 되는 것입니다.

🌾 한 가족이었겠어. 그 시대 황소는

🙏 냥이집사라는 말이 떠오르네.

🌾 농민들은 그 시대 황소집사였겠네?

🙏 그 어깨에 가족의 생계가 달렸으니… 얼마나 무거웠을까.

험한 길에 박힌 돌멩이와 '곰돌'이 부닥뜨릴 때마다 소리가 요란스러웠다. 이 소리의 단련도 훈련의 하나였다. 다시 빈 밭으로 가서 '곰돌'을 채우고 며칠 동안 길을 들였다. 그리고 쟁기를 채우고 밭갈이를 해 보았다. 처음에는 사람이 소를 끌었다. 고약한 놈은 쟁기를 끌지 않으려고 드러누웠다. 이런 놈에게는 화톳불에 달군 쇠토막을 엉덩이에 대어 육체적 고통을 가했다. 그래도 일어서지 않겠다는 놈에게는 끓는 물을 귓구멍에 부어 넣었다. 이쯤이면 어떤 소라도 벌떡 일어서고 말았다. 농우 만들기는 결코 간단하지 않았다.

고광민의 '소의 생활사'를 읽으며 황소가 지녔을 삶의 무게를 떠올려봅니다. 그러면 '황소집사' 같았을 아버지도 떠오릅니다. 이렇게 〈삼달리본향당본풀이〉를 문화소로 읽으면 목축문화와 더불어 무겁고 뜨거웠을 아버지와 황소의 삶을 다시 만나는 시간을 얻게 됩니다.

〈고내리당본풀이〉
바다 장군 맞이하기

설거지하는데 고내리 앞바당이 한눈에 들어옵니다. 설거지 하다 말고 '바멍' 한다는 친구의 포인트가 바로 여기군요. 작은 한라산 산책을 마치고 친구의 숙소로 왔어요. 마치 대학시절 제주도 한 바퀴 순례하고 숙소에 MT 하러 온 기분이네요. 지리산자락에 솟아나는 실핏줄 가지도 좋고, 강원도 감자밭 꽃물결도 좋았지만, 제주도 바당만은 못하더래요. 여름 성수기 제주 숙소는 너무 비싸요. 현관 열고 나가면 바당을 마당 삼고 싶었대요.

🖐 멀리서 바라볼 때가 더 아름다운 걸까?

🖐 집 구하기도 마땅치 않았지?

🖐 바당에서 물질도 안 해 보고, 마농 밭에 마농도 안 파 봤는데…….

🖐 모르는 게 약이다? 이제라도 하나씩 배우면 되지 않을까?

🖐 누가 고기라도 잡아다 주면 맛있게 조릴 수는 있는데…….

친구와 나는 식당, 서점, 펜션 등등을 세우고 헐다가 잠이 들었던 것 같아요. 이른 아침 50대 MT 생 둘은 고내 포구로 산책을 나갔습니다. 이른 아침이라 고내 포구는 한적하더군요. 포구에서 방파제 등대로 걸어 들어가는 시작점에 간판이 붙어 있어 읽어보았지요.

고내포구는 고내리 성창 이름이며 성장은 마을에 삭은 포구를 뜻하는데 과거 특별한 기계가 없을 때 정과 망치 등으로 쪼아서 작은 배들이 오고 갈 수 있도록 만든 것이 '성창'이라고 한다. 고내리 마을은 '요강터'라는 명칭도 갖고 있다. 이웃 마을 신엄리 경계지역인 강척고지에서 개구미에 이르는 바다 바닥이 마치

요강처럼 움푹 패어 있어 붙여진 이름이다. 요강터 안은 커다
란 자갈밭으로 이루어져 있어 그물을 칠 수가 없는 바다밭이다.

고내리 마을은 보통명사 '성창(船艙)'을 고유명사처럼 부르고
있네요. 바로 우리가 서서 바라보는 포구가 성창이에요. 마을
도 성창을 중심으로 형성되었지요. 포구 동쪽은 남당알코지,
서쪽은 자지릿여라고 부르지요. 성창 길 건너 남쪽으로 고내
봉을 마주한 집들이 반반씩 자리 잡아 마을을 이루고 있지요.
동쪽 귀퉁이 편의점 앞에 큰 바위 표석이 있어요. '우주물'이
라고 하네요. 예전에는 식수로도 쓰고 빨래터로도 사용했대
요. 지금은 개구리 연못처럼 작아져 버렸지만요.

고광민의 《제주도 포구 연구》에서 보았던 지명들이 남아
있지만, 왠지 생동감은 사라진 것 같아요. '남당'은 개인 소유
주택 곁에 자리해서 돌제단 흔적만 남았더군요. '상뒷원'은 보
수 공사를 했지만 고기 잡던 원으로 보이지 않고 마치 물놀이
시설 같았어요.

지난날 요강터는 황금어장이었다고 해요. 지금은 어선 서

너 척만 서 있었지요. 조금 있으면 포구의 한적함은 올레꾼의 소란함으로 채워지겠지요. 15코스를 끝낸 관광객들이 쉼 없이 들고 나는 곳이니까요.

아침 운동 중인 마을 어르신들이 시계를 보며 무언가를 기다리더군요. 7시경이면 밤새 조업한 한치잡이 배가 돌아온다고 하네요. 갯내음이 햇살 속으로 사라질 무렵 통통통 소리를 내며 한치배가 들어왔어요. 배는 곧장 수산 트럭으로 박스를 건네더군요. 동네 사람들에게는 검은 비닐에 담아 한치를 팔더군요. 우리도 얼른 한치 한 봉지를 샀어요.

돌아가는 이웃들의 풍경이 신기하더군요. 패랭이를 쓴 중년의 남자는 자전거를 타고, 뚱뚱한 아주머니는 네 발 오토바이를 타고, 반바지 차림의 노인은 커다란 승용차를 타고 포구를 빠져나갑니다. 우리는 천천히 걸어서 포구를 나왔고요. 인시부터 현대까지 마치 탈것의 현장 박물관에 서 있는 느낌이 들었지요.

숙소로 가려고 남쪽으로 방향을 잡습니다. 마을회에서는 포구와 도로를 정비할 때 정자를 만들었다고 해요. 정자에는

어르신들이 나와 앉아 있더군요. 사람 구경, 바당 구경 나왔
노라 했어요. 정자터는 원래 방사탑이 있던 자리예요. 지금은
바닷가로 방사탑을 이전하고 그 자리에 사람들의 쉼터를 만
들었지요. 그 정자 계단에 서서 네 시 방향으로 몸을 돌리면
돌담에 둘려있는 낮은 집을 발견하게 됩니다.

바로 〈고내리본향당〉이에요. 쇠로 만든 대문에 자물쇠가
걸려 있었어요. 대문 왼쪽 돌기둥에는 〈1971년 1월 19일 준
공〉이라고 새겨 있고요. 문틈으로 보니 여름 풀이 무성한 마
당 왼편으로 시멘트 제단도 보입니다. 낮은 슬레이트 지붕의
당집은 안을 볼 수 없어 안타까웠지요. 집으로 돌아오면서 친
구에게 〈고내리당본풀이〉를 풀어냈습니다.

옛날 옛적 탐라 때에 제주도가 축산과 각종 생산이 좋다고 하
였다. 대국 천자국에서 김통정을 제주로 보내고 상태를 알아
오라 하였다. (김통정이) 제주에 와서 보니 모든 생산이 탐이
나 제주도를 자기가 먹기로 하였다. 애월면 항바두리 토성으로
만리를 끼고 쇠문을 달았다. 백성에게는 재 닷 되와 빗자루 한

자루를 할당하여 준비하였다. 사고 당시에 재는 성 위에 깔고 빗자루는 말꼬리에 달아 말을 타고 만리성을 뛰었다. 이때 불재가 불려 제주 섬 중을 감춰지게 하였다.

김통정을 기다려도 아니 오니 대국 천자국에서 황서 을서 병서 삼장수를 제주로 보내었다. (삼장수는) 항바두리 김통정을 잡으려고 만리성을 주야로 돌아도 성안에 못 들어가고 있을 때, 어떤 여자아이가 삼장수가 어리석기 짝이 없구나. 무쇠문에 석 달 열흘 불을 살라 무쇠문이 부서지면 김통정일 포착협서 하였다. 삼장수는 석 달 열흘 무쇠문에 불을 질러 무쇠문이 녹아갔다.

(김통정은) 하는 수 없이 아기 가진 자기 처자 다리를 찢어 죽여두고 무쇠방석을 물마루 관탈곳을 향하여 던졌다. 무쇠방석이 물 위에 떴다. 김통정이 그 무쇠방석에 올라앉았을 배 횡시님은 새 몸으로 변하여 김통정 대가리에 앉아 괴롭혔다. 을서님은 새우 몸으로 변하여 김통정이 앉은 자리를 괴롭히니, 김통정 모가지가 흔들흔들. 모가지 비늘이 벌어질 때 병서님은 은장도로 모가지를 베어 김통정일 잡았다. 삼장수는 김통정 모

가지를 상관에게 바쳤다.

한편 용왕국 별공주따님아기는 부모에게 불효하여 귀양 오니 여기 고내봉 북쪽 만년 폭낭 그늘에 와 좌정하였다. 삼장수는 이 별공주따님아기 고운 얼굴에 미쳐서 여기 찾아왔노라며 자리를 차지하였다. 삼장수가 고내리 이민 일동 남녀노소 차지하고 나무와 물을 차지하고 토지관이 되었다. 이 토지관에 제를 지낼 땐 정월 초하루, 팔월 보름 일 년에 두 번 제를 지낸다.

그런데 이 본향당에 자손이 잘못한 일이 조금 있었다. 본향제를 지내는 날에 고내리 사는 얼굴 좋고 어훈 좋고 완력 좋던 세칫영감이 발레바지에 두용다리모자 둘러쓰고 바당에 고기 낚으러 다녀오다가 굿하는 걸 보았다. 마을 토지관이 자손을 괴롭게 군다고, 붕애눈 부릅뜨고 삼각수 거스리고 청동같은 팔때기 내혼들며 토지관이 별한 거냐? 내가 먼저 앉을 테니 어서 가져오라 어훈하였다. 그런 후에는 세칫영감 상을 따로 놓고 축원한다. 축원을 잘못하면 자손에 악화가 있고 축원을 잘하면 자손에 악화를 면해준다. 제일 1월 1일, 8월 15일

🌿 어부로 보이는 세칫영감이 큰소리치며 상을 받는 장면이 참
    이상해.

🙏 김통정 장군이 우리가 아는 장군이 아니라 다른 의미가 아
    니었을까?

〈고내리당본풀이〉의 신화세계는 삼장수와 김통정 장군의
대립으로 구조화되어 있습니다. 이야기는 역사적 인물 김통
정과 관련된 것처럼 엮이며 완성되지요. '김통정이 제주로 내
려왔다. 항파두리성을 쌓고 재와 빗자루를 이용하여 성을 방
어하며 여몽연합군에 맞섰다. 하지만 아기업게가 성안으로
들어가는 방법을 알려주는 바람에 성문이 열렸다. 김통정 장
군은 최후를 맞이해 도망가다 죽었다.'라는 이야기는 제주에
널리 알려져 있습니다.

그런데 본풀이에서는 김통정의 죽음이 특이하게 전개됩니
다. '성문이 열리자 김통정은 관탈곶에 던져진 무쇠방석에 올
라앉았다. 이때 황서님은 새 몸으로 변하여 김통정을 괴롭히
고, 을서님은 새우 몸으로 변하여 김통정을 괴롭히고, 병서님

은 은장도로 목을 베어 김통정을 잡았다.' 이런 이야기 조각이 선택되고 연결된 이유는 무엇일까요?

먼저 김통정이 뜻하는 바를 파악해야 합니다. 본풀이에 등장하는 김통정은 역사적 인물이거나, 비유적 인물이거나 둘 중 하나겠지요? 겉으로 드러난 이야기를 따로따로 무심히 보면 역사적 인물 김통정으로 보입니다. 하지만 문맥 하나하나의 숨은 의미를 연결해 보면 역사적 인물이 아닐 가능성이 높습니다.

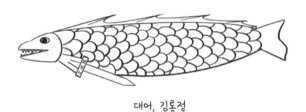

대어, 김통정

'모가지 비늘이 벌어진 김통정'은 어떤 의미일까요? 비늘이 있는 김통정은 두 가지 의미를 가집니다. 먼저, 김통정을 사람으로 고정하면 비늘은 갑옷의 의미가 되지요. 다시 말해 갑

옷을 입은 김통정 장군을 표현하는 말이 됩니다.

다음은 비늘의 의미를 고정해 보도록 하겠습니다. 이때 김통정은 비늘이 있는 큰 우두머리가 됩니다. 즉, 비늘이 있는 큰 물고기, 대어$^{(大漁)}$와 같은 의미로 확장되는 것이지요. 김통정이 역사적 인물이 아니라는 가설이 맞으면 김통정은 '비늘이 있는 큰 물고기'로 해석할 수 있습니다.

계속해서 김통정이 실존 인물이 아님을 알려주는 대목을 찾아보겠습니다. 김통정이 제주도에 오는 과정은 '대국 천자국에서 김통정을 제주로 보내고 상태를 알아서 오라고 하였다.'로 나타나지요. 역사적으로 보면 김통정과 삼별초는 여몽 연합군에 반기를 들어 제주로 왔습니다. 김통정이 대국천자국에서 보내어 왔다고 기술하는 것은 다른 의미를 드러내려는 뜻이 아닐까요? 대국천자국은 제주에서 먼 곳, 중국과 같은 넓은 세상을 뜻합니다. 앞서 해석한 대어$^{(大漁)}$와 결합하면 '먼 곳에서 오는 이동성 대어류'로 해석할 수 있습니다.

이동성 대어류가 어디에서 왔고 어디로 가는지 '그때-거기-그들'은 정확하게 알지는 못했겠지요. 특정한 시기가 되면 돌아온다는 사실과 어떻게 움직이는지를 경험적으로 알았을 겁니다. 그때 이런 대어를 낚는다면 생활에 큰 도움이 되었을 겁니다. '그때-거기-그들'은 모두 대어를 낚는 일에 성공하고 싶었겠지요. 또한 성공했던 사람들은 입에서 입으로 이 기술을 전수하려 했을 겁니다. 이 기술은 혼자서는 성공하기 힘들었을 테니까요.

이동성 대어^(大漁)인 김통정은 어떻게 잡을 수 있을까요? 본풀이에 나타난 과정을 순서대로 정리해 보도록 할게요.

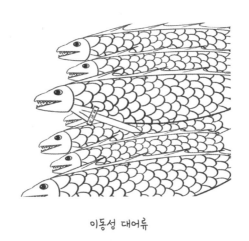

이동성 대어류

① 하는 수 없이 아기 가진 자기 처자 다리를 찢어 죽여두고

   (낚시바늘 두 갈래마다 미끼를 매달고)

② 무쇠방석을 관탈곶을 향해 던졌더니

   (무쇠방석 같이 둥그렇게 둘러맨 주낙줄을 던지니)

③ (김통정이) 무쇠방석에 올라앉으니

   (대어가 주낙에 걸려드니)

④ (황서님이) 새 몸으로 변하여 김통정 대강이를 괴롭히고

   (낚싯줄이 새처럼 당겨지며 대어를 괴롭히고)

⑤ (을서님이) 새우 몸으로 변하여 김통정이 앉은 자리를 괴롭
   히니

   (새우 같은 낚싯바늘이 모가지를 잡아당기고)

⑥ 모가지가 흔들흔들, 모가지 비늘이 들러질 때

   (대어의 목이 벌어질 때)

⑦ (병서님이) 은장도로 모가지를 비어 잡았다.

   (낚시칼로 베어내듯 잡아당겼다.)

일곱 개의 장면은 어부가 고기를 잡는 과정입니다. 우선 김

통정이 아기 가진 자기 처의 다리를 찢었다고 표현한 이유를 알 수 있어요. 물고기 미끼를 양쪽 다리에 끼웠다는 의미지요. 황서, 을서, 병서는 고기잡이하는 어구(漁具)라는 것도 드러납니다. '낚싯줄-낚싯바늘-낚시칼' 순서 입니다. '그때-거기-그들'에게 바다는 전쟁터였고, 고기잡이의 순간은 전쟁과 같았을 겁니다. 이제 김통정과 삼장수가 싸우는 이유가 드러난 셈입니다.

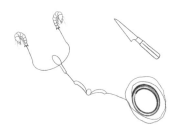

낚싯줄-낚싯바늘-낚시칼,
황서-을서-병서-산장수

시간이 흘러 〈고내리당본풀이〉는 '이 본향당에 자손이 잘못한 일이 조금 있었다.'라고 말하고 있어요. 어부(漁夫)는 삼장수를 토지관으로 모신 점에 문제를 제기하고 자신이 먼저 상을 받겠다고 합니다. 이제는 세 가지 어구(漁具)가 널리 일반화되고 보급되기 시작한 것이지요. 어업의 질서에서 중요한 것은 '황서-을서-병서'와 같은 어구가 아니라 어부(漁夫)임을 인식하기 시작한 것입니다. 그리하여 본향제에서 어부를 위한 상을 차리는 질서가 추가된 것입니다.

아직 해석하지 않은 앞의 내용도 살펴보기로 하지요. '제주도를 자기가 먹기로 하고 성을 쌓고 쇠문을 달아 불 재로 제주 섬 중을 감춰지게 하였다.'라는 말이 나옵니다. 역사적 인물 김통정으로 '제주 섬 중을 감춰지게' 하는 이유를 찾으면, 여몽연합군을 물리치고 제주도를 차지한다는 의미로 해석할 수 있지요.

이번엔 김통정이 대어(大漁)라 전제하고 해석해볼까요? '제주도를 먹을 목적으로'는 '옛날 옛적이 탐라 때에 제주도가 축산과 각종 생산이 좋다고 하니'와 결합하면서 이동성 어류인 대어가 제주연근해에 풍부한 먹이를 잡아먹는 장면으로 연결됩니다. 대어가 떼를 지어 이동하면 마치 바닷속이 감춰질 정도가 되는 것이지요.

다음 규명해야 하는 것은 '성안'이 어디인가입니다. 역사로 김통정을 읽으면 성안은 항파두리성이지만, 대어(大漁)로 읽으면 깊은 바닷속을 가리킵니다. '쐬문을 달고'의 역사적 의미가 항파두리성에 쇠문을 달았다는 말이라면, 문화적 의미는 대어(大漁)가 있는 깊은 바다는 쇠문을 달고 있다고 해석할 수 있어요. 그런데 대어(大漁)의 관점에서는 쇠문을 다는 것이며, 어업의 관점에서는 바다로 들어가기 위한 쇠, 봉돌 같은 낚시 도구를 다는 것을 말하지요.

다음은 대어를 잡으러 바닷속으로 들어가는 과정이 나옵니다. '김통정인 하는 수 없이'는 김통정도 어쩔 수 없게 한다는 말로 대어를 꼼짝 못 하게 만들었다는 의미가 됩니다. 그리고 김통정은 무쇠방석에 올라앉습니다. 대어(大漁)가 방석처럼 감긴 주낙줄이 던져질 때 거기에 걸려들었다는 뜻이지요. 대어(大漁)는 결국 낚싯줄과 낚싯바늘과 낚시칼의 협동 작전에 걸려 잡히고 맙니다. 승리한 '황서-을서-병서' 세 가지 어구는 용왕국 별공주따님애기를 맞이하여 고내리당에 좌정합니다.

토지관이 된다는 것은 신(神)으로 모셔졌다는 말입니다. 신이 되었다는 것은 대어(大漁)를 잡는 어구에 관한 문화질서가 확립되고 있음을 의미합니다. 이제 공동체는 어업으로 바다 전쟁에서 승리하기 위하여 새로운 문화를 하나씩 만들어나갈 것입니다.

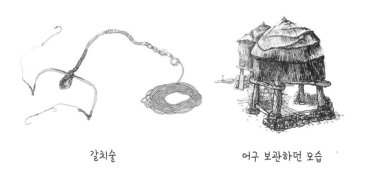

갈치술   어구 보관하던 모습

왼쪽 그림은 갈치 낚을 때 쓰던 갈치술입니다. 오른쪽 그림은 제주 100년을 사진으로 돌아보는 전시회 자료 중 '금령리 해안의 어구 보관'이라는 제목이 붙은 사진을 간략하게 그린 것이고요. 이 사진에는 다음과 같은 설명이 붙어 있어요.

바닷가에 나무로 사귀에 기둥을 세워 소위 상자리를 만들어 놓고 그 위에 그물 등 어구의 가리를 쌓아 놓았다. 상자리 위에 어구를 쌓은 것은 습기로부터 보호하기 위함이다.

지금에야 흔한 낚시 도구이며 어업 물자이지만 그 당시 처음 이러한 낚시 도구를 접한 공동체에게는 매우 선진적인 어구이자 어로 기법이었을 겁니다. 갈치술을 가만히 들여다보면 무쇠방석, 새의 몸, 새우의 몸이 그려집니다. '그때-거기-그들'은 본풀이를 통해 어구를 공동으로 관리하는 질서를 전승하고자 했지요. 이것이 곧 공동체에게 풍요로움을 가져다 줄 것이라 믿었기 때문입니다.

또한 상자리 위에 소중하게 보관된 어구가 신격을 가지고 있다고 믿는 공동체는 전쟁터와 같은 바다에서 살아남을 수 있었겠지요. 예전 〈고내리본향당〉도 그림과 비슷한 모습을 하고 있지 않았을까요? 세월이 흘러 집을 지었고, 제단을 만들었겠지요.

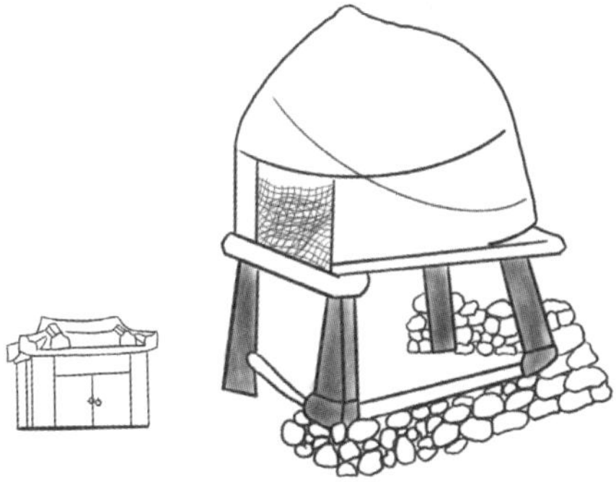

고내리본향당은 이런 모습이었을까?

집으로 돌아와 〈고내리본향당〉을 직접 열어보지 못한 아쉬움을 달래며 인터넷에서 자료를 찾아보았습니다.

> 마당 왼편 제단은 본향당을 조성해 준 일본 교포들의 명단이 새겨진 비석과 제단이다. 당집 안은 시멘트로 된 2층 제단이 있고, 제단 위에 본향지신위(本鄕之神位)라는 위패가 있다. 바닥은 비닐장판으로 깔아 놓았고, 그 벽에는 당집을 지을 때 성금을 내놓은 명단이 액자로 걸려 있다. 당집은 1993년에 새로 지은 것이다.

🖐 삼별초를 부정적으로 보는 제주 사람들의 시선이 반영된 이 야기인 거야?

🙏 긍정이냐, 부정이냐보다는 '큰 장군' 하면 김통정이 딱 떠올 랐던 것 아닐까?

🖐 장군이 거느린 수많은 군졸이 사실은 고기떼일 수도 있구 나?

🙏 물론이야. 그렇게 해석하면 모든 맥락이 자연스럽게 연결되 는 거지.

　지금까지 대화를 바탕으로 〈고내리당본풀이〉에 나타난 문 화소를 정리해 보려 합니다.

〈고내리당본풀이〉에 나타난 문화소

① 이동성 대어류의 도래 ⟶ ② 봉돌과 어구 준비 ⟶

③ 주낙줄과 낚싯바늘, 낚싯줄, 낚시칼을 이용한 고기잡이 ⟶

④ 어구의 공동 관리 ⟶ ⑤ 어부를 수호하는 신앙의 추가 전승

청년 여섯이 바닷가 돌멩이 밭에서 그물로 고기를 잡고 있다. 이런 곳에서 고기를 잡는 자그마한 그물을 두고 '머르칠그물'이라고 한다. 크고 작은 돌멩이가 수북하게 쌓인 모양을 '머흘'이라고 하니, '머르칠그물'은 그런 자리에 치는 그물이라는 말이다. 여름 안팎으로 썰물 때 돌멩이가 수북한 갯가에서 그물을 빙 두를 만큼 돌을 치우고, 바닷물이 빠져나가는 쪽으로 그물을 친다. 그 후에 그물 안쪽에 있는 돌을 치운다. 힘이 부치는 커다란 돌멩이는 놔둬 버린다. 그물 속에 갇힌 고기들은 큰 돌멩이 밑으로 숨으려 애쓴다. 큰 돌멩이 밑으로 '궷낭'이라고 하는 아카시아나무 막대를 질러 흔들어댄다. 그 밑에 숨었던 고기는 밖으로 내빼려다 그물에 걸린다. 이런 그물로 잡는 고기는 우럭, 볼락, 장어 등이다. 우럭과 볼락은 그물에 잘 걸리나, 장어는 그렇지 않다. 그물 안에 갇힌 장어는 작살로 찔러 잡는다.

돌 틈에 친 머르칠그물

고광민은 《어구》에서 '머르칠그물'은 화산섬 바다의 악조건을 역이용하여 만든 그물이라고 했습니다. 이렇게 갯가에서 고기를 잡을 때도 청년 여럿이 힘을 모아야 했지요. 자연적·인공적 도구를 동원하는 것은 물론 물고기를 이기려면 꾀를 내어야 했어요. 바다밭에서 열매를 얻는 일은 그냥 주어지지 않았거든요. 바다는 전쟁터였으며 어로 활동은 전쟁에서 승리했을 때라야 수확물을 가져다주었지요.

김통정이 대어(大漁)라는 해석에 고개를 갸우뚱거리게 된다면 다른 지방의 어업 질서에 관한 이야기도 들어보기로 할까요.

서해안 연평도 부근에는 조기잡이와 관련된 임경업 장군 이야기가 널리 전승됩니다. 이영수의 〈인천지역 임경업 장군 설화 연구〉를 토대로 몇 가지 이야기를 살펴보려 합니다.

임경업 장군이 병사들을 거느리고 연평도로 건너갈 때 병사들이 굶주리고 지쳐서 더이상 나갈 수가 없게 되자 무도의 땜슴에서 임경업 장군은 병사들을 시켜 산에 가서 뽀루스나무(일종의 가시나무)를 꺾어 오게 한 후 골(물골)에다 이 뽀루스나무를 세

위 놓고 임경업 장군이 손수 주문을 외우니까 조기들이 이 가시나무에 하얗게 걸려들어 그 고기를 먹어서 땜슴이란 곳을 건너갔다. 그 이후로 뱃사람들은 임경업 장군을 숭배하면서 옹진군 내 각 섬마다 임경업 장군의 당을 짓고 임장군을 섬겼으며, 모든 배에서도 임장군을 섬겼는데 이때부터 '배연신굿'이 시작되었다고 한다.

조기잡이 어로 기술을 보급한 임경업 장군에 관한 이야기입니다. 서해안에서는 조기잡이 할 때 흔히 '살을 맨다'라 하지요. 어살은 물속에 나무를 세워 물고기가 들어가면 빠져나오지 못하게 하는 나무 울타리를 말해요. 가시나무 계통의 나무를 갯가에 박아 두면 물이 나갈 때 고기가 허옇게 걸렸다고 하네요.

역사에서 만나는 임경업 장군은 병자호란 당시 천하에 이름을 떨치고 친명배청의 기개를 굽히지 않은 장군이지요. 그런데 백성들은 그것보다는 조기잡이를 알려준 대목에 주목하고 있어요. 어떤 이야기는 '임경업이 오기 전까지는 조기가 나는 줄도 몰랐다.'라는 말이 추가되어 있기도 합니다. 그만큼 임경업과 조기는 백성의 이야기에서 짝을 이루고 있습니다.

임장군이 알려주었다는 어로 기술의 핵심은 무엇일까요. 이야기는 '골과 뽀루스나무'가 중요하다고 구체적으로 알려주고 있어요. 물골은 물이 고이기도 하고, 물이 흘러가기도 하는 곳이죠. 그곳을 어항 삼아 빽빽이 나무살을 치면 밀물에 놀던 고기가 썰물에 갇히게 되지요.

서해안 곳곳에는 '골과 나무'에 관한 지명 유래담이 전해지고 있어요.

임경업 장군께서 1640년(인조 18년) 봄 주선 상장이 되어 명나라를 공격하러 갈 때라고 전하는데 그는 자월도를 경유하게 되었는데 이때 자월도민이 임장군을 위해 어여쁜 여자 8녕을 곱게 단장하고 포구에 나란히 서서 환영하였다고 전해지고 있다. 그래서 이곳을 팔선녀 뿌리라고 부르고 있다.

팔선녀 뿌리를 여덟 개의 기둥으로 만든 나무 살로 읽으면 어떨까요? 뿌리라는 말은 나무와 연결될 수 있으니까요. 백성들은 전쟁 중인 장군을 환영하기 위해 여자들이 곱게 단장하고 서 있었다는 역사적 사실보다는, 자신들에게 도움을 주는 정보를 전하고 싶었을 겁니다. 백성들은 그런 이야기를 좋아했고 후손에게도 꼭 전해주고 싶었을 테니까요.

이번엔 '골'의 이미지가 임장군의 죽음과 연결된 이야기를 살펴보려 합니다.

> 김자점은 임경업을 죽이기 위해 두 번씩이나 함정을 판다. 첫 번째 함정에 빠졌을 때는 그렇게 좋던 날이 벼락같이 천둥번개하고 비가 쏟아져서 물이 넘치는 바람에 함정에서 빠져나온다. 두 번째는 하인이 소로로 가자고 하는데, 군자는 대로행이라며 큰길로 갔다가 이번에는 더 깊게 파놓은 함정에 빠져서 결국 죽고 만다.

역적의 누명을 쓰고 죽은 역사적 사실을 나타내기 위해 '함정'이라는 말을 썼을 수도 있지요. 하지만 백성들은 그의 비극적 죽음을 꼭 기억해야 할 이유가 있었을까요? 혹시 '함정'이라는 말이 어로^(漁撈) 기술과 관련된 정보는 아니었을까요? 그렇다면 함정은 곧 어살을 의미할 수도 있지요.

연평도 사람들은 조기잡이 하러 가기 전 임장군이 현몽하면 만선한다고 말하곤 하지요. 한창 조기잡이 성수기 때 연평도에는 삼천여 척이나 되는 배들이 몰려들었다고 합니다. 조기가 많아서 '물 반 조기 반'이었다지만 그만큼 경쟁도 치열했을 테지요. 마치 전쟁터처럼 말입니다. 임경업이 꿈에 나타나는 일이 곧 풍어라면, 연평도 사람들은 임경업을 다른 의미로 쓰고 읽었던 것은 아닐까요?

한편, 여성 신격인 해신^(海神)은 거인으로 등장합니다. 대표적인 해양 여신^(女神)으로 수성당의 '개양할미'가 있어요. 수성당은 서해안 변산반도 끄트머리 기암절벽에 있습니다.

① 수성할미는 먼 옛날 당굴에서 나와 딸을 여덟 명을 낳아서 칠산바다 주변에 있는 당집에 나누어 주고 자기는 막내딸만 데리고 이곳 수성당에 살면서 칠산바다를 총괄하고 있었다고 한

다. 그녀는 신비한 능력을 갖춘 존재로 키가 커서 굽나막신을 신고 칠산바다를 걸어 다니면서 깊은 곳은 메우고 물결이 거센 곳은 잠재우며 다녔다고 한다.

② 수성당 할머니가 반월리까지 바다 위를 걸어서 갔는데, 바닷물이 고작 발등 위에 조금 올라올 정도로 장대하니 키가 컸다. 반월리는 자연산 굴이 많이 나오고 자연산 돌김이 많이 채취되는 곳이다. 그래서 그곳에 간 것 같다. 당할머니가 돌아올 때에도 바다를 걸어서 왔다.

③ 수성당 할머니는 막둥이를 보듬고 있었고 다른 일곱 명의 딸들은 시침을 재고 할머니는 자를 재고 있었다. 팔선녀가 있었는데 막내딸을 안고 있었다. 막내딸이니까 조그마하였다. 딸들은 바느질을 하고 있었다. 딸들은 옆으로 앉아 있고 긴 댕기를 딴 모습을 하고 있었다. 오메는 하얀 옷을 입고 있었고, 키가 우뚝하니 솟아 앉았는데, 딸들은 얼룩덜룩하니 색깔이 곱다. 빨강 노랑색도 있다. 몸도 크고 우뚝하니 앉아 있다. 머리

는 또가리를 튼 모습이었다.

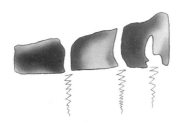

자연이 만들어준 어장, 개양할미와 딸들

송화섭은 개양할미 설화를 채록 보고하며 '왜 개양할미와 그녀의 딸들이 옷을 깁는 모습으로 표현되었을까?' 궁금하다고 하였지요. 그림에 드러나듯 개양할미의 모습은 '골'의 이미지입니다. 골을 중심으로 세우는 막대, 어살은 구멍이 나지 않게 촘촘히 세워야 합니다. 개양할미와 그 딸들은 옷의 구멍을 깁듯이 '나무살' 또는 '그물살'의 구멍을 촘촘히 메우고 있었던 것은 아닐까요?

바닷가 백성들에게 바다밭은 생존공간이었고, 어로 기술은 생존의 도구였습니다. 물자와 기술 부족으로 어로 형태를 향상하는 일은 쉽지 않았을 테지만, 어업 공동체는 끊임없이 어로 기술을 개발하고 실험했을 겁니다. 바다는 전쟁터였고, 전쟁에서 살아남아야 했으니까요. '그때-거기-그들'은 임경업 장군, 김통정 장군과 같은 바다 장군을 맞이하는 마음으로 바다로 나갔을 겁니다. 승리를 다짐하면서 말입니다.

대어뿐만 아니라 멸치잡이에서도 어업 공동체는 전략과 전술로 멸치 떼를 이겨내었답니다. 처음에는 조수의 차이를 이용하여 원담에서 멸치잡이를 했지요. 그러다가 멸치잡이 기술은 진일보하여 방진 그물 어로가 개발됩니다. 거대한 그물을 이용하여 인공적으로 멸치 떼를 가둬 놓고 잡는 것이지요. 30명이 한 조(組)를 이루어 작전을 수행하듯 멸치잡이를 하는 겁니다. 멸치 떼들이 해당 어장에 몰려왔을 때 방진망을 쳐서 가둬두기 전에 어장을 확인하는 일이 무엇보다 중요하지요. 이를 위하여 두 척의 낚시 거룻배가 먼저 출선합니다. 이를 '멜당선'이라 하지요.

이 두 척의 배에는 멸치 어장에 대한 식견과 판단이 뛰어난 사람 서너 명이 승선하지요. 당선에서 멸치 떼가 몰려온 것이

확인되면 당선 한 척은 뭍으로 연락을 취하고, 한 척은 그 위치에 남아 멸치 떼의 행방을 계속 주시하지요. 연락을 받은 그물접 계원들은 각자가 할 몫에 따라 여러 배에 나눠 타고 멸치 떼가 몰려온 어장으로 나갑니다. 당선의 우두머리는 양진(兩陣)으로 나눠 작업이 끝날 때까지 총지휘하지요.

엉헤야 뒤헤야, 멜후리는 중

🖐 멜들었져~ 하는 소리 나면 어머니가 대구덕 늘고 뛰여싰 있지.

🖐 마을 전체가 축제로 변하는 시간이었어.

🖐 함께 하면 바다도, 장군도 두렵지 않았을 것 같아.

🖐 집집마다 멜국 끓이고 멜젓 담그곡.

🖐 멜젓 냄새가 지금도 나는 것 같다.

치유의 길

〈지장본풀이〉 새가 날자 병이 떨어져

〈지장본풀이〉
새가 날자 병이 떨어져

"그 먼 데까지?" 제주시에 사는 누군가가 서귀포시에 가자고 할 때 이런 반응을 보이면 그는 아마 제주도 토박이일 겁니다. 제주 사람들은 이웃 마을도 멀게 느껴 잘 가지 않았다고 하니까요. 동서남북 곳곳을 누비며 다니는 이주민들과는 거리 개념이 좀 다른 것 같아요.

제 친구도 고내리에서 하도리가 얼마나 먼지 잊어버렸나 봅니다. 기어이 토끼섬 앞바다를 찾아가자고 하네요. 《해녀들의 섬》이라는 책을 감명 깊게 읽었대요. 친구는 거기에 나오는 지역을 다 돌아보고 싶다고 합니다.

하도리, 저도 참 좋아하는 곳이지요. 친구를 위해 기꺼이 길을 나섰지만, 그래도 고내리에서 하도리까지는 역시 참 멀군요. 친구는 바다 구경에 넋을 놓고 있을 따름입니다.

🐚 동쪽 바당하고 서쪽 바당은 느낌이 다른 거 같아.

🐚 두 곳을 모두 보아야만 느낄 수 있는 거 아닐까?

🐚 옛날에는 한동네에서 궨당들끼리만 살았다는데 불편하지 않았을까?

🐚 그러게. 19세기 말까지도 같은 마을 처녀총각이 결혼하는 비율이 40%가 넘었다는 기록이 있더라.

🐚 우리 어머니 아버지도 그랬어.

🐚 할머니가 일찍 돌아가셨다고 했지?

🐚 응. 친정어머니가 안 계셔서 기죽고 살았다 하셨지.

🐚 제주도는 동네 어른들이 다 삼춘이잖아?

🐚 맞아. 집에 숟가락 몇 개인지도 다 아는 사이라, 그 의지로 사셨대.

🐚 그러니 동네 밖에 나갈 일도 없었을 거 같긴 해.

살면서 깨닫게 되지요. 어리고 젊었을 때는 도저히 이해가 안 되던 부모의 모습을 나이가 이해시켜준다는 것을. 어느 날 문득 나 자신에게서 부모의 복사본 같은 모습을 발견하지요. 나의 자식들이 오늘의 나를 닮겠구나. 가족은 하늘이 정해주는 울타리겠지요. 살면서 닮아가고요. 이런저런 이야기가 파도처럼 넘실넘실 왔다 갔다 합니다. 어느덧 하도리 바닷가 앞입니다.

이른 시간에 출발했는데도 바다는 이미 사람들로 북적이는군요. 우리는 철새도래지 방향으로 걸음을 옮깁니다. 조류 인플루엔자 AI를 관리하는 곳이라 평소에는 들어가기 쉽지 않은 곳이지요. 특히 겨울철에는 방역복을 입은 검사관이 창흥동 입구를 지키지요. 오늘은 문주란 꽃이 하얗게 피어 화단에 서 있습니다. 왠지 청정지역에 몰래 들어가는 느낌이군요. 조용히 잘 다녀오겠습니다.

예전 창흥동에서 바라보는 지미봉은 마치 섬처럼 떠 있었다고 합니다. 이 일대는 바닷물이 들어와 배가 들고나던 선착장이었지요. 선착장 주변으로는 곳곳에 용천수와 봉천수가 있었고요. 1959년 제방을 쌓으면서 서서히 바다 호수처럼 변해

갔다고 해요. 창흥동에서 출발하여 습지를 끼고 지미봉 둘레를 한 바퀴 걷다 보면 물이 솟아났던 흔적을 여러 곳 발견할 수 있지요. 사람들은 이 일대 용천수를 탕탕물, 펄갯물, 서느렁물이라 했대요. 탕탕 소리 내며 솟아나는 물, 펄 바닷가에서 솟아나는 물, 서늘하게 솟아나는 물을 가리키는 이름일 테지요.

솟아나는 물 용천수

이렇게 담수와 해수가 교차하는 염습지는 철새들에게 좋은 먹이와 좋은 물을 제공해 주었지요. 이곳에는 매년 3,000에서 5,000마리 정도의 새가 찾아온답니다. 번식도 하고, 중간 정거장으로 잠시 머물다 가기도 합니다. 우리는 조용조용 걸었지요. 여름철 번식기에는 더 주의를 기울여야 한다고 안내판에 적혀 있었거든요.

갈대숲 사이로 백로 같은 새들이 점점이 보이네요. 한 가족일까요? 작은 새가 한 마리 돌다리에 위에 앉아 있더군요. 길가 솔숲에도 새들이 이 나무 저 나무 날아다닙니다. 아, 산새와 물새가 동무 되어 살아가는 곳이군요. 동시에 우리는 박목월의 시 한 구절을 떠올렸지요.

　　　물새는 물새라서/ 바닷가 모래밭에 알을 낳는다/ 보얗게 하얀
　　　물새알// 산새는 산새라서/ 수풀 둥지 안에 알을 낳는다/ 알락
　　　알락 얼룩진 산새알//

위험해 보이는 산새와 물새

시가 한 편 다 끝나기도 전에 물새와 산새의 집이 위험해지
고 있다는 생각이 듭니다.

🕊 물새는 물새의 집에서, 산새는 산새의 집에서 살아가는 게
  순리인데.

🐾 습지에도 먹이가 없어서 새들이 갈 곳이 없대.

🕊 나무도 베어내기만 하니 산새들도 갈 곳이 없고.

🐾 새들만의 문제가 아니야. 우리도 마스크 쓰고 불안에 떨며
  살고 있잖아.

🕊 그렇지. 그나마 올여름엔 야외에서라도 마스크를 벗었지만.

🐾 사스, 에볼라, 신종플루, 메르스에 이어 코로나까지 너무 강
  력하지 않아?

🕊 어쩌면 예견된 일이 아닐까!

🐾 동물들도 너무 불쌍해. 살처분당하는 오리나 돼지 떼가 뉴
  스에 나오면 못 보겠더라.

🕊 내 사촌동생은 수의사 공무원이었는데 구제역으로 살처분
  하는 현장에서 한 달가량 일하더니 퇴직했어.

그랬구나. 동물이 좋아서 수의사가 됐는데. 생매장하는 걸 계속 봐야 하니.

너 혹시 최재천의 '철새들을 위한 변호' 라는 기사 읽었어?

아, 철새의 분변에서 조류 인플루엔자 바이러스가 검출되었다는 연구 결과가 전염병이 곧 철새의 책임을 의미하는 것이 아니라고 한 거 말이지?

문제는 우리가 닭장 속에서 기르고 있는 닭들이 전혀 자연적이지 못하다는 데 있대. 그래서 일단 바이러스가 침입하면 몰살을 면치 못하게 되는 거래.

우리는 이제 닭을 닭으로 보지 않고 치킨으로만 생각하고 있으니.

푸른 바다와 갈대숲을 바라보며 한껏 낭만의 정취를 느껴 보려던 우리는 안타까운 현실에 눌려 답답하고 무거운 얘기만 나누고 있습니다.

조류 인플루엔자는 우리나라에서 2003년에 처음 발병했대.

🖐 20년 동안 계속 반복되는 전염병이 된 거지?

🖐 코로나19도 계속 변이 중이잖아.

🖐 대체 이 무시무시한 바이러스들은 어디로 가는 걸까?

🖐 우리는 어떻게 해야 하는 걸까?

우리는 '그때-거기-그들'이 병(病)을 헤쳐나간 신화 〈지장본 풀이〉 이야기를 나누며 걸었습니다.

옛날 옛적 남산국과 여산국이 부부가 되어 살았다. 이들은 원앙새처럼 사이가 좋았으나 나이 사십이 다 되도록 자식이 없어 나날이 한숨이 깊어졌다.

하루는 스님이 시주를 받으러 왔기에 자식이 없어 걱정인데 방법이 없겠냐고 물어보았다. 그러자 스님은 부부에게 필에 끼니 기자불공을 드려보라고 했다.

부부는 수덕 좋고 영험 있는 절을 알아보았다. 동관음 은중절, 서관음 금백당이 수덕 좋고 영험이 있다고들 했다. 그래서 송낙지 구만 장에 가사지도 구만 장, 대백미 일천 석, 중백미 일천

석, 소백미 일천 석을 갖추어 동관음 은중절에서 정성으로 불공을 드렸다.

그로부터 여산국에게 태기가 있더니 어여쁜 아기씨가 태어났다. 부부는 지장아기라 이름을 지어주고 애지중지 키웠다. 지장아기는 한 살이 나던 해 어머님 무릎에 앉아서 어리광부리고, 두 살이 나던 해 아버지 무릎에 앉아서 어리광부리고, 세 살이 나던 해 할머니 할아버지 무릎에 앉아 어리광부리며 무럭무럭 자랐다.

이렇게 넘치는 사랑을 받던 지장아기씨가 네 살이 되던 해에 할머니 할아버지가 갑자기 돌아가셨다. 그리고 다섯 살 나던 해에 아버지가 돌아가시고 여섯 살 나던 해에 어머니마저 오도독기 세상을 뜨고 말았다.

어린 나이에 부모를 다 잃고 고아가 된 지장아기씨는 눈물을 흘리다가 이웃에 있는 외삼촌댁으로 갔다. 외삼촌은 지장아기를 마지못해 집안에 들이고는 온갖 궂은일을 시키면서 끼니때가 되면 개밥그릇에 보리밥을 한 주걱 담아 던져 주었다.

외삼촌은 온갖 구박에 궂은일을 시키면서도 나중에는 보리밥

한 덩이 주는 것도 아까워했다. 그래서 더이상 거두어줄 형편이 안 된다면서 거리로 내쫓고 말았다.

찬바람이 부는 길거리로 쫓겨난 지장아기는 눈물을 흘렸다. 어머니 살았을 적 그리 살갑게 대해주던 외삼촌이었는데 고아가 되니 이리도 무정하구나 신세 한탄을 하였다.

지장아기씨는 이 동네 저 동네 떠돌아다니며 날품팔이로 얻어먹는 신세가 되었다. 궂은일 해주고 밥 한 덩이 얻어먹고 밤이 되면 그 집 헛간에서 잠을 청했다.

아기씨가 오돌오돌 떨면서 잠을 청하면 하늘옥황에서 부엉새가 내려와 날개로 덮어주었다. 밥 한 술 얻어먹지 못하고 허기져 쓰러져 있으면 부엉새가 어디선가 먹을 것을 구해다 입에 넣어 주었다.

지장아기씨가 얼굴만 고운 것이 아니라 마음도 착하고 부지런하다는 소문이 동서사방으로 퍼져나갔다. 지장아기씨 나이 열다섯이 되면서 여기저기서 혼담이 들어왔다. 어느 부잣집에서 혼담이 들어와 신랑 될 사람과 아기씨의 궁합을 보니 잘 맞았다.

시댁에서 혼인문서 예장과 함께 많은 재물도 같이 보내왔다. 시집가는 날 지장아기는 신랑의 얼굴을 처음 보았는데, 인정 많고 착하게 생겨서 마음에 들었다. 신랑도 지장아기씨를 아껴 둘은 금슬이 좋게 잘 살았다.

지장아기는 살림 잘하기로 소문이 났다. 시집에서 차려 준 신혼살림은 밭도 사고 소와 말을 사는 데 부족함이 없었다. 열다섯 어린 새각시 지장아기씨는 행복하였다.

그런데 그 행복은 오래 가지 못했다. 시집간 지 일 년 만에 시할머니와 시할아버지가 갑자기 세상을 떴다. 그것을 시작으로 그다음 해에는 시아버지가, 또 그다음 해에는 시어머니가 차례로 세상을 떴다. 여기서 그치지 않고 열아홉이 되던 해에는 사랑하는 낭군님마저도 오도독기 죽고 말았다.

지장아기씨는 몸부림치며 신세 한탄을 하였다. 시부모에 남편까지 죽여 먹었으니 세상에 이런 팔자가 어디 있단 말인가? 내가 전생에 무슨 죄를 지었다고 이런 일을 당하고 있을까?

눈물을 흘리던 지장아기씨가 시누이들에게라도 의지하고 싶은 마음에 시누이 방으로 갔다. 방문을 열려고 하는데 안에서

숙덕거리는 소리가 들렸다.

저년이 오고 나서 우리는 하루아침에 고아 신세가 돼 부렀져. 아이고, 억울허다. 저년을 죽이고 우리가 남은 재산이라도 차지허여사 분을 풀키여. 놀란 지장아기는 알뜰살뜰 장만한 재산을 다 놓아두고 그 길로 집을 나와 거리로 나섰다. 이제 어디로 가야 하나. 갈 길이 막연하여 서성이다 주천강 연못으로 갔다. 주천강 연못에 쭈그리고 앉아 흘러가는 물을 바라보며 한숨을 쉬고 있노라니 저 쪽에 스님 한 분이 지나가는 게 보였다. 지장아기씨는 벌떡 일어나 스님을 불러 세웠다.

대사님아, 가던 길 멈추고 이년의 기구한 팔자나 좀 봐 줍서. 어떵허연 이 몸은 친정부모도 모자라 시댁 어른들이며 신랑까지 저세상 보내신지 도무지 알 수가 없수다. 경허난 이년의 사주팔자나 한번 봐 줍서.

지장아기의 한탄을 듣던 스님은 원천강 사주역법 책을 꺼내서 들여다보았다. 한참을 들여다보던 스님은 혀를 차며 풀이해 주었다.

아기씨는 초년운이 좋아 태어날 때는 좋았주마는 이후 액이 끼어 갈수록 궂은 일이 벌어지는 운세올시다. 친정부모에 시부모, 사랑하는 낭군마저도 원혼이 되었으니 죽은 원혼을 달래주는 전새남굿을 정성으로 하시지요. 그래야 조상들이 좋은 곳으로 가쿠다.

말을 마친 스님은 고맙다고 거듭 절을 하는 아기씨를 두고 제 갈 길로 가 버렸다. 지장아기씨는 서둘러 집으로 돌아왔다. 그리고는 스님이 일러준 대로 전새남굿을 준비하기 시작했다.

지장아기씨는 서천강 들판으로 가서 뽕나무를 심었다. 뽕나무는 다음 날부터 싹이 트고 잎이 돋아나더니 쑥쑥 자라났다. 뽕나무가 자라는 것을 본 지장아기씨는 누에씨를 얻어 와 뽕잎을 따서 누에에게 먹였다.

지장아기씨는 누에고치에서 실을 뽑아 물명주 강명주를 짜기 시작했다. 그러고는 몇 날 며칠 짠 명주를 구덕에 넣고 등에 져서 주천강 연못으로 빨래를 갔다. 강명주 물명주를 물에 빨고 널면서 석 달 열흘 백일 동안 정성을 들였다. 아기씨의 정성으로 강명주 물명주는 하얗게 다듬어졌다.

공들여 장만한 명주는 굿을 할 때 이승과 저승을 이어줄 다리,

신이 오는 길을 만드는 데 쓸 것이었다. 초감제에 쓸 다리, 초 공전에 쓸 다리, 이공전에 쓸 다리, 삼공전에 쓸 다리, 시왕전에 쓸 다리, 사자님전 쓸 다리, 군웅님전 쓸 다리, 영계님전 쓸 다리, 차사님전 쓸 다리까지 다 준비하였다.

다리 놓고 남은 명주는 북, 장고, 징 등 악기를 매는 끈을 만들 었다. 그리고 남은 명주는 심방이 들 요령과 신칼의 끈을 만들 었다. 그리고 남은 명주 열다섯 자와 아강베포 일곱 자를 들여 서 스님이 시주받는 주머니 호롬줌치를 만들었다.

준비를 다한 지장아기씨는 대공단고칼로 삼단같이 검은 머리 를 싹싹 깎아 송낙을 쓰고, 회색 장삼을 입었다. 그리고 목탁을 들고 나서니 영락없는 중이었다.

중이 된 지장아기씨는 동서남북 집집이 다니며 탁발을 하여 쌀 을 모았다. 쌀이 닷 섬 노니사 이민엔 동네에 미음씨 고운 청비 바리들을 불러모아 방아를 찧었다.

이여도 방애여 이여도 방애여,
오공콩 찧는구나 이여도 방애여

비바리들이 서로 장단을 맞추고 소리를 하며 방아를 찧으니 보슬보슬 하얀 쌀가루가 생겨났다. 쌀가루를 체로 쳐서 곱게 걸러내고 떡을 만들었다. 돌래떡과 송편은 물에 삶아놓고, 일곱 구멍 뚫린 시루에 첫 층을 놓고, 두 번째 층을 놓고 세 번째 층을 놓고서는 불을 관장하는 신 수인씨를 불러다가 불을 피워 찌기 시작했다.

당클에 기메전지를 오려 걸어놓고 굿상에는 떡들을 올려놓았다. 이렇게 상을 차려 놓고 저승으로 간 할머니 할아버지, 친정 부모님, 시부모님, 시할머니 시할아버지, 열아홉 살 젊은 나이에 세상 떠난 설운 낭군님을 위하여 전새남굿을 이레 동안 하였다. 이리하여 지장아기씨는 자신 때문에 죽어간 원혼들을 달래주었다. 마을마다 지장아기씨가 원혼을 풀어주었다는 칭찬이 자자하였다.

이렇게 자신으로 인하여 죽게 된 원혼을 달래고 저승으로 보낸 지장아기씨는 여생을 마친 후 죽어 새의 몸으로 환생했다. 그런데 이 새가 사람의 몸에 들면 나쁜 기운이 되어 온갖 질병을 일으켰다.

머리로 들면 두통새가 되고, 눈으로 들면 눈 흘기는 흘기새 되고, 코로 나오면 거친 숨 쉬는 악심새 되고, 입으로 가면 부부간 이간질하는 헤말림새 되고, 가슴으로 가면 답답증 일으키는 열화새 되고, 오금에 붙으면 조작거리는 오두방정새가 되었다. 그러니 이 새는 온갖 병을 가져다주면서 풍운조화를 일으켰다. 그래서 병든 사람을 살리기 위한 굿을 할 때는 심방이 지장아기씨의 기구한 생애를 낱낱이 풀어서 들려준 후에 병자의 몸속에서 흉험을 주는 새를 쫓아낸다.

지장의 아기씨　　　인간에 살아서

조은 일 허더고　　　지장의 아기씨

죽어서 갈 때에　　　새 몸에 나더고

머리에 나는 건　　　두통새 나더고

눈으로 흘그새　　　코으로 악심새

입으로 헤말림　　　가슴에 이열새

오곰에 조작새　　　새몸에 가더고

요 새가 들어서　　　풍문에 조화를

| 불러나 주더고 | 요 새를 ᄃ리자 |
| 주워라 훨쭉 | 주어라 훨쭉 훨쭉 훨짱 |

　우리도 코로나 바이러스를 없애려면 〈지장본풀이〉를 풀고 새ᄃ림을 해야 할까요? 새ᄃ림은 새를 쫓아내는 의례를 말합니다. 굿에서 제차가 끝날 때마다 새ᄃ림을 하지요. 그 모습을 보면 참 특이하다는 생각이 듭니다. 다른 본풀이는 심방이 혼자 장단에 맞춰서 끝까지 읊는데 〈지장본풀이〉는 심방이 서서 한 구절 한 구절 노래하면 옆에 앉은 소미들이 북과 장구를 치며 따라 부르지요. "요 새가 들어서~ 요 새가 들어서"

새ᄃ림 신칼

화음을 넣듯 부르다가 "주워라 휠쭉, 주어라 휠쭉 휠쭉 휠짱" 부분에 가면 떼창을 하며 새를 쫓는 듯한 목소리로 변합니다.

어쩌다 착한 지장아기씨는 죽어서 새(鳥)의 몸으로 환생한 걸까요? 〈지장본풀이〉에서 가장 이상한 부분입니다. 착한 일을 하고, 험한 고개를 넘으면 능력을 갖춘 신(神)이 되는 게 일반적인데 말이죠. 답을 찾아보기 전에 이수자가 《큰굿 열두 거리의 구조적 원형과 신화》에서 요약하여 정리한 〈지장본풀이〉를 들여다보기로 해요.

① 남산과 여산 부부가 오래도록 자식이 없었다.

② 수덕 좋은 동개남 은중절에 정성껏 시주하고 원불수륙을 드린다.

③ 딸아이를 낳아 이름을 '지장아기'라 짓는다.

④ 한 살 때 어머니 무릎에서 어리광을 부린다.

⑤ 두 살 때 아버지 무릎에서 어리광을 부린다.

⑥ 세 살 때는 할망과 하르방 무릎에서 놀이를 한다.

⑦ 네 살 때는 할망과 하르방이 오독독 죽는다.

⑧ 다섯 살 때는 아버지가 죽는다.

⑨ 여섯 살 나는 해에는 어머님이 죽는다.

⑩ 외삼촌 집으로 가 살게 되나 고생고생하며 살아간다.

⑪ 하늘이 밥을 주고 옷을 주어 보살피고 온 동네에 착하다는
소문이 난다.

⑫ 열여섯에 예문예장 받고 이웃으로 시집을 간다.

⑬ 결혼하는 날부터 잉태하여 아들을 낳았다.

⑭ 살림이 일어나고 전답과 마소도 물려받는다.

⑮ 열여섯 살에 시할망 시하르방이 오독독 죽는다.

⑯ 열일곱 살에는 시아버지도 오독독 죽는다.

⑰ 열여덟 나는 해에는 시어머니도 죽는다.

⑱ 열아홉 나는 해에 드디어 낭군도 죽는다. 그리고 아울러 아
들도 죽는다.

⑲ 지장아기가 시누이 방으로 들어가니 시누이가 욕하며 죽일
말 잡을 말을 하였다.

⑳ 지장아기가 살림을 놔두고 집을 나왔다.

㉑ 주천강 연못에서 빨래하다가 대사를 만나니 망자를 위해 전

새남굿을 하라 하였다.

㉒ 지장아기는 험난한 고초를 겪으며 굿거리를 장만한다.

㉓ 지장아기는 전새남굿을 벌인다.

㉔ 그 후 지장아기는 새의 몸으로 환생하였다.

《조근조근 제주신화》에서 정리한 〈지장본풀이〉와 다소 다른 점이 있지만, 끝나는 점은 변함 없습니다. 할망과 하르방, 아버지 어머니가 차례대로 죽어갑니다. 중반부에서는 다행히 결혼하여 잘 사는 것 같지만 역시 죽음의 행렬이 이어집니다. 시할망 시하르방 시아버지 시어머니가 죽고, 낭군과 아들마저도 죽습니다. 혼자 된 지장아기는 전새남굿을 하여 사람들의 죽은 혼을 위로합니다. 그렇게 살다 간 지장아기는 새의 몸으로 환생합니다. 그 새는 샀가시 사기를 옮기고 다닌다고 칩니디.

〈지장본풀이〉에서 지장아기는 대사의 말대로 전새남굿을 하지요. 본풀이는 전새남굿 하는 과정을 세세하게 전하고 있어요. 전새남굿은 '새남굿'에서 파생된 단어입니다. 《한국민속신앙사전》에 보면 '새남'이란 단어의 뜻은 정확하지 않지만

'새로 태어남'이 아닐까 추정하고 있지요. 새남굿은 죽은 자를 위해 행해지던 큰굿입니다. 우리 조상들은 죽음을 원래 왔던 자리로 돌아가는 일이라고 생각했지요. 육체는 사라지더라도 영혼은 저승과 이승을 마음대로 오갈 수 있다고 믿었고요. 그래요. 재생(再生)의 의미가 '새남'인 것이지요.

제주에서는 전새남굿을 병자를 위할 때 거행합니다. 그렇다면 '전(前)+새남굿'의 질서를 보여준 지장아기씨는 병(病)을 다스리는 신(神)이라 말할 수 있겠네요. 문제는 병을 다스리는 신으로 많은 이들을 위해 전새남굿을 하고도 왜 쫓기는 신세가 되었는가이지요.

한진오는 이를 두고 이런 표현을 하기도 하였어요.

〈지장본풀이〉는 제주도의 무가 중에서 가장 슬픈 이야기를 다룬 것으로 보인다. 대개의 본풀이는 영웅적 신인(神人)의 고난과 역경을 그리며 최종적으로는 위풍당당한 신의 지위를 차지하는 것으로 끝을 맺는다. 때문에 의례 속에서도 대부분의 신들은 '차례차례재차례'로 굿청에 모셔지며 융숭한 대접을 받는

다. 그러나 지장아기씨는 어떠한가? 이야기 속에서도 회한이
서린 삶만 살다 갔지만 죽어서도 구축(驅逐)의 대상이 되어 내
쳐지는 신세를 면치 못한다. 이울어 사라져가는 그믐달 같은
존재이니 이 노래를 듣다 보면 슬픈 사연과 달리 역설적이게도
감미로운 선율로 인해 듣는 이의 가슴은 미어지다시피 한다.

이제 비인과적이며 부자연스러운 문장으로 연결된 질문의
목록을 만들어 보겠습니다. 거기에는 다른 속뜻이 포함되어
있을 테니까요.

왜 지장아기가 사랑하는 사람들은 모두 차례로 죽어가는가?

왜 착하고 좋은 일을 한 지장아기는 새가 되는가?

이때 '새'는 사(邪)의 변음인가? 아니면 새(鳥)인가?

질문의 목록을 보니 '죽음과 새'가 중요한 것 같아요. 먼저
'새'라는 어휘가 불러일으키는 인지작용을 재구성해보려 합
니다. 새[sae]라는 소리나 문자를 보면 나의 머릿속에는 하늘

을 나는 까마귀가 떠오릅니다. 이런 이미지와 동시에 '몸에 깃털이 있고 다리가 둘이며, 하늘을 자유로이 날 수 있는 짐 승'이라는 새의 개념도 떠오릅니다. 이는 문법 체계 안에서 이루어지는 일상적 기호작용입니다. 그런데 문학의 언어는 일상적 기호작용만으로 설명되지 않아요. 마치 연상 단어 말하기처럼 개념과 이미지가 결합되면서 점점 커가며 뻗어 나가지요. '기호작용의 확장'이 진행되는 것입니다.

◉기호작용의 확장(종합적으로)

　새는 난다, 나는 건 연기, 연기는 자유, 자유는 바람, 바람은 나무,

　나무에는 씨앗, 씨앗은 둥글다, 둥근 건 열꽃, 열꽃은 죽음⋯⋯.

◉기호작용의 확장(개념을 중심으로)

　*개념: 날개를 지녀 하늘을 자유롭게 나는 짐승 ⟶ 어디든 간다 ⟶

　어디서나 싼다 ⟶ 씨앗을 전파한다 ⟶ 무엇이든 전파한다⋯⋯

◉기호작용의 확장(이미지를 중심으로)

　*이미지: 나는 새 ⟶ 나무에 앉은 새 ⟶ 집 처마에 사는 새 ⟶

　떼 지어 다니는 새⟶ 재잘재잘 소리 내는 새⋯⋯

새에 대한 '기호작용의 확장'을 진행하다 보면 새는 무엇이든 전파하는 존재라는 데 이릅니다. 새가 전파한 것은 가막살나무 씨앗일 수도 있고, 밤에 들었던 누군가의 뒷담일 수도 있겠지요. 그런데 본풀이는 지장아기씨 주변 사랑하는 사람들이 '죽는다-죽는다-죽는다'라고 말을 하네요. 그럼 둘을 연결해 볼까요? '전파되면 죽음에 이르는 것' 그것의 정체는 무엇일까요? 코로나가 전파되듯 당시에도 전염병이 전파되고 있었던 것은 아닐까요?

〈지장본풀이〉에서 지장아기씨와 함께 살거나 그를 받아들인 사람은 다 죽었지요. 오히려 오갈 데 없는 그를 박대하고 멀리한 외삼촌과 시누이는 죽지 않았고요. 심방 안사인(安仕仁)이 구송한 본풀이에는 이런 이야기도 추가되어 있어요.

사람들이 죽어 나간 후 지장이 시누이 방에 들어가 보니 벼룩이 닷 되, 이가 닷 되 더럽기 그지없었다. 지장은 모든 가구를 다 버리고 큰 구덕에 옷을 집어넣고 빨래를 하러 간다.

지장을 가까이 한 많은 사람이 차례차례 죽는다는 의미는 '전염병'이 창궐하여 사람들이 수도 없이 죽었다는 말이지요. 전염병이 끝나고 나자 가장 먼저 집을 청소하고 가구를 버리고 빨래하는 행위를 본풀이는 보여주려 했던 것이지요. 그리고 지장아기씨는 전새남굿을 하지요.

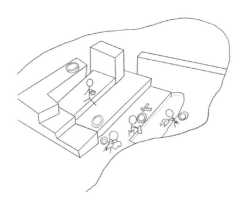

전염병이 가고 난 후 빨래러

지장아기씨는 그렇게 착하게 살다 죽어 새의 몸으로 환생합니다. 예부터 지금까지 전염병은 계속해서 나타나고, 오늘도 새들은 떼 지어 이곳저곳을 날아다니니까요. 아무리 전새남굿을 하여도 현실의 전염병은 어느 순간 다시 나타나지요. 이때 그들은 지장보살을 불렀을 겁니다. 불교의 지장보살은 지옥 중생을 모두 다 제도하기 전에는 성불하지 않겠다고 다짐한 성자(聖者)이지요. 수없이 죽어가는 병자를 위해 전새남굿을 한 지장아기씨의 모습과 닮지 않았나요?

지장아기씨의 존재는 신앙민에게는 희망이었을 겁니다. 우선 전염병에 걸린 사람도 포기하지 않을 거란 믿음이 있었겠지요. 불교의 지장보살이 중생을 포기하지 않았듯 말이에요. 그리고 전새남굿을 하면 병이 나을 거란 믿음도 있었을 겁니다. 신화는 전새남굿의 절차와 과정을 아주 구체적으로 보여주고 있거든요. 누구나 요리할 수 있는 레시피를 보여주듯이 말입니다. 어쩌면 가장 큰 믿음은 지장아기씨처럼 친님빙에 인 건너고 넘어갈 수도 있다는 믿음이 아니었을까 생각해봅니다.

오늘도 골목길 멀구슬나무에 새가 날아드네요. 저 새는 착한 새일까요? 아니면 병을 옮기는 새일까요? 전염병을 옮기는 존재로 지목되더라도 새들에겐 죄가 없어요. 오비이락(烏

飛梨落), 새가 날자 병이 떨어졌던 것입니다. 그러나 미리 액을 막아 두어야 하지요. 내 몸에 앉기 전에, 우리 마을에 퍼지기 전에 도리고 쫓아내는 것이지요.

지장아기씨의 환생인 새가 사$^{(邪)}$의 변음인가, 아니면 새$^{(鳥)}$인가? 이에 대해 많은 논의가 있었죠.

> 새ᄃ림에는 무수한 새들이 나온다. 천황새니 지황새니 하는 것은 '天皇氏' '地皇氏'에서 따온 것이고, 참새 꾀꼬리 앵무새 등은 실재의 새이며, 두통새, 흘깃흘깃하는 새, 악숨새, 부부 살림 이간시키는 새, 신병을 주는 새, 본병을 주는 새 등은 실재의 새가 아니라 인간에게 재해$^{(災害)}$를 주는 사기$^{(邪氣)}$임이 분명하다.

현용준은 이 '새'를 새$^{(鳥)}$가 아니라 사$^{(邪)}$의 음변$^{(音變)}$이라고 했지요. 하지만 둘이 혼합된 말이라 보아야겠지요. 먼저 생겨날 때는 〈지장본풀이〉와 같이 새$^{(鳥)}$였을 겁니다. 점차 시간이 흘러 언어의 바다에도 변화가 일어났지요. 〈지장본풀이〉에서는 새$^{(鳥)}$였다가 '새ᄃ림'이란 의례와 결합하면서 '사악한 기운을 쫓는다.'라는 사^(邪)로도 확장된 것이지요.

그러면 이제 〈지장본풀이〉에 나타난 문화소를 정리해 보겠습니다.

〈지장본풀이〉에 나타난
문화소

① 어린 시절 가족의 잇따른 죽음 → ② 결혼 후 가족의 잇따른 죽음 →

③ (시누이 집)과 같은 죽지 않은 자의 집 청소, 살림 도구 정리, 옷가지 빨래 →

④ 전새남굿 → ⑤ 지장아기씨의 죽음과 새의 몸으로 환생

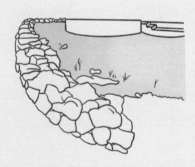

빗물을 받아 모신 봉천수

🖐 전 국민이 병원비 걱정 없이 병원에 다닌 건 1990년대부터 아닐까?

🖐 국민건강보험이 있어서 비로소 병원 문턱이 낮아졌지.

🖐 질병관리청이 있고, 보건소가 있어서 코로나도 그나마 잘 넘기고 있는데.

🖐 그 당시 사람들에게 전염병은 곧 죽음이었을 거야.

🖐 제주에도 전염병이 많이 돌았었지?

🖐 1920년 7월에 제주에 콜레라가 퍼졌었대.

🖐 그 무서운 호열자 말이야? 호랑이한테 살점을 뜯기는 것 같은 고통을 느낀다고……

🖐 4개월간 사망자가 4,134명이었대. 치사율이 44%에 육박했대.

🖐 인구 20만 중에 1만 명 정도가 콜레라에 걸린 큰 사건이었지.

🖐 불과 100년 전 역사야.

코로나가 맨 처음 발병했다는 이야기를 들었을 때 느꼈던 공포가 되살아납니다. 숲에 가서도, 바다에 가서도, 아는 사람을 오랜만에 만나도 우리는 이제 반갑게 악수하지 않지요.

오히려 사람이 다가오면 황급히 마스크를 쓰지요. 김수열의 시 '호모마스크스'가 떠오릅니다.

마스크가 바람에 펄럭인다

잎 떨어진 가지에 마스크가 나부낀다

빨간 마스크 파란 마스크 노란 마스크 검은 마스크

공항의 감시견을 제외하고는 모든 것이 마스크다

승객은 물론이고 비행기도 마스크를 쓴다

공항의 돌하르방도 예외일 수는 없다

마스크가 바람을 이끌고 낙엽처럼 나뒹군다

공원의 비둘기는 마스크에 발 묶여 허우적거리고

늙은 어부의 그물에는 해파리 대신 마스크가 올라온다

마스크를 쓴 돌하르방

다시 또 다른 전염병이 창궐한다면 우리는 어떤 대응을 하게 될까요? 지장아기씨가 그 답을 알고 있으면 좋으련만……. 호모마스크스가 된 신인류는 그 답을 찾아 나서야겠지요.

제주신화의 숲 탐방로

안내문

🖐 왜 신화의 숲을 헤매고 있는 거야?

🙏 해석되지 않는 신화가 궁금했어. 길을 찾으려고 많이 헤맨 것 같아.

🖐 신화는 원래 해석되지 않는 거 아니야?

🙏 성서가 성물함에서 자고 있다면 그냥 둘 거야? '오늘의 말씀'으로
  꺼내어 날마다 곱씹고 있잖아. 제주신화도 하나하나 뜯어보면 해
  석의 실마리가 있으리라 생각했어.

🖐 해석의 원리가 '문화소'인 거야?

🙏 문화소는 그 지역에만 있는 문화 조각을 이르는 말이야. 번역학에

서 주로 사용되는 용어지. 번역할 때 두 나라의 문화소를 모르면 좋은 번역을 할 수 없잖아. 오래된 신화도 마치 번역하듯이 살펴보아야 할 문화 조각이 있다고 생각한 거야.

신의 이야기 안에 인간의 문화질서가 담겨 있다고 생각한 이유가 뭐야?

신화가 인간에게 큰 영향을 미치는 이유를 생각해 보았어. 바로 인간의 삶인 문화와 관련되었기 때문이 아닐까?

문화소는 어떻게 찾는 거야?

신화를 읽다 보면 의미가 깨어져서 비문법적인 부분이 있어. 거기에 문화소가 있어. 그 문장은 신의 이야기와 문화질서 이야기가 겹으로 느러나러고 궁늘린 기사. 문화소 가 있는 부분에 밑줄 그으며 읽어 가다 보면 또 인과관계가 이상한 문장을 발견하게 되지. 하나씩 볼 때는 의미를 전혀 알 수 없지만 그런 문장들을 모아보면 의미가 드러나기 시작하지.

그럼 문화소의 의미는 어떻게 확정할 수 있어?

문화소를 배치한 원리가 문화 코드야. 문화 코드는 문화가 서사에 담기도록 해주는 규칙을 말해. 하지만 문화소는 겉으로 드러나지 못하기 때문에 조각조각 흩어져 보이는 거지. 예를 들어 〈고내리 당본풀이〉의 문화 코드는 '어업의 질서'이고, 〈원천강본풀이〉의 문화 코드는 '장례의 질서'야. 우리가 퍼즐을 맞출 때 큰 틀을 중심으로 먼저 윤곽을 잡잖아? 그처럼 문화 코드가 확정되면 문화 조각은 그 틀에 맞추어 해석해 나가는 거지.

문화소 해석이 자의적이라고 비판하는 사람들도 있었다면서?

문화소 해석은 우리 머릿속에 있는 단어의 집에서 의미를 골라내는 작업을 통해 이루어져. 겉에 드러난 기표를 통해 안에 숨겨진 의미를 찾는 일이니, 처음엔 그렇게 생각할 수도 있어. 하지만 동일한 문화권에 있는 사람은 단어의 집인 백과사전적 체계가 거의 비슷하다고 전제할 수 있어. 그리고 먼저 결정된 문화 코드가 샛길로 가지 못하도록 막아주지. 말하자면 서서히 논리적 일관성을 갖추며 모습을 드러내지.

그럼 누구나 그 방법을 쓰면 이해되지 않는 신화를 해석할 수 있어?

물론이야. 대신 문화 체험이 많고 언어의 집이 넓은 사람이 좀 더 구체적으로 해석할 수 있어. 학생이 국어시간에 '코로나19'에 대해서 신화를 썼는데, 동시대를 사는 우리는 숨어 있는 문화소를 잘 찾아낼 수 있었어.

해석편〈문화소로 걷다〉과 이론편〈제주신화의 숲 탐방로〉는 따로따로 읽어도 되는 거야?

해석편을 읽고 이론편을 읽어보길 권해. 더불어 해석편을 읽을 때 해석의 원리가 무언지 의문을 가지고 읽었으면 좋겠어. 그러면 이론편을 더 쉽게 읽을 수 있을 거야.

제주신화를 문화소로 계속 해석할 거야?

같이 해보자. 우리 문화의 기억이 사라지기 전에 말이야. 우리 세대가 할 수 있는 일이라고 생각해.

제주를 떠나 봐야 제주가 좋다는 걸 알 수 있었어. 제주신화의 숲은 앞으로 꼭 걸어보고 싶어.

나무도 잘 모르는 우리가 숲을 몽땅 어찌할 수는 없겠지만, 우리가 할 수 있는 부분이 분명 있을 거야. 나무 한 그루 키우듯 하나씩 하다 보면 숲이 보일 거야. 그러면 다음 세대에게도 풍요로운 제주신화의 숲을 보여줄 수 있을 거야.

신화란
무엇인가

신화는 신들의 이야기다. 영웅적인 신이 현실과 다른 시공간을 오가며 펼치는 기이한 모험담이다. 이승과 저승을 자유롭게 드나드는 신의 능력은 어떻게 생긴 걸까? 이런 신화를 만든 사람들은 어떤 질문을 던진 걸까? 왜 이런 생각을 전하려 했지? 그것이 나와는 어떤 관계가 있지? 이 글은 이런 물음들을 다루고 있다.

'신화에 나타난 모험과 상상력은 알겠는데 그것들이 나와 무슨 관계지? 신화는 오래된 이야기 아닌가? 지금이 어느 때라고 신화를 읽어?' 여러분은 이렇게 생각할지도 모르겠다. 맞는 말이다. 하지만 한번 상상해 보자.

여러분이 왕자나 공주가 되어 파티에서 만난 인간 로봇과 춤추고 노래하는 새로운 세상에 살고 있다면? 조각배를 타고 새로 생겨난 대륙으로 여행을 떠났다면? 혹시 거기에서 보물섬을 만난다면? 화성으로 이사 갈 때 꼭 필요한 동물을 데려갔다면? 곧 뒤따라 올 이런 세상에서 필요한 것이 신화가 아닐까?

> 신화는 옛사람들이 역사를 쓰려는 시도로부터 비롯된 것이 아니며, 신화 속 이야기가 객관적 이야기라고 스스로 주장하지도 않는다. 신화는 소설이나 오페라, 무용극처럼 꾸며낸 이야기다.
>
> — 카렌 암스트롱, 《신화의 역사》

다른 모든 이야기의 시작처럼 신화는 작가가 독자에게 건넨 메시지다. 신화의 작가는 신화를 공유하던 공동체의 사제자(司祭者)다. 독자는 공동체의 구성원으로 신앙의 주체들이다. 메시지의 내용은 '그때-거기-그들'에게 가장 큰 의미를 지닌 사건이다.

작가→메시지→독자의 순서는 간혹 바뀌기도 한다. 독자인 신앙민이 작가인 사제자에게 묻는다. "내가 인간으로서 겪는 곤궁은 어떻게 해야 벗어날 수 있습니까?", "새로운 세상에서는 어떻게 살아야 잘 살 수 있습니까?", "우리는 죽으면 어디로 가는 겁니까?"

작가는 인간과 동물과 자연이 눈앞에 펼쳐 보이는 것과 같은 동일한 법칙으로 눈에 보이지 않는 세계도 전개된다고 알려준다. 그리고 그 세계의 안내자로 신의 얼굴을 보여준다. 그러면 신화는 독자에게 새로운 희망을 주고 더 알찬 삶을 살도록 만든다.

이제 사제자가 신앙민과 더불어 만들어나갈 삶의 메시지가 진해지는 신화의 숲에 들이기 보려 친다. 부디 길을 내시기 바란다.

인간의 문화질서를
신의 서사로 드러낸 이야기, 신화

대별왕은 먼저 천근 활과 천근 살을 준비해서 하늘에 두 개씩 떠 있는 해와 달을 쏘아 떨어뜨렸다. 앞에 오는 해는 남겨두고 뒤에 오는 해를 쏘아 동해바다에 던져두고, 앞에 오는 달은 남겨두고 뒤에 오는 달을 쏘아 서해바다로 던졌다. 그래서 오늘날 해와 달이 하나씩 떠오르게 되어 백성이 살기 좋게 된 것이다. 대별왕은 초목과 새, 짐승들이 말하는 것은 송피가루를 뿌려서 눌렀다. 송피가루 닷 말 닷 되를 세상에 뿌리니 모든 금수와 초목의 혀가 굳어져서 말을 못 하고 사람만이 말을 하게 되었다.

                              ─ 제주신화, 〈천지왕본풀이〉

천지창조를 말하는 제주신화 〈천지왕본풀이〉의 끝부분이다. 여기 나타난 무질서는 하늘에 해와 달이 두 개씩 떠 있다는 것이며, 새와 짐승이 모두 말을 한다는 것이다. 질서를 잡

기 위해 대별왕이 나선다. 대별왕의 해결 능력은 아버지 천지
왕으로부터 온 것이다. 그렇다면 아버지 천지왕과 아들 대별
왕이 바로잡으려 했던 무질서는 부자^(父子) 관계에 답이 있는
게 아닐까?

하늘에 해와 달이 두 개씩 떠 있다는 신화의 표현을 인간의
삶으로 치환하면 아버지 어머니가 하나가 아닌 세상을 의미
한다. 그래서 대별왕은 앞에 오는 해와 달은 놓아두고 뒤에
오는 해와 달을 쏘아 떨어뜨린 것이다. 새와 짐승이 말을 하
는 신화의 세계를 인간의 세상으로 바꾸면 인간도 이곳저곳
떠돌며 새와 짐승들처럼 살아가고 있었다는 의미다. 모든 금
수와 초목의 혀가 굳어져서 사람만이 말을 하게 되었다는 뜻
은 사람들끼리 정착하여 살아가게 되었음을 말한다.

신화에는 신들의 이야기가 전개된다. 이때 신들이 말하고자
하는 것은 인간 삶의 모범이다. 인간의 주된 관심사인 생로병
사, 희로애락의 문제가 신들의 세계에서 질서 있게 재정립된
다. 이 과정에서 인간을 닮은 신은 초월적이며 거룩한 존재가
되며 동시에 신성^(神性)을 획득하게 된다. 그런데 주인공이 곰

에서 사람이 된다든가, 알로 태어났다든가 하는 신화적 표현은 분명 일상의 언어가 아니다. 일상적 현실과 합리적인 세계를 넘어서는 신성의 세계를 그리기 위한 장치라 할 수 있다.

영화 〈스파이더맨〉의 주인공 피터 파커는 슈퍼거미에 물린다. 평온하던 그의 세계가 깨지면서 보이지 않는 초능력의 세계로 진입한다. 일상의 그는 용돈을 벌기 위해 레슬링 쇼에 나가야 하는 평범한 고등학생이다. 반면 거미 옷을 만들어 입는 순간 비일상적인 영웅으로 탈바꿈한다. 그는 어떻게 자신의 존재를 규정할까 고민하다가 거미 옷을 만들게 된다. 거미 옷을 입은 자신을 스케치하고는 'SYMBOL^(상징)'이라 적어 놓는다. 의사가 흰 가운을 입고, 판사가 법복을 입는 경우처럼 감독은 평범함에서 비범함으로 변환시켜주는 장치로써 거미 옷을 선택한 것이다. 이제 관객들은 안다. 거미 옷을 입으면 악당을 물리칠 시간이 되었음을 말이다.

인류가 이런 이야기를 좋아하는 이유는 다가올 미래, 또는 경험하지 않은 위험에 대해 먼저 예측해 볼 수 있기 때문이다. 말하자면 이야기를 통해 인간은 미래를 시뮬레이션하는 중이다. 그리고 이야기는 실제로 없는 허무맹랑한 일이 아님을 알고 있다. 오히려 현실을 바탕으로 재창조하고 있음을 전제로 한다. 인간은 새로운 것을 늘 이전의 것을 통해 이해한다. 낯선 것들은 항상 익숙한 것에 빗대어 알 수 있게 된다.

> 사람들은 대부분 은유 없이도 잘 살 수 있다고 생각한다. 그러나 우리는 은유가 우리의 일상적 삶에 널리 퍼져 있다는 것을 알게 되었다. 우리가 생각하고 행동하는 관점이 되는 일상적 개념 체계의 본성은 근본적으로 은유적이다.
>
> - 레이코프&존슨, 《삶으로서의 은유》

은유는 시와 같은 예술작품에만 등장하는 것이 아니다. 은유는 사고의 방식이란 섬에 주목할 필요기 있다. 앞서 우리는 〈천지왕본풀이〉를 인간의 부자(父子) 관계 질서 찾기로 해석하였다. 신화는 겉으로는 신의 이야기가 드러나지만, 그 바탕은 인간의 서사라는 점을 활용하였기 때문이다. 신화는 단순히 'A라는 원인 때문에 B라는 결과가 일어났다.'는 설명에 그치지 않는다. 신화는 은유적 장치를 매개로 두 층위로 나눌 수 있다. 정리하면 신화의 겉은 신의 서사이고 신화의 안은 인간의 문화질서를 품고 있다.

신화에 대한 다양한 논의를 좀 더 구체적으로 살펴보기로 한다. 우선 발신자인 사제자의 입장에서 신화는 주술적 사실주의를 지향한다. 한진오는 "신화는 환상을 현실처럼 그려내는 것이 아니라 현실을 환상처럼 그려낸다."고 보았다. 사제자는 신앙민의 현실 문제나 공동체에게 다가온 큰 사건의 의미를 신에 기대어 풀어야 했다. 이때 사제자가 사용한 방법은 주술(呪術)로, 주문을 외거나 술법을 위해 상징과 비약의 언어를 사용하였다.

다음은 수신자의 입장으로 신화는 신성시되는 이야기다. 신동흔은 "학계에서 통용되는 신화의 정의는 신성시되는 이야기"라고 하였다. 신화를 채록 정리하며 해석하는 학계의 위치는 수신자의 입장이 강조될 수밖에 없다. 그런데 신성시하는 범위는 매우 제한적이며 문화 의존적일 수밖에 없다.

사람들은 지금까지 인류가 발견한 가장 오래되고 영향력

있는 문서로 〈구약〉과 〈베다〉 두 가지 문서를 꼽는다. 여기 두 문서가 있다고 가정해 보자. 여러분은 어느 쪽을 신성시할 것인가. 우리는 〈구약〉이란 말은 익숙하지만 〈베다〉라는 말은 낯설다. 친숙함과 낯섦이 성스러움을 나누는 기준이 될 수는 없지만, 우리는 〈구약〉을 선택할 가능성이 높다. 이처럼 신성시한다는 것은 상대적이다.

이제 메시지에 주목해보자. 메시지의 형식은 언어를 기본으로 한다. 조현설은 "신화는 인류가 만든 최초의 이야기다. 비유하자면 신화는 세상에 존재하는 모든 이야기의 어머니다. 다른 말로 원형이다."라고 하였다. 신화는 인류 최초의 이야기 형식이기 때문에 동서양의 차이가 있을 리 없고 같은 주제를 조금씩 다른 재료와 방법으로 만들었다고 보았다. 즉, 신화는 언어를 통해 이야기화된다.

언어를 통해 이야기화되는 메시지의 내용은 무얼까. 김헌선은 "신화는 세계와 인간이 어떻게 해서 현재와 같은 형태로 되었는지, 그 기원을 해명하는 신성한 이야기다."라고 하였다. 그러면서 신화의 기본 전제는 우주 천지 만물의 창조 과정, 즉 카오스에서 코스모스로 이행하는 과정을 나타낸다고 보았다. 이는 신화가 무질서에서 질서로 나가는 과정을 내용으로 그려낸다는 뜻이다. 질서를 찾아 나가는 과정은 인간이 문화를 창조하는 과정이라 할 수 있다.

종합하면 발신자는 신화를 통해 현실을 환상처럼 그려내고, 수신자는 이를 신성시하며 수용한다. 이때 발신자와 수신자 사이에 놓인 것은 메시지로서의 신화다. 메시지로서의 신화는 기본적으로 일반적 기호체계 안에서 이야기를 엮어나간다. 그런데 인간의 무질서한 문제를 신(神)의 말과 행동으로 질서 있게 그려내야 한다. 이때 신화의 메시지는 일반적 기호체계를 벗어난 은유의 전략을 사용하게 된다. 따라서 신화의 겉은 신(神)의 이야기이지만, 속은 인간의 문화질서 이야기가 펼쳐지는 것이다.

> 66 신화는 사제자가 신앙민과 더불어
> 만들어나간 삶의 메시지다. 99

'그때-거기-그들'과
'지금-여기-우리' 사이의 간극

문도령은 사실 조금 우둔하고 우유부단하고 능력 없는 남자다. 거무선생에게 가서 글공부를 3년 했을 뿐이지 무엇인가 해놓은 일이 하나도 없다. 부모가 서수왕따님에게 장가들라고 하니 그렇게 하려고 따랐었고, 자청비와의 사랑에서도 자청비의 능력과 지혜에 따르기만 해서 평범한 하늘의 범부(凡夫)였을 뿐이다. 그런데 서열의 '상-중-하' 계층을 부여할 때는 문도령이 상세경을 떳떳이 차지하다니 이상하지 않을 수가 없다.

- 현용준, 《제주도신화의 수수께끼》

제주노 신화 인구의 대기(大家)가 내서놓은 이문이다. '그때-거기-그들'에서 '지금-여기-우리'로 수신자를 바꾸었더니 이해하지 못하는 부분이 생겨난 것이다. 그렇다면 이 안에는 다른 뜻이 포함된 건 아닐까? 다행스러운 것은 신화의 메시지가 공통의 기호인 언어를 통해 발신되며 수신된다는 점이다.

305

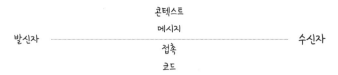

로만 야콥슨의 언어소통 모델

　

　

로만 야콥슨의 커뮤니케이션 모델은 소통의 현장에 존재하는 모든 요소가 소통에 관여하고 있음을 보여준다. 우리가 일반적으로 신화라 생각하는 것은 메시지다. 다른 요소들에 비해 메시지는 하나의 텍스트로 가장 명시적이다. 콘텍스트는 텍스트 바깥에 존재하지만 일정한 코드에 의해 텍스트와 결합한다. 접촉 역시 구술(口述)되는가 기술(記述)되는가에 따라 신화의 의미작용에 큰 영향을 미친다.

'그때-거기-그들'에서 '지금-여기-우리'로 수신자를 바꾸면 먼저 콘텍스트가 변한다. 이는 시공간의 변화이며 문화의 차이로 압축된다. 다음은 접촉도 변하여 구술성에서 기술성으로 바뀐다. 이 과정은 오랜 시간 진행되었고 발신자와 수신자

사이에는 간극이 생긴다. 이 간극이 클수록 수신자는 신화의 메시지를 이해하기 어렵다. 다행스러운 것은 콘텍스트나 접촉 또한 일정한 코드화를 통해 서사화된다는 점이다. 서사화되었기 때문에 간극이 만들어 낸 의미도 텍스트에서 추론할 수 있다.

> 시공간의 변화와 문화의 차이는
> 간극을 만든다.

문화에 남아 있는
간극의 열쇠

문화는 생활양식이다. 양식(樣式)은 '정해진 방식'이라는 의미다. 어떤 새로운 일이 하나의 방식으로 자리 잡기 위해서는 체계적으로 질서화되어야 한다. 곧 문화의 정립은 질서화 과정을 수반한다는 뜻이다. 이에 문화와 질서를 결합한 합성어, '문화질서'는 문화의 하위범주로 사용할 수 있다. 다시 말해 문화질서는 생활양식을 형성하기 위한 규칙적인 관계나 순서다. 문화질서가 형성되어 확립되면 비로소 문화가 된다.

문화는 침묵의 언어라고 한다. 에드워드 홀은 "문화란 우리 모두가 속한 주물틀로 어떤 방식으로든 우리의 일상생활을 통제하고 있다. 문화는 드러내는 것보다 감추는 것이 훨씬 많으며, 더구나 묘한 것은 그 문화에 속한 사람들이 감춰진 바를 가장 모른다."라고 하였다.

앞서 신화의 발신자는 인간의 문화질서를 신의 서사로 드러내었다. 수신자인 '지금-여기-우리'는 문화질서가 신화의 심층에 새겨져 전승되고 있음을 생각해야 한다. 겉에 드러나지 않기에 의도적으로 문화질서의 조각을 찾아야 한다. 동시에 문화는 침묵의 언어로서 우리의 삶 곳곳에 조각처럼 남아있음을 기억해보자. 신화와 현실의 두 가지 문화 조각을 찾아 맞추면 구체적인 모습으로 문화의 퍼즐이 완성되기 시작한다. 이는 이해되지 않는 신화의 이유를 해명하는 열쇠가 된다.

신화가 나와 무슨 관계지? 왜 지금 고리타분한 옛이야기를 읽지? 이런 질문에 대한 답도 '문화'에서 찾을 수 있다. 문화는 과거로부터 현재까지 그리고 미래로 이어진다. 문화는 공동체의 색채를 고유하게 담는 그릇이다. 신화를 읽으면 아버지의 아버지, 어머니의 어머니가 살았던 흔적을 발견하게 된다. 왜 신을 부르고, 왜 신화를 전하려 했는지 알게 된다. 왜 국가나 공동체가 위기에 처할 때마다 신화를 찾는지도 알게 된다. 그러면 오늘의 내가 후손에게 무엇을 전할지도 생각하게 된다.

1980년대 중반이었을 것이다. 카드 공중전화가 은빛 색채를 뽐내며 거리마다 들어섰다. 중앙로 근처를 지나는데 보따리를 들고 가던 할머니가 카드 공중전화 쓰는 법을 알려 달라고 했다. 당연히 할머니에게 카드는 없었다. 내 카드를 꺼내어 할머니가 적어 놓은 번호를 눌러 드렸다. 2021년 9월 나는 줌(ZOOM)으로 온라인 수업을 하고 있었다. 모니터 두 개를 활용해야 하는 일이 익숙지 않았다. 수업자료가 보이지 않는다고 학생들은 아우성이다. 당황하면 마우스 클릭도 잘되지 않는다. 그때 화면 너머에서 컴퓨터를 잘 아는 학생이 원격으로 내 수업자료를 대신 공유해 주었다.

이는 공중전화에서 컴퓨터로 발전한 소통 매체 이야기로 단순히 볼 수도 있다. 그러나 세상에 하나밖에 없는 물건이라거나, 외계인과 교신하는 장치라고 가정하면 상황은 달라진다. 은빛 색채를 가진 공중전화를 중심으로 하나의 문화질서가 형성되어야 한다면 신화가 발생할 이유는 충분하다.

열 개의 손가락을 가진 은발어깨할망이 있었다. A구역에서 B구역으로 건너가기 위해서는 언제나 은발어깨할망의 손가락을 눌러야 했다. 그런데 그 손가락은 코드화되어 있어 평범한 이는 쉽게 짝을 맞추기 어려웠다. 짝을 맞추지 못한 사람들은 은발어깨할망에게 잡아먹혀 겨우 동전만 한 똥이 되어 나왔다.

공동체에게 처음 생겨난 질서 '공중전화' 또는 '컴퓨터'가 주술적 사실주의의 입장에서 하나의 신화가 되는 과정이다. 신앙민은 A구역에서 B구역으로 건너가기 위하여 이 이야기를 신성시하며 수용하고 전파하였을 것이다. A구역에서 B구역으로 건너간 사람만이 불멸의 목소리와 얼굴로 후손에게 풍요와 안녕을 전해줄 수 있다면 말이다. 그리고는 '지금-여기-우리'에게 가 닿았을 것이다. 그러면 우리는 이 이야기에서 식인문화의 잔영을 발견하기도 하고, A구역과 B구역의 정체성에 대해 갑론을박하기도 할 것이나. 그런데 빠진 것이 있다. '그때-거기-그들'의 구체적인 삶의 모습 말이다. 신화를 통해 만들고자 했던 질서를 보아야 한다.

신화는 인간의 문화질서를 신의 서사로 드러낸 이야기라는 관점에서 해석하면 '그때-거기-그들'의 구체적인 삶이 드러난다. 그들에게 신화는 삶을 지탱해주고 삶을 이끌어주는 안내서였다. 안내서를 따르면 안녕과 풍요가 보장된다고 믿었다. 그들은 그 믿음을 '지금-여기-우리'에게도 전해주고 싶어 했음이다.

> 66 현실의 문화 조각으로
> 신화의 의문을 풀어야 한다. 99

[신화란] → 제주신화, 본풀이 → 신화의 두 층위

↑ ↓

문화적 스토리 ← 문화 코드 ← 문화소와 신화소

인간의 문화질서를 신의 서사로 드러낸 이야기, 신화

　신화는 사제자가 신앙민과 더불어 만들어나간 삶의 메시지다.

'그때-거기-그들'과 '지금-여기-우리' 사이의 간극

　시공간의 변화와 문화의 차이는 간극을 만든다.

문화에 남아 있는 간극의 열쇠

　현실의 문화 조각으로 신화의 의문을 풀어야 한다.

제주신화,
본풀이

본풀이, 문화질서의
본을 풀다

'본풀이'의 어의는 글자 그대로 '본을 푼다'의 명사형이다. 그것은 〈초공본풀이〉, 〈차사본풀이〉 식으로 그 신의 '본을 푸는' 것이며 신의 '근본을 해설하는 것'이다. 명사 '본'은 근본, 내력, 본원, 본래, 역사 등을 의미하는 말이며, 동사 '풀다'는 해설, 해석, 설명 등의 의미가 있다. 동시에 '노여움을 푼다'라든가 또는 '문제를 푼다', '몸을 푼다' 등과 같은 화열(化悅), 해결(解決), 용해(容解) 등의 의미도 가지는 것으로 보인다. 그래서 '본풀이'는 '신의 내력을 설명하는 동시에 신을 화열케도 하는 것'이라고 해석할 수 있겠다.

- 장주근, 《제주도 무속과 서사무가》

　제주에서는 신화를 보통 〈본풀이〉라 부른다. 뿌리가 되는 근본을 푼다는 의미다. 본풀이에는 신(神)의 시작과 끝이 담겨 있어 내력담이라 할 수 있다. 내력을 모두 풀고 나면 신의 지위가 드러난다. 신은 자신의 능력을 인정받을 때 기쁨을 느낀다. 신의 화열(化悅)은 곧바로 신앙민에게 이어지며 사제자를 매개로 소통이 일어난다. 병든 자는 병이 낫고, 집이 없는 자는 집을 얻고, 가난한 자는 풍요로움을 얻는다. 소통은 무질서가 질서로 변화할 때 완성된다.

　제주에는 '신의 본을 풀면 신나락 만나락하고, 생인(生人)의 본을 풀면 백년 원수가 된다.'는 밀이 있다. 보통 '신나락 만나락'은 '신과 사람이 만나 함께 즐거워 한다.'는 말로 해석되고 있다. 즐거울 락(樂)에서 연상된 의미일 것이다. 오랜 시간에 걸쳐 형성된 관용적 표현이므로 뜻을 확정할 수는 없다. 그런데 '신의 본을 풀면 씨나락이 만나락이 된다.'로 바꾸어 보면 어떨까?

우리는 신화를 '인간의 문화질서를 신의 서사로 드러낸 이야기'로 정의하였다. 겉은 신의 이야기지만 속은 문화질서 이야기라는 말이다. 이에 '신의 본을 풀다.'는 '문화질서의 본을 풀다.'는 말로 바꿀 수 있다. '신의 본을 풀면 씨나락이 만나락이 된다.'를 더 구체적으로 바꾸면 '문화질서를 따라 하면, 씨나락이 가마니가 가득 찬 만나락이 된다.'는 말이 된다. 신의 근본을 풀면 함께 즐거워하게 된다는 추상적인 말이 쌀가마니가 가득 찬 풍요로운 모습으로 바뀌게 된다.

정리하면, 본풀이는 두 가지로 해석되어야 한다. 겉은 신의 근본을 푸는 이야기, 속은 문화질서의 본(本)을 푸는 이야기로 말이다.

❝ 본풀이는 문화질서의 대본이다. ❞

문화질서의
의인화, 신

어릴 때는 인형이나 로봇과 대화를 하고, 커서도 피규어나 화분 등 주변의 사물과 대화할 수 있다. 혹시 나는 성인이 된 후로는 의인화를 쓰지 않는 것 같다고 하는 사람이 있을지 모르겠다. "세상아 덤벼라.", "삶이 그대를 속일지라도" 이 문장들은 '세상'과 '삶'을 의인화했기 때문에 가능한 것이다. 취업을 준비하는 학생이 '세상'이나 '삶'에 대해 진지하게 고민할수록 의인화가 강해질 수 있다. 그러다 노력 끝에 취업하면 주변 어르신들의 부담스러운 "결혼은 언제 하니?" 공격이 시작된다. 이때 "저는 일과 결혼했어요."라고 둘러대면 '일'을 의인화한 것이다. 의인화는 이렇게 대상을 바꿔가며 세속된다.

- 박웅석, 《은유하는 마음》

의인화는 어려서부터 나이 들 때까지 계속되는 사고 형성 기제이다. 의인화를 하면 추상적인 대상이 명확해지며 개체화를 통해 경계가 생성된다. 남자가 결혼하였다고 하는 '일'은 이제 남자가 계속 보살필 상대다. 사무실에서도, 집에서도 돌봄은 허용되고 '일'은 계속될 수 있다. 그렇다면 초월적 능력자 신(神)이라는 존재도 의인화된 것 아닐까? 신의 생김새는 인간과 닮았으며, 신의 행동은 인간에게 모범을 보여주려 하기 때문이다.

문전신에 대해 들어본 적이 있는가? 제주에는 제삿날 본제에 앞서 문전제를 한다. 문전신은 조상신들을 안내하는 역할을 한다. 사람이 죽어 저승 갈 때 저승사자가 인도해 주듯, 저승에서 이승의 집으로 들어갈 때 문전신의 도움을 받아야 한다. 오늘날은 문전제를 위해 현관문을 열어놓는다. 집으로 들어설 때 가장 먼저 통과하는 곳이기 때문이다. 현관의 의미는 신발을 벗어놓고 안으로 들어가는 곳 정도의 의미로 지금은 축소되었지만, 원래는 불교 사찰의 첫 번째 문을 가리키는 중요한 말이었다.

언젠가 신화 공동체에게는 출입문(門)의 질서를 확립할 필요성이 생겨났다. 이에 가장 지혜롭고 똑똑한 막내아들 '녹디생이'를 문전신으로 의인화하여 모범을 보여주려 한 것이다.

문전제를 지내는 질서를 말해주는 제주신화 〈문전본풀이〉를
간략히 살펴보기로 하자.

아버지 남선비와 어머니 여산부인은 일곱 아들을 두었다. 아이
들 대여섯 살까지는 그럭저럭 먹이고 입히면 되었다. 하지만
남의 집 아이들은 글공부를 시작하는데 자기 자식들은 겨우 연
명이나 하면서 한평생 무지렁이로 살아갈 생각을 하니 눈앞이
캄캄하였다. 그리하여 남선비는 모아둔 금전을 들고 육지로 쌀
장사를 떠났다. 돌아올 때는 책도 일곱, 붓도 일곱, 먹도 일곱
을 마련하기로 하였다.
하지만 오동나무 오동고을에 도착한 남선비는 놀고먹으며 남
의 것을 가로채는 노일저대를 만나 가진 걸 모두 빼앗긴다. 오
도 가도 못 하는 신세가 된 남선비는 나무둘쩌귀에 거적문을
단 수수깡 외기둥 움막집에서 하루하루를 살아간다. 연 삼 년
이 흘러 여산부인이 남선비를 찾아 나선다. 오동고을에 도착하
여 남선비를 만났으나 노일저대 꾀임에 빠져 여산부인도 물에
빠져 죽는 신세가 된다.

그 후 어머니로 가장한 노일저대와 남선비가 고향으로 돌아왔다. 막내아들 녹디셍이는 어머니가 진짜가 아님을 바로 알아차린다. 노일저대는 아프다는 핑계로 일곱 아들의 간을 먹어야겠다고 하였다. 이를 눈치챈 녹디셍이가 꾀를 내어 거꾸로 노일저대가 죽는다. 남선비도 얼결에 올레에 걸쳐 있는 정낭에 목이 걸려 죽었다. 이에 노일저대는 변소를 지키는 측도부인이 되고, 남선비는 정주목신이 된다.

녹디셍이는 생명꽃으로 어머니를 살려내어 조왕신으로 좌정케 한다. 일곱 아들도 각자의 직분에 따라 집을 지키는 신으로 좌정한다. 다섯 아들은 오방토신이 되고, 여섯째는 뒷문전신이 되고, 영리한 막내아들 녹디셍이는 앞쪽 문전인 일문전신이 된다.

〈문전본풀이〉에는 집에 관한 문화질서가 담겨 있다. 여기에 나타나는 집의 의미는 다양하다. 우선 집에서는 아이를 낳아 안전하게 기를 수 있다. 남선비와 여산부인이 일곱 아이를 낳아 기른 것처럼 말이다. 둘째, 집은 멀리 갔다가도 돌아올 수 있는 곳이다. 남선비는 연 삼 년 고향을 떠나 있었지만 여산부인을 만나자마자 집으로 돌아가려 한다. 셋째, 밥을 해 먹으며 생명을 유지하는 터전이다. 여산부인은 오동고을 수 수깡 외기둥 움막집에서도 남선비에게 따뜻한 밥을 해서 올 린다. 넷째, 가족은 집에 놓아둔 물건을 공유하며 쉽게 기억 하고 무의식적으로 찾아낼 수 있다. 노일저대가 가짜라는 것 은 고팡 열쇠를 알아보지 못하는 데서도 드러난다.

이런 집의 의미가 우리에게는 당연하지만 처음 집에 정착하 는 '그때-거기-그들'에게는 새로운 문화임을 기억해야 한다. 우리 집이 다른 집과 구별되는 경계는 문(門)에서 시작된다. 정 착 생활이 점점 안정되며 집은 한 칸 두 칸 늘어난다. 그때마 다 새로운 질서가 생겨나고 집 곳곳이 의인화되기에 이른다. 공동체는 신(神)이 된 이들 공간에서 제의를 올린다. 신(神)이 가족을 지켜줄 보험과 질서를 알려 준다고 믿기 때문이다. 달 리 말하면 그 공간의 문화질서를 신으로 의인화한 것이다.

시간이 흘러 '그때-거기-그들'에게 유교 문화가 주류인 세상 이 온다. 집에서 행해지던 다양한 무속적 제의는 단순화되고 유교식 제사의례로 통합된다. 이때 제주 사람들은 지혜롭고

총명한 막내아들 문전신이 제사의 길잡이가 되어주길 소망했을 것이다. 그리하여 무속문화가 제사의례 속에 자리 잡았으며, 문화의 흔적을 새겨넣었다.

한편 발신자들은 수신자의 눈높이에 맞는 메시지를 만들어야 한다. 문화질서를 의인화하기 위해 적절한 신(神)의 모습을 찾아야 한다. 집의 질서를 확립하는 가신(家神) 신앙으로 육지에는 '성주무가'가 전해지는데 제주에는 〈문전본풀이〉가 전해지는 이유이기도 하다.

육지부 '성주무가'의 기본 줄거리는 집을 짓는 과정의 질서로 안심국 성조씨가 지하궁에 심은 솔씨를 가지고 와 집을 짓고 성조신으로 좌정한다는 이야기다. 제주에는 안심국 성조씨를 주인공으로 한 '성주무가'는 전해지지 않는다. 다만 '성주풀이'라 하여 새집을 짓고 상량을 올릴 때 성주신을 모신다. 이날의 〈성주풀이〉는 크게 둘로 나뉜다. '강태공수목수'를 청하여 집 짓는 모의 의례를 하는 과정과 〈문전본풀이〉를 하는 대목이다.

제주에는 〈성주본풀이〉로 불리는 서사무가가 전승되지 않는 만큼 성주 신앙의 양상도 약화되어 있다고 한다. 임승범은 「성주 신앙의 지역별 양상과 그 의의」에서 제주 지역에는 성주신에 대한 특별한 명칭이 없으며, 성주신을 모시는 장소도 다른 지역처럼 일반화되어 있지 않다고 하였다. 왜 제주의 신화 발신자들은 가신(家神)의 메시지로 〈문전본풀이〉를 선택했던 것일까?

제주의 가족 제도 중 '장남 분가'라는 말이 있다. 장남도 결혼하면 부모와 독립하여 집을 이룬다는 말이다. 가문(家門)과 장손(長孫)을 중심으로 살아가는 육지부의 대가족과는 다른 양상이다. 제주에서는 아들이 결혼하면 특별한 사유가 없는 한 누구나 부모에게서 독립한다. 이는 재산상속에서도 균분상속을 하는 기반이 된다. 물론 물리적으로 동등한 분할은 아니지만, 장남에게 몰아주는 일은 없다. 그래서 제사(祭祀)도 분할하여 봉사(奉祀)하는 게 보통이다. 동남부와 서북부 지역의 양상이 조금 다르지만, 기본적 지향은 '균등함'이다.

〈문전본풀이〉의 주인공은 막내아들이지만, 그가 강조될 뿐 단독화되지는 않는다. 일곱 형제는 모두 오방토신, 일문전,

323

뒷문전에 좌정하여 제 역할을 한다. 어머니는 조왕신이 되고, 노일저대는 측간신이 된다. 아버지는 집 올레 출입을 관장하는 정주목신이 된다.

서사적인 면에서 '성주무가'와 대비해 보면 아버지 남선비가 안심국에 해당하는 성주신이다. 그런데 제주의 '성주풀이' 과정에서는 집의 네 기둥 중 출입문 위에 성주신을 모신다. 그곳은 문전신 막내아들의 좌정처다. 육지부에서는 아버지가 성주신으로 모셔지고, 제주에서는 막내아들이 성주신으로 모셔지는 것이다.

이로써 육지부와 제주의 다른 가족 형태가 본풀이 내용과 의례에도 반영되었음을 알 수 있다. '균등함'은 제주의 가족에 관한 문화질서였다. 아버지 중심에서 아들로, 장자(長子) 중심에서 막내로 책임과 의무가 분할되며 평등한 가족 문화가 확립되고 있음이다. 〈문전본풀이〉의 발신자인 심방은 수신자의 문화적 눈높이에 맞추어 메시지를 구성하려 한 것이다.

    “ 신은 인간에게 모범을 보여준다. ”

다양한 신,
다양한 제주 문화

제주도 신화, 본풀이는 1930년대부터 단편적이나마 무가 자료의 수집으로 세상에 알려졌으며 1950년대 후반부터 본격적인 자료수집과 연구가 진행되어 오늘에 이른다. 대표적인 학자 현용준은 본풀이를 〈일반신본풀이〉, 〈당신본풀이〉, 〈조상신본풀이〉로 나누었다. 이름에 드러나듯 신앙민의 범주가 그 기준점이 되고 있다. 〈일반신본풀이〉는 일반인 누구나 신앙민이 될 수 있으며, 무속의례인 제주굿의 일반적 구조에 포함되어 불린다. 〈당신본풀이〉는 마을 사람들을 중심으로 마을 단위 당(堂)에서 특별한 의례를 행할 때 불린다. 〈조상신본풀이〉는 어떤 한 집안에 대대로 전해져 세향되고 있는 조상신의 기원을 풀고 있는 신화다.

흔히 우리가 알고 있는 제주신화는 〈일반신본풀이〉에 속하는 것들이다. 〈일반신본풀이〉는 완성도 높은 옛이야기처럼 짜임새 있고 내용이 흥미진진하다. 보통 '열두 본풀이'라고도 부르며, 큰굿에서 순서대로 불린다. 현용준의 《제주도무속자료사전》에 실린 열두 본풀이는 다음과 같다.

〈천지왕본풀이〉, 〈할망본풀이〉, 〈마누라본풀이〉, 〈초공본풀이〉, 〈이공본풀이〉, 〈삼공본풀이〉, 〈차사본풀이〉, 〈세경본풀이〉, 〈문전본풀이〉, 〈칠성본풀이〉, 〈사만이본풀이〉, 〈지장본풀이〉

이들 열두 본풀이는 우리에게 익숙하지만 〈당신본풀이〉는 다소 생소하다. 마을마다 당마다 그 본풀이가 서로 다른 것을 원칙으로 하며 남의 마을 〈당신본풀이〉까지 암송하여 전하는 심방 또한 없기 때문이다. 제주어로 채록된 〈당신본풀이〉는 제주 토박이들도 이해가 어려운 게 사실이다. 대표적인 민속학자 진성기는 1950년대부터 제주 전역을 돌며 심방에 의해 구송된 모든 본풀이를 채록하고자 하였다. 그 결과 탄생한 것이 《제주도무가본풀이사전》이다. 143개 마을의 〈당신본풀이〉 500여 편을 사전 형식으로 정리하여 보고하였다. 대표적인 〈당신본풀이〉를 들면 〈송당본향본풀이〉와 〈토산웃당본풀이〉가 있다.

〈조상신본풀이〉는 한 집안의 진기한 사건을 기본 화소로 이야기가 전개된다. 전설 같기도 하고 가문의 역사 같기도 하다. 현용준의 《제주도무속자료사전》에는 15개, 진성기의 《제주도무가본풀이사전》에는 12개가 실려 있다. 대표적인 본풀이는 〈나주기민창조상본〉, 〈고전적본풀이〉가 있다. 현용준은 〈조상신본풀이〉는 그 집안의 단골심방이 아니면 모르기 때문에 조사가 어려우며 연구도 미진할 수밖에 없음을 토로하기도 하였다.

〈특수신본풀이〉는 진성기의 본풀이 분류에 등장하는 명칭이다. 진성기는 1968년 《남국의 무가》에서 처음 '특수본풀이'라는 말을 사용하며 〈원천강본풀이〉, 〈세민황세본풀이〉, 〈처궁애기본풀이〉를 소개하였다. 고은영은 '특수본풀이'가 아닌 '특수신본풀이'로 부를 것을 제안하였다. 왜냐면 일반신과 상대적 성질을 띠며 신으로서 위상을 갖추고 있으며 분류 명칭에 일관성이 있어야 하기 때문이다. 그 의견에 공감하며 이 글에서도 〈특수신본풀이〉라는 명칭을 쓰고자 한다.

〈특수신본풀이〉는 특정한 능력을 지닌 신격이 등장하는데도 굿에서 불리지 않는다. 정해진 신앙민 없이, 누구나 즐기는 고담(古談)이 되었다. 민담처럼 인간과 동식물이 자유자재로 소통하며 이승과 저승을 마음대로 오가는 상상력이 펼쳐진다. 현대에 널리 재창작되고 있는 〈원천강본풀이〉가 대표적이다.

그럼 〈일반신본풀이〉, 〈당신본풀이〉, 〈조상신본풀이〉, 〈특수신본풀이〉를 문화질서의 관점에서 정의해 보려 한다. 〈일반신본풀이〉는 '제주 전역에 공통되는 문화질서의 대본'이다. 이들 '열두 본풀이'는 어떤 문화질서를 나타내고 있을까.

〈천지왕본풀이〉는 부모 관계의 정립과 마을 형성에 관한 질서, 〈할망본풀이〉는 아기의 탄생에 관한 질서, 〈마누라본풀이〉는 아기의 질병과 죽음에 관한 질서, 〈초공본풀이〉는 심방의 탄생과 자격에 관한 질서, 〈이공본풀이〉는 가업(家業)의 계승에 관한 질서, 〈삼공본풀이〉는 결혼에 관한 질서, 〈차사본풀이〉는 죽음에 관한 질서, 〈세경본풀이〉는 농경에 관한 질서,

〈문전본풀이〉는 집에 관한 질서, 〈칠성본풀이〉는 관가(官家)에 관한 질서, 〈사만이본풀이〉는 신앙민의 자세에 관한 질서, 〈지장본풀이〉는 전염병에 관한 질서를 다루고 있다.

탄생-질병-생업-죽음과 같은 일반적 질서는 〈일반신본풀이〉에서 신(神)의 모습으로 드러나 제주 공동체의 문화를 형성하는 기틀이 되었다.

〈당신본풀이〉는 '그 마을의 특수한 문화질서를 확립하기 위한 대본'이다. 예를 들어 대정현이 있었던 대정고을에는 '서문밧 오목당, 서문밧 쿳남밧당, 서문밧 가원당, 동문밧 산짓당'이 있었다. 당에는 본풀이가 전해지는 경우와 그렇지 않은 경우가 있다. 하지만 당신(堂神)의 존재가 곧 본(本)이 있음을 뜻하기에 동일한 의미로 사용할 수 있을 것이다.

당의 이름에 드러나듯이 대정 지역의 문화실서는 현성(縣城)을 중심으로 이루어졌다. 성의 동문(東門)에 위치했던 안성리 사람들은 동문밧 산짓당에 아기를 잘 키우기 위한 일레당을 마련한다. 성의 서문(西門)에 위치한 보성리 사람들은 서문밧 쿳남밧당에 아기를 잘 키우기 위한 일레당을 마련한다. 일레당으로서 그 문화질서의 대본은 크게 다르지 않았을 것이다. 하지만 같은 산육(産育)의 질서라도 마을의 경계에 따라 차이가 있었을 것이다.

그리고 현성 안에 과수원을 지키는 '서문밧 가원당'이 있었다. '귤피나무'가 신목(神木)이었다고 전해진다. 이는 과수원에 관한 문화질서가 필요했음을 알려주고 있다.

〈조상신본풀이〉는 '그 집안의 특별한 문화질서를 확립하기 위한 대본'이 되며, 〈특수신본풀이〉는 '그 외, 세 가지에 포함되지 않는 특별하고 다양한 문화질서를 확립하기 위한 대본'이라 할 수 있다.

〈일반신본풀이〉, 〈당신본풀이〉, 〈조상신본풀이〉, 〈특수신본풀이〉로 나뉠 만큼 제주에 본풀이가 많은 이유가 무얼까?

우선 다양한 문화질서가 필요하였다는 점을 들 수 있다. 제주의 생산 형태는 사면의 바다와 한라산 그리고 화산섬 땅으로부터 생겨났다. 바다에서는 어업의 질서가 필요하고, 한라산에서는 목축의 질서가 필요하고, 땅에서는 농사의 질서가 필요하였다. 다양한 문화질서는 많은 종류의 본풀이를 만들었고, 일만팔천의 신을 낳았다.

문무병은 《제주도 본향당 신앙과 본풀이》에서 마을의 당(堂) 250개를 현지 조사하고 다양한 방법으로 분류 정리하였다.

다양한 분류 중, 당의 위치가 어디냐에 따라 6가지로 나누었다. 바닷가에 자리 잡은 해변형, 시냇가 또는 샘에 있는 천변형, 밭 안이나 밭 귀퉁이에 있는 전답형, 숲이나 잡목 넝쿨에 있는 수림형, 오름이나 언덕에 있는 동산형, 바위나 굴속에 있는 암굴형이 그것이다.

분포 결과는 전답형(38%)-동산형(20%)-해변형(18%)-천변형(14%)-수림형(7%)-암굴형(3%)의 순으로 나타났다. 이는 농경문화-어업문화-목축문화(사냥문화)와 연결되어 제주 사람들의 삶으로 재구성될 수 있다. 즉, 산간-중산간-해안 마을 모두 농사짓는 일을 중시하였음을 알 수 있나. 신잉민은 건답형, 동산형의 당(堂)에서 신(神)의 현현을 기대하였다. 이는 공동체가 문화 질서의 본을 따라 농사를 짓고 '쎗나락이 만나락이 되는' 풍요로운 결실을 얻고자 했다는 말이다.

두 번째 이유는 심방의 수가 많았던 때문이라 생각한다. 심방의 수가 많았던 까닭은 그만큼 제주 공동체가 심방의 존재를 인정했기 때문일 것이다. 현용준은 《제주도 무속 연구》에서 1959년 경신회(敬信會)에 등록된 심방의 수가 373명이라고 하였다. 이 373명을 당시의 제주도 인구 268,740명으로 나누면 720명에 심방 한 사람 꼴이 되며, 행정 리·동 215개로 나누면 1개 리당 1.73명이 된다고 하였다. 마을마다 심방 한두 명이 있었다는 말이다.

그 외 외부적 요인도 다양하지만, 대표적으로 출륙금지령(出陸禁止令)이 제주도 본풀이를 유지하게 하였다. 1629년(인조 7)부터 1823년(순조 23)까지 200여 년간 국법으로 시행된 금족령(禁足令)은 고립과 형벌이었지만, 아이러니하게도 제주도 문화의 원형이 고스란히 남겨지는 시간이 되었다.

이처럼 본풀이가 많은 이유는 발신자인 심방이 수신자인 공동체의 다양한 삶에 알맞게 메시지를 전하였기 때문이다. 특히 〈당신본풀이〉는 마을 사람들의 삶과 문화를 재구성할 수 있는 제주만의 본풀이다. 마을 사람들의 삶은 곧 제주 공동체의 문화다. 그래서 〈당신본풀이〉에서 발견되는 하나하나의 문화 조각은 소중하다.

한편 지금도 마을 단위의 문화질서는 유의미하게 형성되고 있어 주목할 만하다. 제주특별자치도가 펴낸 2015《마을특성 및 실태조사 보고서^(제주시편)》에서 마을 단위의 공동의례, 당굿이나 포제^(酺祭), 마을제 현황을 살펴보았다. 마을공동체가 신년이나 수확기에 공동의례를 행하는 것은 마을의 문화질서를 확립하려는 전통이다.

보고서의 순서대로 제시하면 다음과 같다. ①한림읍 21개의 마을 중 8개의 마을에서 봉행 ②애월읍 26개 마을 중 15개의 마을에서 봉행 ③구좌읍 12개 마을 중 7개 마을에서 봉행 ④조천읍 12개 마을 중 9개 마을에서 봉행 ⑤한경면 15개 마을 중 한 곳도 봉행하지 않음 ⑥추자면 6개 마을 중 6개 모두 봉행 ⑦우도면 4개 마을 중 2개 마을 봉행 ⑧제주시 동지역 40개 마을 중 32개 마을 봉행이 나타난다.

이를 통해 지역별로 차이가 존재함을 알 수 있다. 예컨대 서부 지역은 외래문화의 유입으로 마을 단위 의례가 사라진 지 오래되었지만, 동부 지역은 어업 활동과 관련한 마을 의례가 아직도 다양하게 봉행되고 있다. 제주시 동(洞)지역에서도 활발하게 마을제가 봉행되지만, 포제(酺祭)가 주를 이루는 점은 제주 읍성을 중심으로 유교 문화가 활발하게 보급된 때문이라 생각된다. 이를 보면 마을 단위의 문화질서가 현재를 살아가는 우리에게도 여전히 유의미한 메시지임을 알 수 있다.

66 농업·어업·목축의 땅은 일만팔천의 신을 부른다. 99

신화란   →   [제주신화, 본풀이]   →   신화의 두 층위

↑   ↓

문화적 스토리   ←   문화 코드   ←   문화소와 신화소

본풀이, 문화질서의 본을 풀다

본풀이는 문화질서의 대본이다.

문화질서의 의인화, 신

신은 인간에게 모범을 보여준다.

다양한 신, 다양한 제주 문화

농업·어업·목축의 땅은 일만팔천의 신을 부른다.

신화의
두 층위

신의 얼굴,
인간의 마음

신화는 인간의 문화질서를 신의 서사로 드러낸 이야기다. 신화의 발신자는 문화질서를 신의 서사로 드러내기 위하여 의인화 전략을 사용한다. 이 과정에서 문화의 시원과 인간의 행위는 심층으로 가라앉고 신의 행위와 출현이 겉으로 드러난다. 다시 말해 신화는 우리에게 신의 얼굴을 보여주지만, 동시에 인간의 마음을 읽어야 한다고 말한다.

먼저 신의 얼굴을 읽기 위하여 본풀이의 서사 구조를 살펴보았다.

현용준의《제주도무속자료사전》에 실린 〈당신본풀이〉 75편 중 신(神)이 출현한 곳이 '송당'으로 지목된 〈당신본풀이〉 12편을 분석하여 본풀이 내용을 구조화하였다.

먼저 신이 어디에서 왔는지에 대해 말하며, 신명(神名)의 호출을 포함하는 출생담(出生談)이 나온다. 다음은 신의 성장 과정과 행위의 확산을 다루는 내력담(來歷談)이 나온다. 그리고 신이 어떤 권능을 지니는지 보여주는 직능담(職能談)이 등장하고, 언제 신을 모실지를 규정한 제일담(祭日談)으로 마무리된다. 정리하면 출생담(出生談)→내력담(來歷談)→직능담(職能談)→제일담(祭日談)으로 구조화된다.

다음은 인산의 마음을 읽기 위하여 본풀이의 이면에 주목해보자. 이면에는 문화질서가 숨어 있다. 이를 찾기 위해서는 발신자의 발화 구조를 살펴야 한다. 이는 문화질서의 서사화 과정으로 집약되며 다음과 같이 나타낼 수 있다.

발신자	문화	
	문화질서	
	행위×사고×행위	
서사화 과정	서사 코드	
	(문화 코드)	
수신자	신화	
	문화적 스토리	신화적 스토리
	문화소×문화소×문화소	신화소×신화소×신화소
	문화의 시원과 인간의 행위 중심	신의 출현과 신의 행위 중심
	심층	표층
	기호작용의 확장	기호작용

문화질서는 행위나 사고를 통해 현실에서 드러난다. 발신
자는 어떤 문화질서를 확립할 필요가 있을 때 서사 코드를 통
하여 신화를 만든다. 그런데 서사 코드를 통해 신화를 써나가
려면 문화질서는 심층에 배치될 수밖에 없다. 왜냐면 표층은
신(神)의 모습으로 구체화되기 때문이다. 신화의 표층은 신의
출현과 신의 행위가 전개되는 과정에서 신화적 스토리가 형

성되지만, 발신자의 의도는 문화질서를 전파하는 것이다. 이에 발신자는 문화질서를 드러내기 위하여 다양한 기호작용의 확장을 진행한다. 기호작용이 일반문법의 전개 과정이라면, 기호작용의 확장은 일반문법을 벗어나는 비문법적 전개 과정까지 아우르는 말이다.

예컨대 '일회용 방패를 입에 쓰고 돌아다녔다.'는 문장이 있다. 발신자가 보낸 이 문장을 수신자가 어떻게 의미 처리하는지 살펴보면 발신자의 의미 생성 방법도 이해할 수 있다.

전체의미	문장	처리순서
D	일회용 방패를……	A
	입에 쓰고……	B
	돌아다녔다…….	C

이 문장의 의미처리 순서는 물리적 조건에 의해 A→B→C의 순서로 전달되고 전체적으로 D로 수렴된다. 기표의 체계만으로 본다면 이 문장은 문제가 없다. 〈목적어+서술어+서술

어〉의 구조로 자연스럽게 연결되어 있다. 이는 직렬적으로 연결된 구조상에 문제가 없음을 말한다. 그러나 이 문장을 그대로 처리할 수는 없다. 하나의 언어를 처리하는 데는 문장으로 구조화된 직렬적인 시스템인 '결합의 축'만 있는 게 아니라, 병렬적 시스템인 '선택의 축'이 동시에 작용하기 때문이다. 그것은 '결합과 선택'의 축이 모두 성립되어야만 의미가 원활하게 처리됨을 의미한다.

요컨대, 이 문장은 A→B→C로 바로 연결되지 않는다. A에 나타난 '일회용 방패'는 B처럼 입에 쓸 수 있는 것인가? 라는 질문이 뒤따른다. '일회용 방패'는 일반문법의 의미작용 범주를 벗어나고 있다. 즉, 새로운 의미처리 방식을 요구하고 있다. 이 지점에 인간의 마음, 즉 문화질서를 읽을 수 있는 단서가 있다.

수신자가 '일회용 방패'라는 말에 숨은 다른 의미를 찾기 위해서는 발신자의 의미 생성 과정을 머릿속에서 재구성해 보아야 한다. 동시대의 발신자와 수신자라면 '일회용-입에 쓰고 다니며-방패처럼 무언가를 막아 주는 물건'은 '마스크'로 쉽게 연결이 된다. 물론 아직 마스크로 의미를 확정할 수는 없다. 앞뒤 문맥을 파악하고 조정하는 가운데 의미가 확정될 수 있다. 이 과정은 일반문법에서 확장된 비문법적 전개까지 포함한다.

이처럼 겉으로 드러난 기표(記標) '일회용 방패'에서 '마스크'의 기의(記意)까지 읽는 일은 신의 얼굴과 더불어 인간의 마음을 읽는 일이다.

> 66 본풀이의 표층에는 신의 얼굴이 드러나고,
> 심층에는 인간의 마음이 숨어 있다. 99

신화

문법

동양에서는 그람마를 문법^(文法)이라고 한다. 문법은 어떤 언어가 소통의 수단이 되기 위해 오랜 기간 갈고 닦은 원칙이다. 문법은 눈으로 볼 수 없는 그 언어만의 내공이며 무늬다. 단어들은 문법을 통해 언어로 완성되어 우리에게 희로애락이라는 감정을 전달한다. 법이란 보이지 않지만, 문자들을 지배하는 도덕이며 규율이다. 그 법 없이 문자들은 존재할 수 없다.

- 배철현,《수련》

인간에게 기본적으로 주어진 언어를 수행할 수 있는 능력을 내재문법이라 한다. 인간은 생후 1년 반 정도가 지나면 개별 단어를 사용하여 의사 표현을 하고, 24개월경이 되면 문장을 만들기 위해 두 단어를 연결한다. 한국에서 태어난 아이와 미국에서 태어난 아이는 다른 개별문법을 가진다. 개별문법은 내재문법이 구체적인 언어에서 수행되는 능력을 말한다.

보통 발신자와 수신자는 개별문법에 따라 일상적 언어로 소통한다. 그런데 문학작품은 좀 달라진다. 발신자와 수신자가 작가와 독자로 바뀌며, 메시지는 특정한 예술적 지향성을 드러낸다. 시에는 시를 시답게 하는 시문법이 있고, 소설에는 소설을 소설답게 하는 소설문법이 있다. 이에 신화에도 신화의 특성을 구현하는 원리로서 신화문법이 있음이다.

신화문법은 어떤 언어가 신화적 소통 수단이 되기 위해 오랜 기간 갈고 닦은 원칙이다. 신화문법을 통해 음운에서 단어로, 단어에서 문장으로 완성되어 우리에게 신의 얼굴로 인간의 문화질서를 전하고자 하는 서사 텍스트가 신화다.

방현석의 《서사패턴 959》를 참고하여 신의 얼굴로 드러나는 신화의 표층 스토리가 어떻게 서사화되는지 살펴보려 한다.

맨 처음 발신자는 단순한 이야기글 자신의 의도에 따라 재배치한다. 흔히 서사를 허구적 가공이라 착각하기 쉽다. 하지만 보다 먼저, 이미 존재하는 이야기를 재배열한다. 이때 이야기는 생략되거나 강조될 수 있다. 그리고 실재하는 이야기 그 자체만으로는 부족하다고 느낀 발신자가 이야기를 꾸미기 시작한다. 실제 이야기가 존재하는 현실 세계는 불완전하기에 어느 한 순간, 한 장면이 감동적일지라도 그것은 체계적이지 않은 경우가 대부분이다. 발신자는 이때 허구화를 통해 불완전한 세계를 완전한 세계로 변화시킨다.

예를 들어 〈세경본풀이〉가 발신된다고 가정해 보자. 현실에는 수많은 사랑과 결실에 관한 이야기가 있다. 남녀의 사랑으로 자식이 태어나고, 꽃이 진 자리에 열매가 맺히고, 비 온 뒤에 땅이 굳어진다. 이미 존재했던 이들 이야기는 〈세경본풀이〉를 위하여 재배열되고 생략되거나 강조된다. 발신자는 이루어질 듯 이루어지지 않는 현실의 사랑을 포기하지 않고 끝까지 믿으며 완전한 사랑으로 만들어 신(神)의 면모를 드러낸다.

한편 표층의 스토리를 따라 심층의 스토리도 흘러간다. 동전의 양면처럼 신의 얼굴과 인간의 마음은 둘이 아니고 하나이다.

잘 가꾼 밭에 뿌린 좋은 씨앗은 풍년을 가져다주었다. 어느 해 종자 씨가 좋지 않아 농사를 망친 후 공동체는 씨앗이 매우 중요함을 실감하였다. 그래서 〈세경본풀이〉의 심층에는 씨앗의 소중함이 강조되었다. 어느 해는 연속해서 경작한 밭은 한두 해 쉬게 하면 지력이 회복된다는 것을 널리 전파해야 할 필요가 있었다. 그러면 휴작(休作), 윤작(輪作)이 〈세경본풀이〉의 심층에 내재되며 표층 스토리가 추가 생성되었다.

요컨대, 발신자의 목적과 수단은 상호작용하는 가운데 완결된 신화를 만들어나간 것이다. 이 모든 과정은 서사 코드와 문화 코드의 작용 아래 이루어지며 신화문법의 틀 안에서 완성되었다.

그동안 표층의 서사에 대한 논의는 많이 이루어졌다. 학자들은 표층 이야기를 구성하는 요소를 '신화소'라 한다. 신화소는 신화를 구성하는 핵심적인 의미 단위로 신의 서사를 통해 드러난다. 그렇다면 심층의 서사를 구성하는 요소는 '문화소'라 부를 수 있다. 문화소는 문화를 구성하는 핵심적인 의미 단위로 심층에 문화질서의 조각으로 내재화되어 있다.

> 66 신화의 소통 수단인 신화문법은
> 신화소와 문화소를 직조하는 원리다. 99

심층의 의미
찾기

신화의 의미를 찾기 위해 표층에서 심층을 볼 수 있는 안경이 필요한 시점이다. 하지만 새롭게 안경을 바꿔 쓰는 게 아니다. 표층과 심층의 의미는 드러나기도 하고 숨기도 하면서 하나로 연결되어 있다.

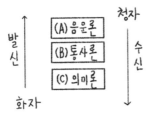

화자와 청자가 의사소통을 할 때 음운론, 통사론, 의미론은 상호 밀접한 관계를 맺고 있다. 화자의 발신으로 이루어지는 언어의 생성은 (C)→(B)→(A)의 방향으로 작용하고 청자의 수신

으로 일어나는 언어의 해석은 반대로 (A)→(B)→(C)의 방향으로 작용한다. 작용하는 방향에 따라 음운론과 의미론의 위치가 뒤바뀌고, 음운론과 의미론 사이에서 통사론이 연결 고리 역할을 맡고 있다. 그리고 세 영역 가운데 어느 하나라도 빠지면 그것은 화자와 청자 사이에 존재하는 언어라고 말할 수 없다.

- 윤평헌,《국어의 의미론》

언어의 소통에 통사론이 연결 고리 역할을 하듯이 신화를 매개로 소통하기 위해서는 신화의 문장 하나하나에 주목하는 일이 필수적이다. 지금까지 신화 읽기가 표층의 내용 구조를 파악하는 데 몰두했다면 이제부터는 신화의 문장과 문맥의 관계를 꼼꼼히 따지며 중층의 구조를 읽을 필요가 있다. 그렇게 신화를 읽으면 문장의 의미가 비논리적이고 비인과적인 경우를 발견하게 된다. 이는 우리가 보고 있는 기표(記標)에 다른 기의(記意)가 숨어 있기 때문이다.

기표(記標)와 기의(記意)는 소쉬르가 정의한 기호의 근본을 이루는 두 성분이다. 기표는 소리와 문자를 말한다. '나무[namu]'

라는 기표를 보면 우리 머릿속에는 '🌳'의 기의가 떠오른다. 기의는 개념과 이미지 두 가지를 통해 형성된다.

예를 들어 〈삼달리본향당본풀이〉에 '소를 잡되 칼로 잡을 수는 없는 노릇이었다.'는 문장이 나온다. 수신자인 우리가 보고 있는 것은 기표^(記標)로서의 문장이다. 지금까지의 읽기로는 그냥 이 대목을 지나쳤다. 왜냐면 본풀이 내용 구조에 큰 영향을 미치지 않는다고 생각했기 때문이다. '왜 칼로 잡을 수 없다고 하는 거지?' 의문을 품고 다음을 읽으면 '참실로 모가지를 묶고 고함을 질렀더니 소가 놀라 쓰러져 죽었다.'는 말이 나온다. 참실로 모가지를 묶는 일은 소를 길들이기 위해 '단단한 줄로 코뚜레나 고삐를 매다.'는 의미로 연결된다.

일상적 경험과 기호작용의 범주 안에서 '소를 잡되 칼로 잡을 수는 없다.'는 문장은 비논리적이다. 그렇다면 발신자는 이 문장에 다른 기의^(記意)를 실어 전하고자 했음이다. 이는 다음과 같이 나타낼 수 있다.

발신자　　　　　　　┌──────────────────────┐　　　　　　　수신자
(그때-거기-그들)　　│ 기의 - ①/② → 기표 - ① → 기의 │　　　　(지금-여기-우리)
　　　　　　　　　　└──────────────────────┘

　발신자는 겉으로 드러난 기의^(記意) ① 이외에 다른 기의^(記意)
②를 넣었다. 그러나 수신자는 숨어 있는 기의^(記意) ②를 알아채
지 못하였다. 이유는 두 가지다. 하나는 겉에 드러난 의미만을
읽고 있기 때문이며, 다른 하나는 시공간의 차이와 문화적 간극
때문에 수신자에게 기의^(記意) ②가 낯선 암호 같다는 점이다.

　그런데 발신자와 수신자는 동일한 언어 기호를 사용하며,
생활양식을 공유하는 문화 공동체다. 동일한 문화적 배경을
가지며, 동일한 기호작용을 하는 점은 해석의 단서를 가졌음
을 의미한다. 그래서 발신자와 수신자의 거리가 가까울수록
해석 가능성은 높아진다. 예를 들어 목축문회를 경험하고 문
장의 원리를 알고 있는 수신자가 〈삼달리본향당본풀이〉에 숨
어 있는 기의를 더 잘 파악할 수 있다.

　이제 발신자와 수신자의 동일한 기호작용을 알아보기 위해
인지의미론이 필요해진다.

문학은 담화 행위이다. 담화는 화자와 청자가 기호를 매개로 사고와 정서를 주고받는 소통행위라는 점에서 인지행위이다. 인지과정을 해명하지 않고는 작품이 어떻게 창작되었는지, 그리고 어떤 심리적 과정을 거쳐 독자의 반응으로 드러나는지 규명하기 어렵다.

- 송문석, 《인지시학》

이해하기 어려운 시가 내 앞에 있다고 가정해 보자. '시는 압축했으니까 원래 어려운 거야.', '작가의 정서는 주관적이어서 정답이 없어.'라고 핑계 대며 해석을 피하지는 않았는지 궁금하다. 중학생이 읽는 시는 대부분 '기표-기의'가 일반문법의 체계를 통해 드러난다. 그런데 수능 국어 문제집만 펼쳐도 상황은 달라진다. 겉에 드러난 기표만을 읽어서는 도무지 의미가 잡히지 않는 시가 많다.

사고와 정서가 뒤엉키거나, 작가의 정서가 강하게 드러난 시는 자동적으로 이해되지 않는다. 하지만 그 역시 소통의 범주 안에 있다. 다시 말해 작가와 독자는 동일한 언어 법칙을 사용하고 있으며 소통을 전제로 표현하고 수용한다는 점이다. 이에 독자는 작가가 표현했던 머릿속 언어 법칙을 재구성해 볼 수 있다. 인간의 머릿속 정보처리 과정인 인지적 절차는 동일한 원리에 따라 진행되기 때문이다. 이 원리를 체계화한 것이 '인지시학'이다. 이처럼 인지시학은 깨어진 의미를 찾아 해석하게 해 준다.

잠시 숨을 돌리며 소설 〈화수분〉을 읽었던 경험을 말해볼까 한다.

첫겨울 추운 밤 고요히 깊어간다. 나는 자다가 꿈결같이 으으으으으으 하는 소리를 들었다. 누가 저리도 섧게 우나. 행랑에 있는 아범이 우는 소리이다. 그 연유가 궁금하다.

금년 9월에 아범과 어멈이 어린 세 식내 딸을 데리고 우리 집 행랑방에 들었다. 아범은 키도 얼굴도 기름하며 퍽 순해 보였다. 어멈도 작은 키에 늘 입을 다물고서 아무 말 없지만 무슨 일이든 하라는 대로 하였다. 그들에게는 지금 입고 있는 단벌 홑옷과 조그만 냄비 하나밖에 없다. 세간도 없고, 입을 옷도 없고,

덮을 이부자리도 없고, 밥 담아 먹을 그릇도 밥 먹을 숟가락 한 개가 없다. 있는 것은 밉게 생긴 딸 둘과 애를 업는 홑누더기와 아범이 벌이하는 지게 하나뿐이다.

그날은 큰 딸아이를 부잣집으로 보내었다. 집에 두고 굶기는 것보다 나을까 하여 어멈이 한 일이지만 아범은 밤새 서럽게 울었다. 그의 집은 양평이다. 원래 먹고 살만은 하였으나 점점 쇠락해 거지 신세가 되었다. 삼 형제 중 막내인 그의 이름은 화수분이었다. 어느 날 화수분은 둘째 형 거부가 발을 다쳐 굶어 죽게 생겼다며 추수하는 것을 도와주고 오겠다며 고향으로 갔다. 화수분은 겨울이 다 가도록 돌아오지 않았다. 그래서 어멈이 어린것을 업고 그를 찾아 나섰다.

나는 출가해 사는 동생 S로부터 그들에 대한 소식을 우연히 듣게 되었다. 화수분은 형의 농사일을 하다가 병이 나서 누워 지냈다. 찾아온다는 어멈의 편지를 받고 그가 급히 서울로 향하였다. 어느 고개를 지나다 보니, 어멈이 아이를 안고 벌벌 떨고 있었다. 다음날, 나무 장사가 지나다 보니 젊은 남녀가 껴안고 죽어있다. 그 안에서 어린애가 시체를 툭툭 치고 있어 어린것만 소에 싣고 갔다.

'화수분'이라는 이름을 가졌지만, 아범의 가난은 계속된다. 형의 이름도 큰 부자가 되길 바라는 '거부'이다. 그래서 보통 이 소설은 화수분 일가의 가난과 고통 그리고 비극을 다루는 점에 주목한다. 하지만 그런 환경에서도 꺼내고 꺼내어도 마르지 않는 것이 있다. 그것은 바로 부모의 '자식 사랑'이다. 아범과 어멈의 가난하지만 평화로운 세계는 큰아이를 부잣집 마누라에게 주어두고 돌아온 날 깨져버린다. 굶기는 것이 안타까워 택한 방법이었지만 눈물이 마르지 않는다.

이번에는 목숨을 바쳐 자식을 지킨다. 칼날 같은 바람이 뺨을 치는 고개에서 어린것을 가운데 두고 밤을 지낸 아범과 어멈. 그 가운데 아직 막 자다 깨인 어린애기 등에 따뜻한 햇볕을 받고 앉아서 시체를 툭툭 치고 있는 마지막 장면. 마치 화수분이라는 단지 안에서 생명이 솟아나는 듯한 이미지이다.

〈화수분〉의 표면적 의미를 읽는 독자는 주인공의 지독한 가난과 불운에 집중한다. 화수분의 의미는 재물이 계속 나오는 보물단지다. 가시적인 사고 영역에서 화수분은 자연스럽게 '부와 가난'으로 연결된다. 하지만 '화수분'이라는 말 안에는 다른 의미가 숨어 있다. 숨어 있어 보이지 않는 비가시적인 정서의 영역이다.

주인공 화수분에게서 마르지 않는 것은 재물이 아니다. 대신 눈물과 죽음으로 보여주는 '자식에 대한 사랑'이 솟아난다. 이러한 심층적 의미를 읽는 독자는 〈화수분〉을 통해 작가가 하고자 했던 두 가지 말을 수용하게 된다. 하나는 아무리 애써도 계속 가난해지는 화수분의 반어적 의미이며, 다른 하나는 써도 써도 계속 솟아나는 자식에 대한 사랑이다.

인지시학으로 문학작품을 읽으면 이처럼 표층의 의미와 더불어 심층의 뜻을 만날 수 있다. 대부분 심층에는 문학작품이 숨겨놓은 삶의 구체적인 열매가 자라고 있다. 그 열매의 맛은 독자에게 감동을 준다.

66 의미가 부자연스러운 문장에서 심층의 의미를 찾아야 한다. 99

신화란 → 제주신화, 본풀이 → [신화의 두 층위]

↑ ↓

문화적 스토리 ← 문화 코드 ← 문화소와 신화소

신의 얼굴, 인간의 마음

본풀이의 표층에는 신의 얼굴이 드러나고, 심층에는 인간의 마음이 숨
어 있다.

신화문법

신화의 소통 수단인 신화문법은 신화소와 문화소를 직조하는 원리이다.

심층의 의미 찾기

의미가 부자연스러운 문장에서 심층의 의미를 찾아야 한다.

문화소와
신화소

신화에 나타난

문화소

    신화의 발신자는 문화질서를 신의 서사로 의인화하는 과정에서 기호작용의 확장을 일으킨다. 기호작용의 확장이 일어나면 일상문법을 벗어난다. 이는 수신자에게 깨어진 의미로 보인다. 깨어진 의미는 완전한 의미로 해석되어야 한다. 해석을 위해 문맥의 관계를 조정하며 의미를 찾을 때 포착된 단서는 문화질서의 조각이다. 문화질서의 조각을 꺼내어 현실과 맞추어 보면 하나의 문화 행위로 연결된다. 다시 말해 신화에 담겨 있는 문화질서의 조각, 문화 행위를 '문화소'라 한다.

신화는 세계관이다. 모든 신화는 세계가 어떻게 구성되어 있는지, 어떤 질서에 따르는지를 보여준다. 세상은 이런 거라는 선언으로서의 신화는 하나의 세계, 하나의 우주를 형성하게 마련이다. 창세신화는 세상에 태초를 이야기하는 신화이다. 여기에서 '세상'의 범주는 창세신화를 믿는 집단의 범주와 겹친다. 국가의 창세신화는 '국가'라는 우주의 태초를 이야기하고 마을의 창세신화는 '마을'이라는 우주의 태초를 이야기하는 법이다. 창세신화는 '시원(始原)'의 시간에 대해 말하지만, 창세신화 자체는 그 시원의 시간에 발생한 것은 아니다. 시원을 생각해야하는 그 지점, 세상이 어떻게 처음 열렸는가를 고민할 필요성이 발생하는 그 순간에 창세신화는 생겨난다.

- 정진희, 《신화로 읽는 류큐왕국》

이처럼 신화는 공동체의 문화질서를 전승하고자 하는 지점에서 발생한다. 그것이 신화의 세계관이다. 현실의 문화질서는 공동체의 일상을 유지하는 틀이다. 수많은 문화질서 가운데 어떤 문화질서를 반드시 전승시켜야 할 필요성이 발생할 경우, 공동체 구성원은 전승 방법을 찾게 된다. 이때 가장 효과적이고 강력한 소통의 방식은 제의적 틀에서 구송되는 신화다. 따라서 신화에서 문화소를 찾는 일은 신화를 읽는 목적과 연결된다.

혹시 여러분은 왜 신화를 조각조각 파헤치는지 궁금할 수도 있겠다. 답은 '잘 알기 위해서다.' 깨어져 비문법적으로 보이는 부분은 신화와 나의 거리를 자꾸만 벌려 놓는다. 그러면 내용의 흐름도 금방 까먹는다. 의미 연결이 안 되고 구멍이 생기기 때문이다. 다만 신화를 파헤침에 있어 주의할 점은 문화소가 신화 형성의 한 요소라는 것이다. 요소들은 통합될 때 비로소 실체를 드러낸다. 우리의 삶과 구체적으로 연결된 문화의 실체를 통하여 우리는 신화 읽기에서 삶 읽기로 나아갈 수 있다.

문화소는 문화기호학을 거쳐 지금은 번역학에서 주로 사용

하는 말이다. 다소 장황하지만, 용어의 개념 이해를 위한 서
술이니 양해 바란다.

문화소는 문화 자체가 거대한 텍스트라는 전제에서 출발한
다. 문화를 텍스트처럼 체계적으로 분석하기 위해 적절한 분
석 단위를 설정해야 했다. 포이애토스(F. Poyatos)는 이를 위해
문화소(cultureme)라는 단위를 설정하였다. 그는 '문화소는 상
징적 가치를 갖는 기호들 안에서 감각적 혹은 지적으로 이해
된 문화적 활동의 어떤 부분'이라고 정의한다. 이는 더 작은
단위로 나누어질 수도 있고, 더 큰 단위로 통합될 수도 있다.
그는 문화의 분석은 몇 단계를 거쳐 이루어지며, 각 단계마다
그에 적절한 문화소들이 설정된다고 보았다.

가령, 첫 번째 단계의 기준은 문화적 양식이 도시에서 나타
나는가, 농촌에서 나타나는가에 따라 '도시-농촌', 그 관찰자
가 내부에 있는가, 외부에 있는가에 따라 '내부-외부'로 나뉜
다. 그래서 〈도시적-외부적〉, 〈도시적-내부적〉, 〈농촌적-외
부적〉, 〈농촌적-내부적〉 네 가지 기본 영역이 설정된다.

두 번째 단계는 인간의 행위를 결정하는 자연과 인간을 기

준으로 '환경적-행위적'이 추가된다. 세 번째 단계는 문화 속에서 찾아지는 배경들에 따라 가정, 학교, 식당, 광장 등으로 세밀하게 구분된다. 네 번째 단계는 감각적이냐 지적이냐에 따라 시각적, 촉각적, 후각적, 동작적 등이 추가된다. 이로써 가정^(家庭)은 〈도시적-내부적-행위적-청각적〉의 문화소로 구성된 문화텍스트라는 것이다.

포이애토스의 문화론은 문화 전체를 거시적 시각에서 기호학적으로 이해할 수 있는 길을 열었다고 평가받았다. 그렇지만 문화기호학에서 텍스트 읽기는 문화라는 전체를 미리 설정하기보다는 개별텍스트의 분석을 통해 문화텍스트를 산출해 나가야 한다고 지적되었다.

1990년대 이후 번역학에서 '번역은 한마디로 문화 간 커뮤니케이션'이라는 말이 대두되면서 문화소 개념이 강조되었다.

문화소^(cultureme)란 어느 특정의 상황에서 특정의 이해 그리고 이에 상응하는 행위를 유발시키는 어느 언어권의 모든 문화적,

사회 경제적 소여성^(所與性)을 일컫는데 언어적 요인뿐만 아니라 원어문화권에 나타나지만 역어문화권에는 알려져 있지 않거나 다르게 정의된 비언어적 현상, 제도를 포함하는 사회적, 경제적, 법적 체계상 서로 다른 구조에서 나타나는 것들이다. 일례로 우리나라에는 없지만, 독일의 사회보험 체계에 속하는 '사회보험료'를 들 수 있다.

- 김효중,《새로운 번역을 위한 패러다임》

이처럼 번역학에서 말하는 문화소는 그 문화권에서만 형성된 언어적 비언어적 현상이나 구조를 뜻한다. 번역이 문화 간 커뮤니케이션이라면 문화소는 번역의 핵심적 요소다. 그러나 번역의 어려움은 타 문화권의 문화소를 파악하는 일이 쉽지 않은 데 있다. 번역자는 원어와 역어뿐만 아니라 두 언어권의 문화에도 정통해야 최적의 번역을 할 수 있다. 만일 번역자가 두 문화권의 차이를 인식하지 못하면 번역은 오역이 된다.

언어 상호 간의 번역에서 실제로 문화소가 번역된 사례를 살펴보기로 한다.

예1) ST(출발어: Source Text): 대머리도 잡아간대?

　　TT(도착어: Target Text): Arrest a bold man, like the president?

- 영화, 〈꽃잎〉 중

　예문은 영화 중 계엄군이 시민을 닥치는 대로 구속하는 상황을 묘사한 대사다. 이 문맥이 당시 계엄령을 내린 대통령의 외모를 빗댄 표현이라는 사실을 인지하지 못했다면 대머리를 단순히 일반 명사로 해석하여 고유명사로서 의미 또는 비유적 의미를 고려한 번역 결과물로 나타날 수 없었을 것이다. 이는 고유명사는 하나의 대상을 지칭할 수는 있어도 결코 하나의 기능을 갖는 것은 아님을 보여주고 있다.

예2) ㉮ 브로드웨이는 뉴욕에 있다.

　　㉯ 브로드웨이에 진출했다.

예2)에서 '브로드웨이'라는 하나의 고유명사는 ㉮에서는 단순한 사회적 배경지식으로 의미 생성이 가능하지만, ㉯에서는 역사적 배경지식을 통하여 '뮤지컬의 본고장에 진출할 만큼 실력을 갖추다.'의 의미를 생성해야 한다.

정리하면, 이 글에서 말하는 문화소는 번역학의 개념과 가까운 것임을 전제로 한다. 로만 야콥슨도 언어 내적인 바꾸어 말하기가 번역의 한 유형이 될 수 있다고 보았다. 한편 문화소를 파악하기 위한 논의의 단계는 '문화-문화적 스토리-문화소'로 범주화할 수 있다.

이글의 문화소 개념을 이해하기 위해 현실과 텍스트 두 차원을 나누어 보기로 한다. 현실에서 나타나는 문화 행위는 의식적, 무의식적 또는 관습적, 학습적인 것과 상관없이 모두 문화적 체계나 질서의 지배를 받는다. 곧 문화 행위는 문화 질서의 한 요소다. 가령 제사 지낼 때 '절'을 하는 행위나 판사가 법정에 입장할 때 모두 '기립'하는 행위는 문화질서와 유기적으로 결합된 문화 행위다.

문화 행위가 텍스트 안으로 들어가면 문화소가 된다. 텍스트에서 문화소는 문화적 스토리의 지배를 받는다. 그런데 신화는 신들의 이야기가 표면에 드러나기 때문에 수신자의 의도적인 인식 작용이 수반되기 전에는 문화소를 잘 알아챌 수 없다. 말하자면 뮈토스는 로고스가 드러나는 것을 방해하고, 로고스는 뮈토스를 극복하려는 이치와 같다. 이에 문화소가 표층에 드러날 때는 비인과적이며 고립적인 문맥으로 드러난다. 따라서 문화소는 다른 문화소와의 관계 또는 차이를 통해서만 그 의미가 확정될 수 있다.

아래 〈그림〉에서 문화 행위는 현실에서 문화질서와 유기적 관계가 드러나지만, 문화 코드를 통해 텍스트에 들어가면 문

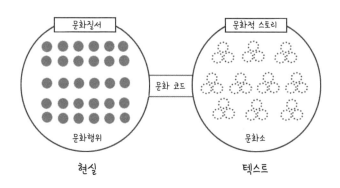

화소가 된다. 이때 문화소는 그 모습이 분명하지 않아 점선으로 나타나며 각각은 고립적이고 분리적으로 보인다. 그런데 하나의 연속체로 텍스트를 구성하면 완결된 서사로서 문화적 스토리가 구성된다.

문화소는 현실의 문화 행위가 신화에 표현된 것이다. 그런데 발신자가 신화를 생성할 때 표층의 신화소는 신화소대로 확장하려 하고, 문화소는 문화소대로 드러나려 하는 길항작용에 부딪힌다. 신화소와 문화소가 이야기의 전개를 서로 상쇄시키면 그 문맥은 비인과적이며 비현실적이 된다. 수신자는 이 대목에서 잠시 멈추고 의미를 되짚어보아야 한다. 하지만 쉽지 않다. 두 가지 때문이다.

하나는 수신자가 비현실적이며 비논리적인 문맥을 신(神)의 영웅적 행동으로 보아 넘기게 된다. 그동안 신화의 특성으로 신성성, 비범성 같은 것을 학습하였기 때문이다. 다른 하나는 문화소의 의미를 선택하기 위해서는 현실의 문화질서를 살펴야 한다. 하지만 수신자인 '지금-여기-우리' 앞에 놓인 문화질서는 신화가 품은 문화질서와 일치하지는 않는다.

예를 들어 1990년대까지만 하여도 집에서 장례를 치렀다. 어떻게 소렴^(小殮) 대렴^(大殮)을 하고 입관^(入棺)하는지 눈으로 볼 수 있었으며, 할 수 있었다. 하지만 30년이 흐른 지금은 장례식장에서 모든 일을 진행한다. 신화에 담긴 문화질서가 달라지거나 희미해져 버린 것이다.

정리하면 문화소는 문화질서의 조각으로서 신화의 심층에 내재한 문화 행위다. 현실의 문화 행위는 문화질서의 지배를 받지만, 서사화되면 조각조각 흩어지게 된다. 왜냐면 표층에 고립적이며 단편적으로 드러나기 때문이다. 문화소는 다른 문화소와 관계를 맺을 때 의미를 확정할 수 있다. 그러므로 문화소의 특성은 '맥락성'을 가지며, 그 의미는 현실로부터 추론되기에 '현실성'도 지닌다.

> 66 문화소는 신화에 담겨 있는 문화질서의 조각이다. 99

신의 서사를
실어나르는 신화소

　신화는 인간의 문화질서를 신의 서사로 드러낸 이야기로서 신의 이야기는 겉으로 드러난다. 표층에 드러난 신의 이야기를 실어나르는 요소를 '신화소'라 할 수 있다.

　신화소(神話素, Mythmes)라는 말은 레비스트로스가 처음 쓰면서 널리 퍼졌다. 그는 신화를 '인간이 사고하기 위한 논리적 도구'라 생각했다. 현대 이전까지도 신화는 이성과 대립되는 개념으로 인식되었기에 신화가 논리적이라는 전제는 중요한 전환이 되었다.

　신화소는 본래 구조주의 음운학의 영향을 받아 만들어진 개념이다. 음소(音素), 형태소(形態素), 의의소(意義素) 등이 현대 음운학에 있다면 신화에도 신화의 의미를 구성하는 하부 단위가 있다고 본 것이다. 그런데 신화소는 문학작품을 구성하는 단위인 만큼 음소, 형태소, 의의소 등에 비해 훨씬 더 복잡한 구성을 가질 것으로 보았다.

보통 '-소(素)'는 어떤 최소(最小)의 단위를 일컫는 표현이다. 레비스트로스는 이러한 구조주의 언어학이나 일반적인 표현과 차별점을 두며 신화소를 '신화를 구성하는 의미 있는 큰(大) 단위'라고 설명하였다. 큰 단위라는 말이 어떤 의미인지 한 발 더 들어가 보자.

레비스트로스는 〈오이디푸스〉를 논리적으로 해석하며 신화소 개념을 설명하였다. 오이디푸스 신화는 오이디푸스가 신탁의 예언대로 아버지를 죽이고 어머니와 결혼하는 운명에 관한 이야기로, 인간의 운명론이나 근친상간의 욕망을 드러내는 신화로 해석되어왔다. 그런데 레비스트로스는 '인간은 어디서 어떻게 생겨나는가.'에 대한 답을 하는 신화로 분석하였다.

최초의 인간은 자동적으로 출생한 것인지, 인간으로부터 출생한 것인지 선뜻 답하기 어렵다. 자동적으로 출생하였다면, 그것이 어떻게 가능하였고 지금은 왜 그러한 출생이 이루어지지 않는지에 대한 설명이 필요하다. 반면, 인간으로부터 출생하였다면, 그 최초의 인간은 어디서 발생한 것인지, 그리고 그들의 관계는 어떠하였는지 등에 대한 답을 해야 한다. 이런 모순된 상황을 풀어주는 열쇠가 '절름발이'로 표현된 오이디푸스라고 본 것이다.

레비스트로스는 〈오이디푸스〉를 ①~⑪개의 단락소로 나누었다. 단락소는 인물이나 사건을 중심으로 다른 단락과 관계를 맺을 때 기능하는 의미 단위로 나뉘었다. 그리고는 4개의 축을 설정하고 11개의 단락소를 배치하였다. 11개의 단락소는 서사를 나눈 것이므로 생략하고, 4개의 축을 중심으로 살펴보자.

Ⅰ-과대평가된 친족 관계: 인간의 흙으로부터의 출생 부정

Ⅱ-과소평가된 친족 관계: 인간의 흙으로부터의 출생 부정 불가능

Ⅲ-괴물의 퇴치: 인간의 흙으로부터의 출생 부정

Ⅳ-괴물: 인간의 흙으로부터의 출생 지속

Ⅰ축의 '과대평가된 친족 관계'는 흙으로부터의 출생을 부

정함을 의미하고, Ⅱ축은 Ⅰ축과 반대로 '과소평가된 친족 관계'를 보여 흙으로부터의 출생을 부정하는 것이 불가능하다는 것을 의미하게 된다. 그와 같다면 Ⅰ축과 Ⅱ축은 대립의 관계를 갖는다. Ⅰ축에 배치된 사건들과 Ⅱ축에 배치된 사건들은 각각 대립항으로써 기능한다. 또한 Ⅳ축에 배치된 인물은 괴물처럼 땅으로부터 완전히 분리되지 못하여, 인간의 형상을 하고 절뚝거리며 걸음으로써 Ⅰ축과 Ⅱ축의 대립을 중재한다고 하였다.

레비스트로스는 〈오이디푸스〉 신화를 통하여 '인간은 어디서 어떻게 생겨난 것일까.'라는 존재론적인 질문에 대해 '땅으로부터의 발생'과 '인간으로부터의 발생'이라는 두 가지 명제가 서사의 전개 과정에서 대립적으로 형상화된다고 보았다. 이에 대한 중재항으로서 오이디푸스는 절뚝거리는 인물로 형상화된다. 이로써 인간의 시원에 관한 땅으로부터의 발생과 인간으로부터의 발생에 따른 모순을 중재한다고 하였다.

이를 보면 신화소라 말해지는 사건과 인물은 모두 동일한 역할을 맡는 것이 아니라, 각각 대립적인 관계를 갖는 두 항과 매개항으로 구성되어 있음을 알게 된다. 곧 대립항과 매개항의 역할을 하는 단위들을 '신화소'라 하는 것이다. 이것이 레비스트로스가 말한 '큰 단위'다. 이들은 일정한 관계를 맺으며 신화의 서사를 이끌어 나간다. 이들이 안정적으로 구성되고 구현되었을 때 신화는 완결된 의미를 형성하게 된다. 그 후 신화소는 관계를 확장하면서 다른 신화들을 만들어내는 요소가 되기도 한다.

한편, 한국의 신화 학자들도 신화소 연구를 통해 신화의 원형을 파악하였다. 서대석은 신화소를 '신화를 구성하는 핵심 부위'라 하고 창세신화에서 A-천지개벽, B-인간창조, C-일월조정, D-주도권 경쟁, E-시조 출생의 다섯 가지 신화소를 추출하였다.

김헌선은 신화소를 '신화를 이루는 기본적인 구성 요소, 의식과 무의식을 통합시키는 핵심적 요소를 두루 갖춘 것'이라 하였다. 신화소는 여러 자료에 두루 나타나면서 '주기적 반복성'을 지닌다고 보았다. 이에 창세신화에서 A-천지개벽, B-창세신의 거인적 성격, C-물과 불의 근원, D-인간창조, E-인

세차지경쟁, F-일월조정, G-갖은 것들에 대한 기원, H-천지 부모의 결합과 시조 출생의 여덟 가지 신화소를 추출하였다.

국내의 신화소에 관한 논의는 모티프나 화소를 정리한 후 신화를 신화답게 해주는 내용, 즉 '신성성'을 중심으로 재구조화하고 있다. 동시에 이들 신화소는 독립되어 다른 신화에서 반복되는 형식으로 기능하기에 '확장성'을 가진다고 말할 수 있다.

한편 국내의 신화소 관련 논의는 서사의 표층을 중심으로만 재구조화하고 있어 레비스트로스의 신화소 논의와는 다르다. 가령 '일월조정' 신화소가 있을 때 그것은 어떤 질문에 대한 답이었는가를 밝힐 필요가 있다는 점이다. 그 질문이 인간의 모순을 해결하기 위한 것이라면 답은 문화적 범주 안에서 찾을 수 있다. 해와 달은 하나씩임에도 불구하고 두 개 또는 열 개라고 표상되는 이유는 무엇인가. 이를 조정한다는 것은 어떤 '하나'인 기준을 확립하는 것인데 그 의미는 무엇인가에 대해 구조화해야 한다. 그래서 이 글에서 논의하는 '문화소' 개념이 필요한 것이다.

정리하면, 레비스트로스가 제안한 신화소 개념이 국내에서는 신의 서사 중심의 표층에 관한 논의로 제한됨을 알 수 있다. 이에 신화소에 대한 모호함을 명료함으로 바꿀 필요가 있다. 이 글은 그 방법으로 신화소와 문화소를 제안한다. 표층에는 신의 서사를 구성하는 요소로 신화소가 작용하고, 심층에는 문화질서를 형성하는 요소로 문화소가 배치되는 것이다.

66 신의 서사는 대립항과 매개항을 지닌 신화소가 구성한다. 99

신화소와
문화소의 결합, 신화

신화 만들기 예시를 통하여 문화질서와 신의 서사가 하나로 직조되는 과정을 살펴보려 한다. 2021년 국어 시간, 칠판에 쓰인 단어를 연결하여 한 편의 신화를 만들고 있었다.

〈왕관, 박쥐, 손잡이……방패〉

① 깊은 골짜기 외딴 숲, 나무꾼이 숲에 떨어진 왕관을 발견하였다. 마음이 들뜬 나무꾼은 귀한 보물을 얼른 팔고 싶어 도시로 나갔다. 어느 보석상 안채에서 왕관의 값이 매겨지기 시작했다. 값을 후려치는 주인과 값을 잘 받으려는 나무꾼 사이에 실랑이가 벌어졌다. 둘은 협상을 중재해 줄 주변 보석상들을 초대하였다. 그들도 왕관을 보며 침을 흘렸다. 왕관에는 신비한 기운이 감도는 듯하였다. 그들은 이리저리 만져보고 둘러보았다. 그러는 사이 밤이 깊었다. 그러나 아직 거래는 성사되지 않았다.

② 그런데 집으로 돌아간 보석상들이 다음 날부터 열이 끓어오르기 시작했다. 마을 약방에 해열제를 구하려고 식솔들이 찾아왔다. 다음 날도 해열제를 구하려는 사람들이 하나둘 늘어나며 문전성시를 이루었다. 일주일 만에 약재는 모두 동이 나버렸다. 이상하게 생각한 약방 주인은 왕관이 있다던 보석상을 찾아가 보았다. 그 집 사람들은 모두 쓰러져 있었다. 나무꾼이 묵고 있던 방의 손잡이를 당겼다. 입술이 허옇게 마른 채 나무꾼도 죽어 있었다. 겁에 질려 한약방 주인은 집으로 돌아왔다. 손발을 깨끗이 씻고 방에 들어가더니 아무도 주변에 접근하지 못하도록 일렀다. 고열이 시작될 것 같은 예감이 들었다.

③ 한 열흘을 앓고 났는데 꿈에 박쥐가 나타났다. 자신은 옥황상제의 수비대장군, 하늘에 반민의 일이니 상제를 지키던 중 상제의 왕관이 하늘에서 떨어지는 사고가 일어났다. 그때 황제의 왕관에 적군의 피가 묻었다. 하늘의 피는 땅에서 독으로 변한다. 다행히 반란은 진압되었다. 하루빨리 왕관을 찾기 위해 그는 박쥐가 되어 인간 세상으로 내려왔다. 하지만 도무지 왕

관의 행방을 알 수 없었다.

④ 14일 만에 자리에서 일어난 약방 주인은 집을 나섰다. 꿈이 선명하였다. 어디에서든 왕관을 찾아야 했다. 거리는 인적이 끊긴 상태였다. 보석상의 집 대문은 아예 못이 박혀 있었다. 그 날 약방 주인은 가문에 전해져오는 '의법비책'을 꺼내어 밤새 읽었다. '하늘 물건은 투명방패를 사용해 만져야 한다. 투명방패는 일회용이다. 반드시 한 번 쓰면 버려야 하고, 비책에 따라 절대방패를 사용하여야 하늘 물건이 주는 액을 막을 수 있다.'

⑤ 비법 운운하였으나 자세한 제조법은 없었다. 한숨을 쉬던 약방 주인은 깜빡 잠이 들었다. 그 순간 꿈속에서 박쥐 떼가 날아올랐다. 그 모양이 방패가 펼쳐진 것처럼 보였다. 얼른 깨어나 그 모양대로 갖은 약초를 섞고 버무려 투명방패를 완성하였다. 마을 사람들에게 나누어주고, 외출 시에는 반드시 투명방패를 써야 한다고 일렀다. 그는 몇 날 며칠을 절대방패 만들기에 힘을 쏟았지만, 실패만 거듭하였다. 한숨을 쉬던 약방 주인

이 끔빽 잠이 들었다.

⑥ 툭! 하고 무언가 약방 주인의 무릎에 떨어졌다. 박쥐가 전해 준 '절대방패'였다. 그가 하늘에서 사용하던 것이다. 대신 하늘의 왕관을 찾아달라 하였다. 약방 주인은 절대방패를 들고 나가 보석상의 집 대문을 부수었다. 나무꾼이 묵고 있던 곳에서 숨겨둔 왕관을 찾았다. 그날 밤, 아무도 모르게 박쥐에게 왕관을 건네주었다. 그 순간 몸을 휘감고 있던 절패방패도 스르르 사라져 버렸다. 대신 박쥐가 날아오르며 하얀 구슬 하나를 약방 주인에게 주었다. "이 구슬로 땅사람을 지키라."

⑦ 이때부터 약방 주인은 구슬 하나로 병을 고칠 수 있게 되었다. 특히 하얀 구슬을 미리 대면 그 부위는 어떤 병이라도 막을 수 있었다. 이렇게 수많은 사람을 살려낸 그 약방 주인을 사람들은 '하얀구슬또'라 부르게 되었다. 매월 7일이 되면 그의 한 집에 가서 위하고 모시게 되었다.

이 이야기는 중3 학생이 쓴 글을 내가 보완하여 다시 정리한 것이다. 이 작품이 무얼 말하고 있는지 '지금-여기-우리'는 한눈에 알아볼 수 있었다. 우리는 '코로나 상황'이라는 동시대를 살고 있으며, 국어 시간에 제주신화를 읽고 토의한 경험이 있는 만큼 신화가 보여주는 영웅의 일대기 구조와 의인화 전략을 알고 있었다. 신화가 무얼 말하는지 한눈에 알아볼 수 있는 이유였다. 그런데 만약 300년 정도 흘러서 2321년의 '그때-거기-그들'이 본다면 이 작품을 어떻게 읽을까? 그들은 우선 서사의 표층에 나타난 내용을 다음처럼 정리할 것이다.

① 나무꾼이 왕관을 주워 도시로 팔러 감

② 왕관을 만진 사람들이 병에 걸림

③ 박쥐가 전해 준 왕관의 진실

④ 의법비책에 나온 투명방패와 절대방패

⑤ 투명방패 제조

⑥ 박쥐가 전해 준 절대방패와 하얀 구슬

⑦ 하얀구슬또의 좌정

이 이야기에는 죽음을 가져오는 왕관과 죽음을 막으려는 약방 주인의 대립이 나타난다. 이를 중재하는 것은 '박쥐'이며 투명방패와 절대방패, 그리고 하얀 구슬에 대한 답을 준다. 이에 약방 주인은 병을 막아내는 신격이 된다. 그러면 이 신화는 어떤 병도 막아내는 '하얀구슬또의 좌정담'으로 정리될 것이다. 여기까지만 읽어도 좋다. 하지만 신화의 심층에 담긴 구체적인 문화 의미를 읽게 된다면 신화는 한층 풍부한 이야기를 그들에게 전할 수 있다.

이야기를 지은 학생의 말을 정리해본다. '코로나^(corona)'라는 이름은 바이러스의 표면이 왕관처럼 생겨서 붙여진 명칭이다. '왕관'이라는 키워드를 보는 순간 학생은 코로나에 관한 이야기를 지어야겠다고 생각하였다. 흔히 박쥐가 바이러스를 전파했다고 말하지만, 박쥐의 책임은 아니라고 생각했다. 코로나는 인간 세상에서 한 번도 경험한 적이 없는 병이므로 하늘의 저주로 표현하였다. 특히 이 병은 사람끼리의 접촉을 통해 번지는 전염병이다. 이 병은 투명방패인 마스크를 써서 개개인이 예방하는 방법이 우선이다. 또는 방역복을 입어 절대적으로 바이러스의 접근을 차단할 수도 있다. 그래도 가장 핵심적인 일은 왕관이 제자리로 돌아가는 바이러스의 소멸이다. 동시에 백신을 개발하여 모든 사람이 미리 예방하도록 해야 한다는 것을 나타냈다.

송효섭은 《뮈토세미오시스》에서 이렇게 말했다.

오랜 기간 인류의 전 역사를 통해 한 번도 뮈토스가 극복되거나 사라진 적이 없다. 오늘날에도 뮈토스가 인간의 삶과 사유에 결정적인 영향을 미치고 있다는 지점에서 뮈토스에 대한 새로운 자각이 일어나며 포스트모더니즘은 신화를 새롭게 수용하고 받아들인다. 한편 뮈토스는 이야기 형태로 나타나 논변의 대상이 되지 않지만, 이야기를 사실로 받아들이는 인지작용 안에는 그것을 합리화하려는 또 다른 인지작용이 수반된다. 즉, 어떤 이야기를 놓고 그것이 갖는 의미가 무엇인가와 같은 물음은 늘 이야기 자체에 수반되어 인지되는 필수적인 것으로서 로고스적이다. 이에 로고스는 뮈토스와 동전의 양면처럼 늘 붙어 있는 것이라 할 수 있다.

학생이 발신한 신화는 증명 불가한 허구적 이야기 '뮈토스'다. 그런데 이 이야기를 만드는 동안 학생의 머릿속은 '로고스'가 작동하고 있었다. 즉 자신의 체험을 검증 가능한 합리적 이야기로 재배열하여 숨겨놓은 것이다. 예컨대 투명방패는 마스크, 절대방패는 방역복이라는 은유 전략이 사용되었다. '하얀구슬또'라는 신의 이름은 백신(Vaccine→白神)에서 확장된 것이다.

　이처럼 신화를 만드는 인지과정은 문화질서가 의인화되면서 시작되고 있다. '사람들이 병을 얻었다.'는 '왕관을 주웠다.'가 되고, 백신(Vaccine)이라는 영어 표현은 한자어 백신(白神)으로 확장되고 '하얀구슬또'라는 신(神)으로 마무리된다. 발신자는 구체적인 삶의 모습을 나타내기 위하여 다양한 문화적 언어를 사용하는 것과 더불어 신의 서사를 완성하기 위해 영웅의 여정을 따르고 있다. 표층의 신의 서사와 심층의 문화질서가 잘 직조되면 한 편의 성공적인 신화가 탄생한다.

　학생이 쓴 이 신화의 이름을 〈하얀구슬또본풀이〉라 하고 신화소와 문화소를 정리해보려 한다.

단락소	신화소	구조
① 나무꾼이 왕관을 주워 도시로 팔러 감	왕관이 가져온 병	대립항1
② 왕관을 만진 사람들이 병에 걸림		
③ 박쥐가 전해 준 왕관의 진실	박쥐의 중재	중재자
④ 의법비책에 나온 투명방패와 절대방패	투명방패, 절대방패, 하얀 구슬의 해결	대립항2
⑤ 투명방패 제조		
⑥ 박쥐가 전해 준 절대방패와 하얀 구슬		
⑦ 하얀구슬또의 좌정	신격의 좌정	해결자

〈하얀구슬또본풀이〉는 ⑦개의 단락소로 나누었다. 나누는 기준은 왕관 사건을 중심으로 하였다. 그리고 신화의 의미를 형성하는 큰 단위로 배치하여 묶으면 '왕관이 가져온 병'과 '투명방패, 절대방패, 하얀 구슬을 통한 해결'이 대립항이 된다. 이를 중재하고 있는 존재는 '하늘에서 내려온 박쥐'다. 이때 박쥐와 약방주인은 문제를 해결하는 중재자로서의 기능이 겹쳐지고 있어 편의상 박쥐는 중재자, 약방주인은 해결자라 하였다.

신화소 정리의 이점은 신화를 구조적이며 논리적으로 볼 수 있다는 점이다. 그리고 '왕관이 가져온 병'이나 '투명방패의 해결'과 같은 신화소는 다른 병^(病) 관련 신화에 포함되며 신화의 영역을 더욱 확장할 수 있을 것이다.

그런데 문화소까지 정리하면 '그때-거기-그들'의 삶의 모습이 구체적으로 드러난다.

단락소	문화소
① 나무꾼이 왕관을 주워 도시로 팔러 감	사람들이 많은 도시에 코로나가 퍼져나감
② 왕관을 만진 사람들이 병에 걸림	접촉을 통해 사람들에게 전파되는 병
③ 박쥐가 전해 준 왕관의 진실	하늘의 저주처럼 중대하고도 처음 생긴 병
④ 의법비책에 나온 투명방패와 절대방패	마스크와 방역복을 통해 일부 차단 가능
⑤ 투명방패 제조	마스크 쓰기의 생활화
⑥ 박쥐가 전해 준 절대방패와 하얀 구슬	방역복을 입은 사람들의 고군분투와 백신 개발
⑦ 하얀구슬또의 좌정	백신을 통한 안정적 예방

단락소 ⑦개에 해당하는 문화소가 모두 드러날 수도 있고, 부분적으로 드러날 수도 있다. 〈하얀구슬또본풀이〉처럼 단락소에 맞게 문화소가 파악된 이유는 발신자와 수신자가 동시대 문화 속에 있기 때문이다. 그러나 동시대의 우리에게도

차이가 존재한다. 칠판에 쓴 〈왕관, 박쥐, 손잡이……방패〉를 통해 '코로나19'의 풍경을 떠올리기도 하지만 그렇지 않을 수도 있다. 예컨대 '피 묻은 왕관'은 〈코로나, 전쟁, 왕위찬탈, 수양대군, 제우스……〉 등으로 확장되는데, 문맥에서 그 의미가 상대적으로 선택된다.

이처럼 표층과 심층의 두 층위는 상대적이며 인식적일 수밖에 없다. 신화를 읽는 지금의 우리는 의식적으로 층위를 분리하여 그들의 신화를 읽어야 한다. 어떤 이들은 이런 읽기와 해석이 기계론적 형식주의에 빠져 있다고 말하기도 한다. 하지만 이 말은 구조주의 관점에서 작품을 해석할 때 받는 일반적인 비판이다. 레비스트로스는 인간 정신의 구조가 무의식적이고 보편적이라고 보았다. 정신과 언어의 세계는 그것의 내용이라는 면에서는 무한히 다양하지만, 그 법칙에서는 항시 제한되어 있다. 그래서 다양한 사회 현상을 보다 근본적인 하나의 무의식적 실체의 의식적 표현으로서 해석해야 한다고 하였다.

다음은 신화소와 문화소를 함께 정리해보려 한다.

신화소	구조	문화소
왕관이 가져온 병	대립항1	코로나 바이러스가 접촉으로 전파됨
박쥐의 중재	중재자	코로나 바이러스의 원천에 대한 경고
투명방패, 절대방패, 하얀 구슬의 해결	대립항2	마스크, 방역복, 백신으로 전염병의 해결
신격의 좌정	해결자	백신을 통한 안정적 예방과 치료

문화소로 해석하면 '코로나 감염병을 이겨내기 위한 문화 질서'를 알 수 있다. 접촉을 최소한으로 줄여야 한다는 점. 하늘의 반란처럼 인간 세상의 균열과 파괴는 곧바로 무질서와 병(病)으로 이어진다는 점. 일상에서는 마스크로 차단하고 병이 창궐하는 현장에서는 방역복을 착용한다는 점. 백신을 개박하기 위한 노력과 그의 성공으로 예방이 가능해졌다는 점 등이 구체적으로 드러난다. 이럴 때 신화는 우리의 삶 가까이 있다.

공동체는 개인의 질서에 우선하며, 인간은 이 초개체에 종속되어 참여함으로써 죽음을 초월하는 삶을 알게 될 것이다. 유사시대와 선사시대를 아우르는 긴 시간 동안 세계 곳곳에서 나타난 어느 신화체계에서나 개인은 반드시 죽으며 사회질서는 그래도 계속될 것이라는 두 가지 근본적인 깨달음이 상징적으로 결합되어 있었다. 그리고 그것이 의례, 나아가 사회를 구성하는 중심적 힘이었다.

― 조지프 캠벨,《다시, 신화를 읽는 시간》

　신화학의 거장도 신화의 중심적 힘은 사회질서가 유지되는 방향을 지향한다고 말한다. 더불어 그 질서는 계속되고 있다. 신화는 신의 서사로서 힘을 형성한다. 더불어 신을 따르듯 문화질서를 존중해야 함도 내포한다. 따라서 신화소와 문화소의 종합으로 신화를 읽으면 과거와 현재를 연결하는 중심을 찾게 되고, 삶과 죽음의 바른길도 만나게 된다.

　＂ 신화는 문화를 통해 과거와 현재와 미래를 연결하는 힘이다. ＂

신화란 → 제주신화, 본풀이 → 신화의 두 층위
↑ ↓
문화적 스토리 ← 문화 코드 ← [문화소와 신화소]

신화에 나타난 문화소

문화소는 신화에 담겨 있는 문화질서의 조각이다.

신의 서사를 실어나르는 신화소

신의 서사는 대립항과 매개항을 지닌 신화소가 구성한다.

신화소와 문화소의 결합, 신화

신화는 문화를 통해 과거와 현재와 미래를 연결하는 힘이다.

문화
코드

소통의 필수요건,
코드

코드는 일정한 일을 할 때 필요한 규약이나 관례다. 식당에 가면 식당을 이용하기 위한 규칙이 있고, 장례식장에 가면 그에 걸맞은 행위와 언어의 관례가 존재한다.

예전 제주에는 대문 대신 정낭이 있었다. 구멍 뚫은 정주목을 울담 양옆에 세우고 가로로 정낭을 걸쳤다. 집에 아무도 없고 멀리 출타할 때는 정낭 세 개를 걸쳐 놓았다. 두 개를 걸

치면 밭에 가거나 가까운 곳에 외출한다는 표시고, 모두 내려 놓으면 집에 있다는 뜻이다. 정낭 세 개가 걸쳐져 있으면 마실 나왔던 사람은 올레 앞에서 그냥 돌아간다. 이는 출입을 위한 규칙으로 '정낭의 코드'라 할 수 있다.

코드라는 말은 이제 일상이 되었다. 방역을 위한 QR코드는 성별 나이 주소가 입력되며 방역 관리 시스템에 저장된다. 물건 구매를 위해 바코드를 찍으면 판매관리 서버에 제품정보가 등록되고 출입이 저장된다. 이외에도 '정책 코드', '인사 코드'라는 사회학 용어는 물론 예술 영역의 무용 코드, 만화 코드, 영화 코드라는 말까지 다양하게 쓰인다. 코드는 소통하기 위한 일련의 규칙이다. 이에 코드는 전체인 동시에 부분이라 할 수 있다.

조지프 캠벨은《천의 얼굴을 가신 영웅》에서 모든 이야기를 해부하고 도표화하고 비교한 결과, 하나의 이야기를 발견하였다. 그것은 '영웅의 여정'이었다. 영웅의 여정은 '분리-입문-귀환'의 과정이다. 다르게 말하면 '영웅의 코드'라 할 수 있다. 평범함은 비범함으로 바뀌고, 불만족스러운 세계는 만족

389

스러운 세계로 변화한다. 다시는 어둠의 세계에서 방황하지 않고 세상의 해결자로서 당당히 살아갈 수 있다. 조지프 캠벨은 이 과정이 마치 인간의 삶과 같다고 보았다. 이는 세계의 모든 이야기가 '영웅의 여정'으로 귀결되는 이유이기도 하다. 동시에 '영웅의 여정'은 다양한 장르의 스토리텔링 플롯으로 구체화되며 '영웅의 코드'로 정착되었다.

이제 코드의 '전체-부분' 중 부분에 해당하는 구체적 의미 생성 코드에 관해 논의하려 한다. 로만 야콥슨은 이야기에서 의미를 생성하는 가장 기본적인 코드는 양항 대립이라 하였다. 양항 대립은 서양/동양, 신/인간과 같이 두 요소를 대립시키면서 질서를 잡고 규칙을 마련하는 방식이다.

예컨대 영화 〈왕의 남자〉에는 공길과 장생으로 대표되는 피지배층이 연산과 녹수로 대표되는 지배층과 대립한다. 그들 사이에 존재하는 긴장은 놀이를 통해 이완되기도 하고 고조되기도 한다. 놀이는 시장판이라는 백성의 공간과 지배자의 공간인 궁에서 대립적인 결과물을 만들어낸다. 막힘 없는 시장판에서의 공연은 자유로운 예술혼을 드러내지만, 억압된

공간에서는 오해와 살기를 숨긴 칼날이 예술가의 혼을 겨눈다. 장생은 결국 눈을 잃게 되고, 공길 역시 자신의 운명을 선택해야만 하는 상황에 놓인다.

양항 대립의 구조는 단순히 이원적 차이만을 뜻하는 것은 아니다. 예를 들어 할머니와 할아버지일 때는 여성과 남성의 대립이 나타나지만, 할머니와 외할머니는 가부장적인 사회의 모습을 설명해준다. 즉 아버지의 어머니 '친할머니'는 남성 중심 가계를 보편적으로 드러내어 '할머니'로 이어지고, 어머니의 가계는 보편성에서 벗어나므로 '외할머니'로 전해진다. 이러한 변별적 자질은 어휘에서 문장, 글 수준에 이르기까지 다양하게 발견된다.

다음으로 로만 야콥슨은 결합의 축과 선택의 축이라는 개념으로 의미 생성 코드에 대해 설명하였다. 먼저 '결합의 축'은 하나의 기호가 다른 기호와 필연적으로 연결되는 법칙을 말한다. 예를 들어 학생이 책가방에서 책을 꺼내면 공부하는 행동이 이어지고, 물병을 꺼내면 물을 먹는 행동이 이어진다. 종교에서 신(神)은 보통 아버지라 불린다. 그러면 자연스럽게

신자^(信者)들은 그의 자녀가 된다. 신을 목동이라 부르면 신자들은 그의 양떼가 되며, 신을 왕이라 부르면 신자들은 신하가 된다. 정리하면 결합의 축은 인접하여 따라오는 기호를 통해 더 크고 복잡한 기호가 되는 과정이다.

이어령의 《마지막 수업》에 나온 삼행시 이야기를 읽어보자.

> **지우개로** 지워도 **지워지지 않는** 것들이 있지. **작고 아름다운 것들.** 요즘엔 그런 것들로 공백을 채워가고 있어. 세 줄로 된 삼행시 라고나 할까.

> 발톱 깎다가
> 눈물 한 방울
> 너 거기 있었구나. **멍든 새끼발가락**

이 글에서 지우개라는 단어는 지워지다와 자연스럽게 결합한다. 다음은 역^(逆)으로 이어져 지워지지 않는 건 작고 아름다운 것들로 연결된다. 작고 아름다운 것은 새끼발가락으로 연결되며 하나의 메시지를 만들어낸다.

다시 삼행시는 다른 계열의 소재가 선택되며 이야기를 이어간다. 로만 야콥슨이 말한 '선택의 축'이 작용하는 과정이다. 선택의 축은 메시지의 분절된 어떤 단위가 다른 등가적인 것으로 대체됨으로써 의미가 생성되는 법칙이다.

> 1초도 안 틀리는 스마트폰 시계를 보면 또 눈물 한 방울이 나. 왜 이걸 보고 눈물이 맺히냐고? 나는 들리거든 "애야, 시계 밥 줘라." 하시던 할아버지 소리가. 옛날에 괘종시계는 밤낮없이 고장 났거든. 시계가 서면 태엽 감는 걸 밥 준다고 했어. 우습기도 슬프기도 하잖아.

첫 번째 삼행시에서 삭고 아늠나운 셧은 '닝든 새끼빌가릭'이었다. 이번에는 그 자리가 '스마트폰 시계'로 대체된다. 이어령은 스마트폰이 괘종시계와 결합되어 있다고 고백한다. 단순 연결망이었다면 '나는 멈춰버린 괘종시계를 보면 또 눈물 한 방울이 나.' 했을 거다. 하지만 대가(大家)는 선택의 기준을 두 개의 영역에 걸쳐 놓았다. 먼저 작고 아름다운 대상이 대체되고, 다음은 과거와 현재의 시간이 대체되었다. 정리하면 선택의 축은 유사한 것을 대체함으로써 추상적인 것을 구체화하는 의미 생성 방식이다.

영화 〈왕의 남자〉에서도 놀이가 선택의 축에 따라 배치된다. 첫 번째 장면과 마지막 장면에 줄타기가 선택된다. 첫 번째 줄타기 장면은 희극적이다. 장생과 공길이 말뚝이탈과 각시탈을 쓰고 서로 재담하면서 줄을 탄다. 실제 남사당패는 가면 없이 줄을 타지만, 영화는 역동적인 영상미를 위해 탈을 선택하였다. 광대의 자유로움과 끼를 시각화하려는 영화의 코드라 할 수 있다. 영화는 사건을 진행하며 대접 돌리기, 땅재주, 탈놀이, 꼭두각시놀음 등을 다양하게 보여준다. 그리고 마지막 장면, 눈먼 장생과 울먹이는 공길이 죽기 전 작별 인사를 나누며 줄을 탄다. 이때의 줄타기는 비장하다. 그렇지만 광대들의 자유와 신명은 삶의 어떤 줄타기에서도 무너지지 않는다는 메시지를 독자들은 읽을 수 있다.

만화의 시각적 이미지는 독립된 각각의 칸으로 나뉘어 있다. 만화에서 이 각각의 칸들은 서로 연결되면서 하나의 서사적 흐름을 만들어낸다. 이렇게 단절된 부분의 틈을 메우는 것은 바로 독자의 상상력이다. 우리가 만화를 본다는 행위는 하나의 독립된 칸만을 보는 게 아니라, 계속 이어져 있는 칸의 연속을 보는 것이다.

칸과 칸 사이의 공백은 오로지 독자의 상상력으로 메워야 한다. 만화는 중요한 동작만을 보여주므로 독자는 마음속으로 빈 여백을 채우고 완성시켜야만 하는 것이다. 이렇듯 분절된 부분들을 전체로 인지하는 현상을 스콧 맥클루드는 '완결성 연상'이라고 불렀다.

- 조희권, 《만화 스토리텔링의 핵심 코드》

이처럼 코드는 일정한 일을 할 때 필요한 규약이나 관례로 소통의 전제 조건이다. 이야기 코드는 양향 대립의 구조가 결합과 선택의 축에 따라 배치되며 문장으로 드러난다. 영화의 코드는 시각 예술로서의 영상미를 최대한 끌어올리는 규칙을

따른다. 만화를 매체로 소통할 때는 칸과 칸 사이의 공백을
상상력으로 채우며 읽는 완결성 연상의 코드를 실현한다.

66 코드는 규칙과 관례로써 소통의 전제가 된다. 99

생활양식을 드러내는 규칙,
문화 코드

> 개식선언을 한다. 양가 모친이 화촉 점화한다. 신랑 입장한다.
> 신부 입장한다. 신랑신부 맞절한다. 혼인서약을 한다. 성혼선
> 언문을 낭독한다. 주례한다. 축하연주를 한다. 양가 부모님께
> 인사한다. 내빈께 인사한다. 신랑신부 행진한다. 폐식한다.
>
> - 결혼식 식순, 《네이버 지식백과》

 이것이 '결혼식 코드'임은 누구나 쉽게 알 수 있다. 그런데
세부 항목을 하나하나 따져보면 시간의 흐름에 따라 변하고
있음을 알게 된다. 요즘은 신랑과 신부가 함께 입장하거나,
주례 없이 결혼하는 예가 많다. 예전에는 축하 연주를 지인들
이 했다면 지금은 신랑 신부가 직접 하기도 한다. 문화의 다
름이 세부 코드에 영향을 미치고 있음이다.

 문화 코드는 문화적 차이가 코드를 변화시킬 때 나타나는
원인과 결과를 말한다. 양성평등의 문화는 신랑 신부 동시 입

397

장이라는 결과를 낳았다. 형식보다 내용을 중시하는 문화는 전문 주례 대신 개성적인 주례를 선택하였다. 세부 코드 하나가 변하면서 결혼의 코드 전체 구조도 변화를 예고하고 있다.

이런 예는 다양하게 나타나고 있다. 스마트폰의 보급은 디지털 세상에서 새로운 언어문화를 만들고 있다. 문자 언어가 이미지 언어로 변해가는 중인데 그중 이모티콘이 대표적이다. 이모티콘은 유럽이나 미국 시장보다 아시아 시장에서 초강세라 한다. 한국 일본 중국 타이완 등 아시아에서는 자신의 감정을 드러내지 않는 게 미덕이다. 그것이 주변과 조화를 유지하는 길이라 믿기 때문이다.

반면, 디지털 세상에서 아시아 사람들은 다양한 이모티콘으로 억제된 감정을 표출하기 시작하였다. 이모티콘의 사용은 간접적이지만 다양한 감정을 표현하도록 이끌어준다. 이제 사람들은 감정을 억제하기보다는 발산을 통하여 진솔한 소통을 하려 한다. 이는 공간의 차이가 만들어낸 문화 코드다.

10년이나 20년 전에 유행하던 무협 소설의 줄거리는 대체로 비슷하다. 주로 마교가 쳐들어와 주인공 집안을 멸망시키고, 아무것도 없는 주인공이 밑바닥부터 시작한다. 그 과정은 무척 처절하다. 개방^(무협 소설 속 거지들이 모여 만든 문파)에 속해 구걸하는가 하면, 산속에서 숨어다니며 풍찬노숙을 하기도 한다. 이런 과정은 현시대엔 공감을 얻지 못할 뿐만 아니라 너무 답답하게 느껴져 재미를 주지 못한다. 그래서 이를 고민하던 작가들은 시작점 자체를 차별화했다. 100미터 달리기로 치면 30미터쯤 앞으로 나가 시작하게 만든 것이다. 아니면 다른 사람은 달리기하는데, 혼자 자전거나 자동차를 타고 가도록 설계했다.

- 진문,《웹소설 비밀코드》

빠른 속도를 원하는 시대의 변화는 무협 소설의 시작점을 바꾸는 구조적 차이를 만들었다. 시간과 공간의 변화에 따라 문화 행위의 주체인 인간도 변한다. 걷기에서 자전거에서 자동차로 속도가 상승하는 사회에서 사람들의 문화 행위는 '빠르고 편하게'를 지향한다. 드라마나 영화도 짧은 단편을 이어서 긴 이야기로 완성하는 옴니버스가 인기를 끌고 있다.

이것은 점차 그 사회의 문화로 정착되며 다른 작품이 만들어질 때도 필연적으로 반영된다. 이 과정이 반복되면 하나의 코드가 생성된다. 이것이 '문화 코드'이다. 문화 코드는 생활양식을 드러내는 기호체계로, 문화 코드를 발생시키는 요인은 '시간-공간-주체'의 상호작용이다. 따라서 문화 코드를 찾기 위해 그들의 구체적 삶에 주목하는 것은 당연한 이치다.

삶은 그들의 생산활동과 관련이 깊다. 예를 들어, 과거 제주 사람들의 생산 영역은 주로 산간, 중산간, 해안으로 나뉘었다. 해안에서는 바다밭을 중심으로 해산물을 채취하거나 고기잡이 활동으로 삶을 일구었다. 중산간에서는 밭농사를 중심으로 반농-반어-반목축의 다양한 생산 활동이 이루어졌다. 산간에서는 목장밭을 중심으로 목축의 삶을 이어나갔다. 물론 이들은 상호 교류하거나 혼합 생산 방식을 사용하기도 하였지만 주 생산활동의 차이는 그들의 삶을 다르게 만들었다.

문무병은 《제주도 본향당 신앙과 본풀이》에서 산간마을에는 한라산신계가, 중산간마을에는 농경신계가, 해안마을에는 해신계가 주를 이룬다고 하였다. 전체 신당(神堂) 중 농경신계가 차지하는 비중이 50%, 산신계가 22%, 해신계가 20% 순으로 나타난다고 하였다. 이를 보면 척박한 땅에서나마 안정된 정착을 유지하려는 농사와 농경의례가 중시되었음을 알 수 있다. 그리고 한라산신계는 산간 중심의 남성적 신앙이라면, 해신계는 바다 중심의 여성적 신앙이라는 점도 알 수 있다.

정리하면, 삶은 곧 생산력의 차이가 좌우한다. 생산력은 그에 맞는 다양한 문화를 만든다. 그 다양함은 다른 '문화 코드' 생성으로 이어진다.

" 문화 코드는 '시간-공간-주체'의 상호작용으로 생성된다. "

신화의
문화 코드

먼저, 송효섭이 제시한 신화 발생에서 문화 코드가 차지하는 역할을 살펴보기로 하자.

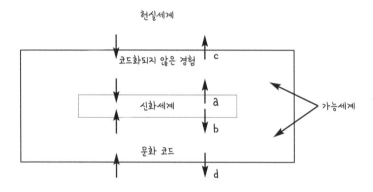

이 그림 가운데 놓인 신화세계는 우리가 신화에서 만나는 세계다. 신화세계는 가능세계로부터 왔다. 가능세계는 수많은 세계를 만들어 낼 수 있는 세계인데 우리가 주목하는 것은 신화세계가 만들어진 과정이다. 가능세계가 신화로 코드화

되는 방법은 두 가지 과정을 통해 일어난다. 하나는 과소 코드화 과정이고, 다른 하나는 과대 코드화 과정이다.

과소 코드화는 코드가 없는 상태에서 인간의 이런저런 경험들을 바탕으로 코드화하는 경우를 말한다. 그림에서 a—←c, 의 과정으로 표현되는 경우이다. 과대 코드화는 이미 존재하는 코드가 더욱 특수하게 코드화됨으로써 생겨나는 과정을 뜻한다. 우리는 신화로 코드화되기 이전 보편적인 코드를 가능세계에서 찾아낼 수 있다. 이를 '문화 코드'라고 한다. 그림에서 b—←d의 과정으로 표현된다.

정리하면, 코드화되지 않은 경험이나 문화 코드는 모두 현실세계와 관련을 맺는다. 과소 코드화가 개인적 경험이라면, 과대 코드화는 사회적 경험이다. 따라서 현실세계를 바탕으로 신화세계는 추론될 수 있다.

〈고내리당본풀이〉를 중심으로 예를 들어보려 한다. 〈고내리당본풀이〉의 신화세계는 바다를 중심으로 벌어지는 '황서-을서-병서 삼장수와 김통정의 싸움과 죽음'을 그린다. 그러면 가능세계의 어떤 모습이 신화적으로 코드화되었는가. 먼저 신화가 되기 위해서는 '신의 얼굴'이 드러나야 한다. 신의 얼굴이 벌이는 사건은 신화의 서사를 이끌어가는 신화소가 된다.

우선 〈고내리당본풀이〉의 단락소를 정리하면 다섯 개로 나뉜다.

① 대국 천자국에서 김통정을 제주에 보내어서 왔다. 제주도를 먹을 목직으로 쇠분을 달고 제주섬중을 감춰지게 하였다.

② 대국 천자국에서 황서 을서 병서 삼장수가 김통정을 잡으려 해도 성안에 못 들어갔다. 어떤 여자아이가 가르쳐준 대로 무쇠문을 녹여 들어가니

③ (김통정인) 아기 가진 자기 처를 다리 잡아 찢어 죽여두고
　　무쇠방석을 관탈곶을 향해 던졌더니

　(김통정이) 무쇠방석에 올라앉으니

　(황서님이) 새 몸으로 변하여 김통정 대강이를 괴롭히고

　(을서님이) 새우 몸으로 변하여 김통정이 앉은 자리를 괴롭히니 모가지가 흔들흔들, 모가지 비늘이 들러질 때

　(병서님이) 은장도로 모가지를 비어 잡았다.

④ 삼장수는 요왕국 밸궁ᄌ따님애기를 맞아 토지관이 되었다.

⑤ 이후 잘못된 점을 바로잡아 바다에 고기 낚으러 다니는 세

칫영감도 모시게 되었다.

단락소를 중심으로 신화소도 다섯 개로 정리된다. 김통정과 삼장수의 대립을 '무쇠방석, 새몸, 새우몸, 은장도' 등의 변신술이 중재하고 있다. 대립은 삼장수의 승리로 끝나고 삼장수는 토지관으로 좌정한다. 이후에 고기 잡는 영감도 신격으로 추가하여 좌정한다.

신화소

① 김통정의 제주입도

② 삼장수의 김통정 싱치

③ 삼장수의 승리

④ 승자의 토지관 좌정

⑤ 토지관 추가

동시에 신화의 심층에 인간의 문화질서가 내재되어야 한다. 문화질서를 내재화하기 위해서는 과대 코드화가 필요하다. 과대 코드화는 사회적 경험인 문화 코드를 말하지만 '그때-거기-그들'의 문화 코드를 쉽게 확정할 수는 없다. 시공간의 차이가 문화 코드를 변화시켰기 때문이다. 다만 현실세계와 신화세계를 비교하며 추론할 수 있다.

우선 문화 코드를 찾기 위하여 신화의 내용을 중심으로 '바다는 전쟁터'라는 가설을 세울 수 있다. 바다는 전쟁터였다는 의식이 보편적이라면 바다에서 생산활동을 하던 사람들에게 어업은 전쟁과도 같았다는 의미다. 전쟁의 영웅으로 추앙되던 임경업 장군이나 최영 장군이 해안 마을의 어업 관련 신으로 좌정한 것도 눈여겨볼 만하다.

〈고내리당본풀이〉에서 김통정이 등장하는 이유도 추론해보자. 고내리는 항파두리성과 인접한 해안 마을이다. 김통정의 마지막 전투 과정을 직간접적으로 경험했을 가능성이 있다. 그 경험은 무용담이 되기도 하고, 실패담이 되기도 하면서 입에서 입으로 퍼져나갔을 것이다. 다시 말해 제주 사람들에게 '장군' 하면 '김통정'이 떠오르는 코드가 만들어진 것이다. 서해안의 신화에서 조기잡이와 임경업 장군이 결합되며, 추자도의 신화에서 멸치잡이와 최영 장군이 결합되는 예도 같은 과정이 아니었을까 짐작해 본다.

정리하면, 신화의 문화 코드는 신화의 내용을 기반으로 추론할 수 있다. 이에 가설을 세우고 현실세계에 남아 있는 문화적 기억과 연결해본다. 가설과 문화적 흔적이 인과관계를 지니고 완결성을 지향하면 가설은 하나의 '문화 코드'로 확정될 수 있다.

> **66** 공동체의 중요한 문화질서가 신화의 문화 코드에 담긴다. **99**

신화란 → 제주신화, 본풀이 → 신화의 두 층위

↑ ↓

문화적 스토리 ← [문화 코드] ← 문화소와 신화소

소통의 필수요건, 코드

코드는 규칙과 관례로써 소통의 전제가 된다.

생활양식을 드러내는 규칙, 문화 코드

문화 코드는 '시간-공간-주체'의 상호작용으로 생성된다.

신화의 문화 코드

공동체의 중요한 문화질서가 신화의 문화 코드에 담긴다.

문화적
스토리

신화의 서사

　　서사는 스토리와 담화로 이루어진다. 이는 의도적으로 하나의 작품을 '무슨 일이 일어났는가.'와, '어떻게 이야기하고 있는가.'로 나누어 살핀 것이다. '왕이 죽고 나서 왕비가 죽었나.'라는 무 시션은 심효 인끼 관게가 없다. 아직 서사가 아닌 거다. 여기에 에드워드 모건 포스터는 '왕이 죽자, 슬픔을 이기지 못해 왕비도 죽었다.'는 문장으로 질서를 불어넣었다. 서사가 만들어지기 시작한 것이다. 이처럼 소설 서사는 인물 사건 배경의 관계 맺기를 문장 미학으로 완성해 간다.

주호민의 웹툰 《신과 함께》 시리즈는 영화 〈신과 함께-죄와 벌〉에서 영상미학을 통하여 인물, 사건, 배경의 관계 맺기를 구현한다. 웹툰에서 중요한 해결자로 등장하던 인물 진기한 변호사는 영화에서는 저승 삼차사와 통합되며 생략된다. 영화는 저승 삼차사를 선택하여 각각의 독특한 사연과 성격을 강조하며 인물 관계를 설정한다. 웹툰에서 주인공 김자홍의 직업은 회사원이었지만 영화에서는 소방관으로 그려진다. 이로써 사건의 양상이 달라지며 영화의 시각적 장치는 극대화된다. 그리고 웹툰에 없는 김자홍의 동생 김수홍이 영화에 등장하여 '귀인'과 대립적인 '원귀'가 영화의 배경으로써 서사의 틀을 제공한다. 이처럼 서사는 인물, 사건, 배경이 관계를 맺으며 예술 코드에 알맞은 작품을 완성해 나간다.

인물, 사건, 배경의 관계 맺기를 중심으로 제주신화 〈삼공본풀이〉에 나타난 서사에 대해 좀 더 살펴보기로 하자.

처음 태어난 딸이 은장아기, 버금에 태어난 딸이 놋장아기였

다. 두 딸이 태어날 무렵엔 어느 정도 형편이 피어 더이상 거지
노릇을 하지 않아도 먹고살 만하게 됐다. 이때 태어난 것이 감
은장아기였다. 이 딸이 자라가자 집안에 부쩍부쩍 재물이 늘어
부자라는 소리를 듣게 됐다. 해마다 으리으리한 기와집도 몇
채, 널찍한 논밭이며 마소며 재산이 나날이 늘어나 마침내 천
하 거부가 됐다. 재산이 늘어나자 부부의 마음에 이만하면 어
떠냐 하는 교만한 마음이 자리 잡아갔다. 하루는 비가 주룩주
룩 내리는데 부부는 심심했다. 큰딸을 불러들였다. 큰딸아기
야 이리 오너라, 말이나 좀 물어보자. 넌 누구 덕택에 살고 있
느냐?

귀한 자식이 태어나는 가운데 감은장아기의 탄생은 더욱
의미심장하다. 주인공 감은장아기가 제 몸을 복을 가지고 왔기
때문이다. '넌 누구 덕택에 살고 있느냐?'는 물음에 감은장아
기는 언니들과는 다른 대답을 한다.

하늘님도 덕이외다, 지애님도 덕이외다. 아바님도 덕이외다,

어머님도 덕이외다마는, 나 배꼽 아래 선그믓의 덕으로 먹고 입고 행우발신 허는 것이우다.

이 일로 화가 난 부모는 감은장아기를 집에서 쫓아낸다. 그래도 막내를 배웅하라는 부모의 말을 듣고 언니들은 나쁜 맘이 생겨 거짓을 전한다. 그러자 큰언니는 청지네로 변하고, 둘째언니는 말똥버섯으로 변한다. 지네는 노둣돌 밑으로 기어들어 다시는 나오지 않았고, 말똥버섯도 거름 더미에서 다시는 나오지 못했다.

부부는 딸들이 나가서 도무지 돌아오지 않으니 궁금했다. 다급하게 방을 나서 내닫다가 대문 기둥에 받혀 그만 나동그라지고 말았다. 아이쿠. 내 눈! 기둥의 커다란 옹이에 눈이 찔린 것이었다. 결국, 부부는 소경이 되고 말았다.

감은장아기가 집을 나오는 과정에서 두 언니와 부모님은 청지네와 말똥버섯, 그리고 소경이 되고 만다. 이렇게 터무니 없고 황당하게 변해 버리는 이유는 무얼까. 발신자가 강조하는 게 무엇인지 생각해 보아야 한다. 문맥은 '이제 다시는 나오지 못하는 세계에 갇혔다.'라고 말한다. 아직은 그 의미를 정확히 알 수 없지만, 서사의 흐름에 따라 점점 그 뜻이 드러날 것이다. 서사를 통해 강조한 이유가 분명히 존재하기 때문이다.

> 쫓겨난 감은장아기는 솟구치는 눈물을 훔치며 길을 떠나 타박타박 정처 없이 걸었다. 검은 암소가 오히려 주인을 안내했다. 어느새 날이 저물어갔다. 길가에 오두막이 나타났다. 들어가보니 할머니가 혼자 있었다.

이 집에서 큰 사건이 발생한다. 그날 밤을 함께 지내더 감은장아기와 작은마퉁이는 천정배필 원앙부부가 되었던 것이다. 둘이 결혼하는 과정에서도 작은마퉁이의 두 형은 막내, 작은마퉁이와 대조적이다. 여자를 귀하게 여기지 않고, 어머니를 위하지 않고, 새로운 걸 받아들일 줄 모른다. 결혼하고

나서 감은장아기와 작은마퉁이는 금덩이 은덩이를 캐어낸 것
처럼 살림이 좋아져 잘살게 된다. 이처럼 사건은 배꼽 아래
선그뭇 덕에 산다는 말과 결혼을 중심으로 관계 맺기를 하고
있다.

감은장아기를 중심으로 형성된 인물 관계를 보면 작은마퉁
이를 제외하고는 결혼에 적합하지 않은 인물군이다. 청지네
로 변하고 말똥버섯으로 변해 다시는 나오지 못한 두 언니는
결혼과 풍요를 맛보지 못하게 된다. 작은마퉁이의 두 형도 마
찬가지다. 큰 마퉁이가 마를 캐던 구덩이에는 똥만 있었고,
둘째 마퉁이의 구덩이에는 지네와 뱀 같은 것만 우글거렸다.
풍요로움과는 반대되는 이미지가 배치되고 있어 결혼에 적합
하지 않음을 강조하고 있다.

그러면 배경은 어떻게 질서화되고 있는가. 〈삼공본풀이〉
시작 부분에 드러난 서사를 살펴보자.

옛날 옛적 강이영성이서불이라는 사내 거지는 윗마을에 살고,
홍은소천궁에궁전궁납이라는 여자 거지는 아랫마을에 살았

다. 때마침 흉년이 들어 두 거지는 제 마을에서 얻어먹기가 어렵게 되었다. 풍문이란 이상하게 도는 것이었다. 윗마을의 강이영성은 아랫마을에 시절이 좋다는 소문을 듣고, 아랫마을의 홍은소천은 윗마을에 풍년이 들었다는 말을 들었다. 강이영성과 홍은소천은 서로 풍년이 들었다는 마을로 찾아가 얻어먹으려 했다. 그래서 강이영성은 아랫마을을 향해 길을 나서고 홍은소천은 윗마을을 향해 길을 나섰다. 길가에 구르는 돌멩이도 연분이 있는 법이라, 두 거지는 도중에서 마주치게 되었고 눈이 맞은 두 사람은 부부가 되어 함께 살기로 했다.

감은장아기의 부모는 이곳저곳 떠돌며 얻어먹는 거지였다. 정착하니 미 읊은 이류 곳에는 풍년이 들었다는 소문이 돌았다. 두 사람도 결혼하여 함께 정착하기로 한다. 셜혼한 후 이들은 큰 부자가 된다. 감은장아기가 작은마퉁이를 만나는 과정과 유사하다. 한편 감은장아기가 떠난 후 부모는 소경이 되고 집은 기울어 부모는 다시 거지처럼 유랑하게 된다. 거지처럼 유랑한다는 것은 이제 더는 풍년이 보장되지 않는다는 말이다. 결혼과 풍년, 유랑과 흉년은 하나의 짝이 되어 배경의 질서를 만들고 있다.

어머니 아버지 제가 감은장아기, 막내딸입니다.!

아니 이게 무슨 말인고, 감은장아기? 눈이나 밝았으면 볼 것을!

놀란 장님 부부는 안타까워하면서 두 손 주먹으로 눈을 마구 비벼댔다. 감은장아기가 손바닥으로 어머니의 두 눈을 세 번 어루만져 드리니 뿌옇던 눈이 환하게 밝아졌다. 이어서 아버지의 두 눈도 세 번 어루만져 드렸더니 시원하게 밝아졌다. 그날부터 감은장아기는 어머니 아버지를 모시고 웃음을 웃으며 행복하게 살았다.

감은장아기는 부모를 만나기 위해 걸인 잔치를 연다. 막대기 하나를 같이 짚고 금방이라도 넘어질 듯 엎어질 듯 나타난 것은 자신을 내쫓은 부모였다. 넓은 밭을 사고 청기와 집을 짓고 머슴을 많이 두어 남부러울 게 하나 없어도 감은장아기는 얼굴빛이 늘 어두웠다. 부모를 만나지 못하는 처지 때문이다.

결혼이 자기 집으로부터의 단절을 의미한다면 그것은 누구에게나 다가올 불행이다. 자식은 결혼하며, 결혼한 자식은 다시 부모가 된다. 출가외인(出嫁外人)과 같은 명분으로 시대는 친정과 단절하는 방향으로 가고 있었을 것이다. 하지만 〈삼공본풀이〉는 친정 부모와의 새로운 관계를 정립해야 행복한 결혼의 질서를 만들 수 있음을 강조하고 있다. 이렇게 〈삼공본풀이〉의 서사는 인물, 사건, 배경의 관계를 통해 '행복한 결혼의 질서'를 확립하고 있음을 알 수 있다.

물론 표층에 드러난 스토리는 '부모 말을 거역하고 집에서 쫓겨난 감은장아기가 결혼하고 부자가 되어 부모님을 다시 모시는 이야기'로 구성된다. 그러면 감은장아기는 '효도의 신'으로 좌정해야 인과관계가 성립한다. 그런데 제주 무속에서 〈삼공본풀이〉의 주인공 삼은장아기는 전상신으로 인식된다. '전상'은 '전생(前生)의 업'을 의미하는 제주어다. 전생의 업보가 현재 삶에 영향을 미친다고 인식될 때, '거 전상이여.' 하는 말을 쓴다.

한편 '업'을 긍정의 의미 '인연'으로 바꾸면 '전상'은 '전생 인연'이라는 말로 연결된다. 그러면 〈삼공본풀이〉가 말하는 결혼 인연과 같은 맥락으로서 감은장아기는 '결혼의 신'으로 자리매김된다.

서사에서 어떠한 스토리를 구성하려면 서사적 일관성을 가져야 한다. 다르게 말하면 관계가 긴밀하게 연결되어 있느냐가 중요하다는 것이다. 관계의 질서는 드러나기도 하고 숨어 있기도 해서 표층과 심층을 의도적으로 나누어 살필 필요가 있다. 그런데 수신자는 보통 겉에 드러난 것을 중심으로 받아들인다. 왜냐면 서사의 표층과 심층은 하나의 스토리로 엮이기 때문이다. 수신자의 감상이 표층에 머무를 수도 있지만, 심층의 스토리까지 수신할 수 있다면 입체적이고 풍부한 서사 예술의 풍경을 만날 수 있다.

> 66 신화의 서사는 표층과 심층에 입체적이며
> 구체적인 이야기를 펼쳐 놓는다. 99

문화적
스토리

　서사의 표층과 심층이 하나의 스토리로 엮이었듯 신화의 서사도 두 층위의 스토리가 관계를 맺으며 완결된다. 이에 신화는 표층의 신화적 스토리와 심층의 문화적 스토리로 구성된 서사의 완결체라 할 수 있다.

　신화는 전승 과정에서 변이가 일어나기도 하지만 문화적 스토리는 그대로 유지되었을 것이다. 기억하기 좋은 서사로 구성된 신화의 줄거리는 한 개인이 쉽게 바꿀 수 없기 때문이다. 줄거리가 바뀌지 않았다면 신화의 심층에 내재한 문화적 스토리도 변하지 않았을 것이다.

　또 제주신화는 특정한 집단에 의해 체계적으로 보존되고 전승되었다. 제주의 무당은 대부분 세습으로 입문한다. 이들 세습무(世襲巫)는 학습을 통해 신화를 암송하고 연행의 본보기를 따라 실습하며 배워 나간다. 이 과정은 오랜 기간 축적되었다. 이때 문화적 스토리는 신화의 심층에 중핵적 메시지로

남아 전해졌을 것이다.

그런데 변화의 물결이 거칠고 빠른 만큼 신화를 다음 세대에 전승할 발신자가 점점 사라지고 있다. 또한 수신자로서 '지금-여기-우리'의 문화적 기억도 서서히 희미해지고 있으며, 문화적 기억이 다른 수신자로 세대교체가 급격히 이루어지고 있다. 발신자가 보낸 문화적 의미를 수신하지 못한다면 제주신화는 반쪽의 소통일 뿐이다. 그러면 제주신화는 미래로 전승할 하나의 동력을 잃어버리게 되는 것이다.

제주신화 〈영감본풀이〉의 예를 통하여 문화적 스토리의 구성에 대해 좀 더 살펴보도록 하자.

〈영감본풀이〉에 나타나는 도깨비 일곱 형제의 이름은 특이하다. 흔히 기행(奇行)을 일삼는 도깨비 형제의 이름이라 그러하다고 생각한다. 하지만 발신자는 일곱 명이나 되는 이들의 이름을 이유 없이 지었을 리 없다.

제일 큰 형의 이름은 먼산허망댕이이고, 둘째는 존그뭇열쇠,
셋째는 지어야가븐쇠, 넷째는 또려야ᄀ러운쇠, 다섯째는 지퍼

야야튼쇠, 여섯째는 잡아야부뜬쇠, 일곱째는 구워야언쇠이다.

'쇠'로 끝나는 이름을 가진 형제들. 이들 일곱 형제는 차례대로 인두집^(火爐)에 들어가 죽임을 당하지만, 죽지 않고 살아남는다. 이 대목이 발신자의 의도가 드러나는 부분이다. 불에 들어가서도 살아남아 새로운 생명을 얻는 것, 그것은 대장간에서 이루어지는 '쇠=철^(鐵)' 작업이다. 이에 형제의 이름은 '택일-거푸집-풀무질-단조질-담금질-연삭질-철기제품'을 뜻하는 철기 제작 과정이라 할 수 있다.

불 작업을 하려면 먼 산을 바라보듯 천기를 짚어 어느 하루를 택일한다. 우선 거푸집을 열어 쇳물을 붓고 풀무질로 불을 땐다. 형체가 잡히면 뜨거운 상태에서 꺼내어 때려주는 단조질을 한다. 그리고 물에 넣고 빼며 담금질을 한다. 그 후 다시 다듬어 딱 붙게 맞추고 마지막 불에 넣었다가 꺼내어 식히기를 반복하며 연삭질을 한다. 이로써 철기 제품이 완성된다.

			신
표층	도깨비 일곱 형제의 이름	불에 죽지 않는 도깨비 신의 이야기	신화적 스토리
심층	철기제작 과정	대장간의 질서	문화적 스토리

여기서 신화(신/화)가 세로로 병기되어 있음.

이처럼 〈영감본풀이〉의 표층은 불에 죽지 않는 도깨비 신의 이야기가 구성되지만, 심층은 대장간의 질서가 구성되고 있다. 정리하면 신화 서사의 표층은 신화적 스토리가 이끌어 가지만, 심층은 문화적 스토리가 구성되고 있음이다. 신화적 스토리와 문화적 스토리는 상호 보완하거나 경합의 관계를 맺으며 한 편의 신화를 완성해 나간다.

한편 수신자에게 신화적 스토리와 문화적 스토리가 뚜렷이 구별되는 것은 아니다. 이미 신의 이야기가 서사의 중심축으로 확장되며 드러나기 때문이다. 수신자는 신화를 보고 들으며 불에도 죽지 않는 도깨비를 신격으로 수용하며 믿음의 대상으로 인지한다. 수신자가 문화적 스토리 층위를 인식하지 못하더라도 발신자의 의도는 어느 정도 전해지고 있다. 도깨비의 질서는 집단화되어 있으며 매우 엄격하고 두렵다는 점이 널리 전파되었기 때문이다.

물론 신앙민으로서 수신자는 신화적 스토리만을 읽어도 된다. 하지만 '지금-여기-우리'는 무속 신앙이 아닌 무속 문화로 본풀이를 수용하고 있다. 문화는 드러난 것보다, 숨어 있는 것이 대부분이기에 의도적인 구조화 과정이 필요하다. 인과성이 파괴된 문맥이나 모호성과 다의성을 지닌 문맥에서 문화적 스토리를 찾아내야 한다.

66 문화적 스토리는 신화의 심층에 중핵적 메시지로 전해진다. 99

문화적 스토리
구성하기

그러면 문화적 스토리를 구성하는 방법을 알아보기로 한다. 심층의 의미는 표층에 나타나는 일반문법 체계를 벗어난다. 일반문법 체계가 기호작용으로 텍스트를 구성한다면 심층에서는 '기호작용의 확장'을 통해 의미가 구성된다. 수신자는 우선 신화에 담긴 문화소의 단서를 통해 문화 코드를 확인해야 한다. 그리고 문화 코드에 알맞은 신화의 심층 의미를 연결하면 하나의 유기적인 스토리가 구성된다.

기호작용 (표층)	신화소	서사 코드	신화적 스토리	신 화
기호작용의 확장 (심층)	문화소의 발견	문화 코드 확인	문화적 스토리	

기호작용의 확장을 위해서는 백과사전적 체계를 활용해야 한다. 백과사전적 체계에 대한 개념은 사전에서 확장된 개념으로 에코의 《일반 기호학 이론》에서 제시되었다. 백과사전적 체계는 한 용어가 실제로 사용된 사례들의 총체로 구성된다. 그리고 이는 문화적 단위로 역사적 관습을 토대로 형성된 코드 체계를 전제로 한다.

예컨대 처음 장미를 보고 '장미'라고 부르는 순간에는 분명 자기 앞에 있는 '그' 장미를 가리켰을 것이다. 그러나 시간이 흐르면서 다양한 색깔과 크기의 또 다른 장미가 피어났고, 장미가 불러일으킨 다양한 연상은 여러 가지 은유로 사용되었다. 따라서 장미의 의미는 사전을 넘어 점차 확대되고 다양해질 수밖에 없다. 이에 머릿속에 저장된 장미에 관한 기호의 총체는 백과사전석이라 말 만하다.

에스키모인들은 눈(雪)을 지칭하는 수많은 용어를 가지고 있다. 이는 어디까지나 그들의 생존방식과 눈의 상관관계에서 비롯된다. 다시 말해 우리에게는 단 하나의 외연에 해당하는 대상을 그들은 여러 가지 대상으로 식별하는 셈이다. 이렇게 문화적 차이에 따라 눈에 관한 그들과 우리의 백과사전적 체계는 다르다.

일반문법에 따른 기호작용은 〈기표-개념-이미지〉가 강력하게 결합된 것으로 사전적 체계이거나 사회적 용례를 바탕으로 한다. 예컨대 '산'이라는 〈기표〉가 발화되는 순간 수신자는 '평지보다 높이 솟아있는 땅의 부분'이라는 〈개념〉과 자신이 경험한 대상체 산이 가지고 있는 〈이미지〉 ⋀⋀ 를, 동시에 머릿속에 환기한다.

하지만 신화에서 심층을 이루는 문화소, 문화 코드, 문화적 스토리는 일반문법 체계로는 의미 생성이 불가능하다. 쉽게 말해 문화 코드에 의해 다른 의미가 부여되었기 때문이다. 이에 수신자는 자신의 경험과 지식을 통해 형성하고 있는 백과사전적 체계를 동원해야 한다. 이때 수신자는 문맥에 알맞은 의미를 선택하는 인지모형을 활용한다.

인지적인 '틀'로서 인지모형은 '하나의 개념을 이해하기 위해 그 개념이 어울리는 전체 구조를 형성하는 개념 체계'라 할 수 있다. 인지적 틀은 인지문법의 '윤곽부여'와도 밀접하다.

윤곽부여는 틀 속의 어떤 요소를 전경화하거나 두드러지게 하는 방법으로서 전경화되는 부분은 명시적인 표현으로 문장에 포함하고, 배경화되는 부분은 문장에 포함하지 않는다.

인지모형을 활용하여 수신자는 발신자가 심층에 숨겨놓은 문화 코드를 찾을 수 있다. 문화 코드를 찾았다는 것은 하나의 인지모델이 형성되었음을 의미한다. 다음은 문화 코드에 맞추어 의미가 깨어져 해석되지 않는 부분을 백과사전적 체계로 검색한다. 이는 곧 인지적 모의실험 과정이다. 결합으로 이루어진 통합체와 선택으로 이루어진 계열체를 조정하는 과정에서 문맥에 알맞은 의미가 선택될 수 있다.

예컨대 〈영감본풀이〉에서 '큰아들은 멀리 세상을 보는 천리안을 가졌으므로 먼산허망댕이라 했다.'라는 구절이 나온다. 일곱 형제 중 '-쇠'를 가지지 않은 이름이다. 통합체적으로 보면 철기제작 과정에서 '1번-2번-3번-4번-5번-6번-7번' 중 1번에 해당한다. 철기제작을 위해 가장 먼저 할 일은 무엇일까?

'몸 목욕하고 3일 정성을 들인다. 쇳물을 얻기 위해서 철광석을 녹인다. 불을 땔 주변에 금줄을 친다. 좋은 날을 잡기 위해 택일을 한다.……' 백과사전적 체계를 검색한 결과 나온 값이다. 인지적으로 구성된 입력공간에서 수신자는 인지적 접속 과정을 거쳐 '택일'이 '먼산허망댕이'와 연결될 수 있음을 발견하게 된다.

택일은 하늘의 천기를 잘 짚어 물건을 만들기 좋은 날이지. 천기를 잘 보려면 먼 산과 하늘을 보면서 구름이 몰려오는지, 바람은 어느 방향으로 부는지 등을 살펴야 해.

— 송문석,《신화비밀코드》

이 글은 '먼산허망댕이'라는 기표를 통해 환기되는 개념이나 이미지를 나타내고 있다. 발신자와 수신자는 기표를 통하여 소통한다. 기표가 없으면 독자는 의미처리 규칙을 실행할 수 없다. 다시 말해 수신자는 발신자가 구성하였던 의미 부여 방식을 시뮬레이션하는 과정에서 알맞은 의미 '택일'을 선택하게 된 것이다. 즉, 다양한 용례 중에서 하나의 용례를 선택하는 행위는 통사구조 안에서 호응하는 논리적 체계를 따른

기호작용 (표층)	신화소	서사코드	신화적 스토리 구성	신 화
		사전적 체계		
기호작용의 확장 (심층)	문화소의 발견	백과사전적 체계	문화적 스토리 구성	
		문화 코드 확인		

다. 따라서 백과사전적 체계에서 의미를 선택하는 과정은 심층의 인과관계에 따른 재구조화이다.

정리하면 신화의 표층은 기호작용으로 신화적 스토리를 구성하고, 신화의 심층은 기호작용의 확장으로 문화적 스토리를 구성한다. 숨어 있는 문화적 스토리를 구성하기 위해서는 문화소를 발견해야 하며, 고립적인 문화소는 문화 코드에 따라서 관계를 조정하고 연결해야 한다. 이때 백과사전적 체계를 활용하여 인과적이며 논리적인 질서로 재배치한다. 그러면 유의미한 문화질서로서 문화적 스토리가 완성된다.

> " 문화적 스토리는 백과사전적 체계를 활용하여
> 심층의 논리적 질서를 배열할 때 완성된다. "

신화란 → 제주신화, 본풀이 → 신화의 두 층위

↑ ↓

[문화적 스토리] ← 문화 코드 ← 문화소와 신화소

신화의 서사

신화의 서사는 표층과 심층에 입체적이며 구체적인 이야기를 펼쳐 놓는다.

문화적 스토리

문화적 스토리는 신화의 심층에 중핵적 메시지로 전해진다.

문화적 스토리 구성하기

문화적 스토리는 백과사전적 체계를 활용하여 심층의 논리적 질서를 배열할 때 완성된다.